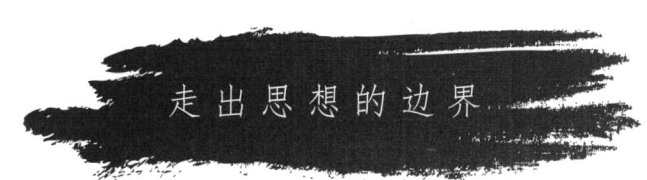

走出思想的边界

knowledge-power
读行者

著作财产权人：©东大图书股份有限公司

本著作中文简体字版由东大图书股份有限公司许可中南博集天卷文化传媒有限公司在中国大陆地区发行、散布与贩售。

未经著作财产权人书面许可，禁止对本著作之任何部分以电子、数位、影印、录音或任何其他方式复制、转载或散播。

钱穆 作品

历史与文化论丛

岳麓書社·长沙　博集天卷

目 录

钱穆作品精粹序 /001
序 /001

第一编 /001

  人类文化之前瞻 /001
  文化三阶层 /006
  人类文化之展望 /019
  世界文化之新生 /023
  人类新文化之展望 /040
  人类文化与东方西方 /050
  从人类历史文化讨论中国之前途 /060
  中国文化与中国人 /066
  漫谈中国文化复兴 /084
  中国文化之唯心主义 /112

第二编 /120

  中国史学之特点 /120
  中国的哲学道德与政治思想 /132
  中国历史与中国民族性 /140
  中国史上最近几个病源 /150
  近代西方在宗教科学哲学上之三大启示 /158
  新三不朽论 /167
  学与人 /184

人生三讲 /191

人生四阶层 /202

第三编 /208

中国文化之潜力与新生 /208

孔教之伟大 /212

儒学与师道 /216

东方人的责任 /221

五十年来中国之时代病 /224

如何研究中国史 /232

历史与时代 /240

无限与具足 /246

历史会重演吗 /250

物与心与历史 /254

自然人生与历史人生 /257

中国历史教学 /263

从西方大学教育来看西方文化 /269

一所理想中的中文大学 /279

文化复兴中之家庭问题 /285

母亲节说母爱母教 /292

第四编 /295

知识之两方面 /295

物与心 /298

读书与做人 /306

中国文化与人文修养 /316

当仁不让 /324

在现时代怎样做一个大学生 /329

关于提倡民族精神教育的一些感想 /335

青年的责任——与青年书之一 /342

爱我中华——与青年书之二 /350

自觉自强——与青年书之三 /359

人生出路——与青年书之四 /368

从认识自己到回归自己——与青年书之五 /377

钱穆作品精粹序

钱穆先生身处中国近代的动荡时局，于西风东渐之际，毅然承担起宣扬中华文化的重任，冀望唤醒民族之灵魂。他以史为轴，广涉群经子学，开辟以史入经的崭新思路，其学术成就直接反映了中国近代学术史之变迁，展现出中华传统文化的辉煌与不朽，并撑起了中华学术与思想文化的一方天地，成就斐然。

三民书局与先生以书结缘，不遗余力地保存先生珍贵的学术思想，希冀能为传扬先生著作，以及承续传统文化略尽绵薄。

自一九六九年十一月迄于一九九一年十二月，二十多年间，三民书局总共出版了钱穆先生长达六十余年（一九二三至一九八九）之经典著作——三十九种四十册。兹序列书目及本局初版日期如下：

中国文化丛谈　　　　　　　　（一九六九年十一月）
中国史学名著　　　　　　　　（一九七三年二月）

文化与教育	（一九七六年二月）
中国学术思想史论丛（一）	（一九七六年六月）
国史新论	（一九七六年八月）
中国历代政治得失	（一九七六年八月）
中国历史精神	（一九七六年十二月）
中国学术思想史论丛（二）	（一九七七年二月）
世界局势与中国文化	（一九七七年五月）
中国学术思想史论丛（三）	（一九七七年七月）
中国学术思想史论丛（四）	（一九七八年一月）
黄帝	（一九七八年四月）
两汉经学今古文平议	（一九七八年七月）
中国学术思想史论丛（五）	（一九七八年七月）
中国学术思想史论丛（六）	（一九七八年十一月）
中国学术思想史论丛（七）	（一九七九年七月）
历史与文化论丛	（一九七九年八月）
中国学术思想史论丛（八）	（一九八〇年三月）
湖上闲思录	（一九八〇年九月）
人生十论	（一九八二年七月）
古史地理论丛	（一九八二年七月）
八十忆双亲·师友杂忆（合刊）	（一九八三年一月）
宋代理学三书随札	（一九八三年十月）
中国文学论丛	（一九八三年十月）
现代中国学术论衡	（一九八四年十二月）
秦汉史	（一九八五年一月）
中华文化十二讲	（一九八五年十一月）
庄子纂笺	（一九八五年十一月）

朱子学提纲	（一九八六年一月）
先秦诸子系年	（一九八六年二月）
孔子传	（一九八七年七月）
晚学盲言（上）（下）	（一九八七年八月）
中国历史研究法	（一九八八年一月）
论语新解	（一九八八年四月）
中国史学发微	（一九八九年三月）
新亚遗铎	（一九八九年九月）
民族与文化	（一九八九年十二月）
中国思想通俗讲话	（一九九〇年一月）
庄老通辨	（一九九一年十二月）

二〇二二年，三民书局将先生上述作品全数改版完成，搭配极具整体感，质朴素雅、简洁大方的书封设计，期能以全新面貌，带领读者认识国学大家的学术风范、思想精髓。

谨以此篇略记出版钱穆先生作品缘由与梗概，是为序。

三民书局
东大图书
谨识

序

余在对日抗战时期，于民国二十八年，在云南宜良岩泉下寺、上寺写成《国史大纲》一书，又于民国三十年在四川成都赖家园续写《中国文化史导论》一书。自一九四九年来香港，转台北，迄已逾三十年矣，凡有撰写，亦率以"历史"与"文化"两题目为主。前年应两团体之约，纂集旧稿，编为《世界局势与中国文化》及此集，分别由两团体付印。因皆不向外推销，余复于两书篇目上各有增删，重加复印，以广流传。

窃谓民族之形成，胥赖其有历史与文化之两项。无历史、无世界新潮流，乃吾民族处境之变。贵能不忘本我，乃可善为因应。因应在我，岂能去其我以求因应？我之不存，又谁为其因应者？亦何贵有一切之因应？自念毕生努力，亦唯期国人之迷途知返，认识自我，乃始有力可用，有途可循；则唯历史与文化两者，不当弃置而不问。而此两者尽在过去，宜可述，不可作。孔子曰："述而不作，信而好古。"亦此志此义也。读者其勿以古老陈言、断烂朝报视之，则诚余之私幸矣。

　　一九七九年六月钱穆识于士林外双溪之素书楼，时年八十有五

第一编

人类文化之前瞻

本人获来贵会讲演，深感荣幸。今晚讲题"人类文化之前瞻"，此乃当前只要肯用思想的人所共同必会遇到的一问题。本人乃站在染有东方文化传统观点的立场上而来讲此题，或许见解有偏，然此一问题，正贵有各别的观点，才易得共通的见解。

任何一种文化体系，若在其内部不断发生问题，而又无法解决时，即征其文化有病。今天的世界，正值不断发生问题而又无法解决的时代。此世界三四百年来，可说全由西方欧洲文化在推动与领导，而最近五十年内，西方问题迭出，引起了两次大战争，不仅不能解决原有诸问题，反而激起更多其他问题。我们在今天，可说只能抱有些小希望，即此种种问题或能于一天解决了，而并不曾抱有一番理想，即此种种问题究该如何般去求解决。我们只是随着当前不可知之风波迭起来谋应付，我们似乎并没有一整套的理想和方法，来领导此世界向某一方面而前进。

我们就于此一形势，只能说正在领导与主持此世界的近代西方欧洲文化有了病。我们必先承认此一点，才可从基本上来谋解救。我们不能把近五十年来种种事变，只归罪于某一国家或某一民族，甚至某一个人或某一事变。我们当知，一党专政与极权政治，与帝国主义，这些，全起在欧洲本身之内部。我们只能说，凡此种种，只是近代欧洲文化体系中之一种反作用。我们不可能希望，仍把此有了病的文化旧传统，来把即由此传统而激起的种种反作用平息了。

所谓近代欧洲的文化病，究竟在哪里？这一问题，值得我们深细研寻。在本演讲中，无法对此问题做详密之讨论，本人只想借此机会提出两个意见来，请在座诸位之指教。

一、指导全部人生前进的力量不可太偏倾于某一重点上。目前的世界，似乎指导一切人生的力量太偏重在经济这一方面了。

人类社会是一个整体的，单从经济一方面，解决不了人类社会全部问题之所在。同样理由，单从政治、外交、军事等等任何一方面，也都解决不了有关人类整体的问题。因此，任何一项专门知识，最多只能解决人类整体中之某一方面的问题。而所可惜的，为要解决某一方面的问题，而无意又激起了其他方面的问题。于是新问题不断激起，而终于无法得解决。

而且，纵使集合了各方面的专家知识，将依然解决不了人类当前的问题。何以故？因问题是属于整个的，而各方面的专家，则把此整个问题割裂破坏了，不见真问题所在，所以终将无法求解决。

其次，本人想提出第二个意见来。本人认为，今天世界所缺乏的，正是这一个指导全人类前进的大原则与大纲领。一应专家知识，都得依随于此大原则与大纲领之下而始有其意义，始可相互间有配合。否则各自分道扬镳，各求独立发展，其间尽会有矛盾，起冲突。

不仅学说如此，人事亦然。如云个人自由，如云民族自决，如云国际平等，一切理论，均不能指导全世界、全人生，走向一和平安乐之境。

正如建造一所大楼，应先有一整体计划与整体图样。若把门窗柱壁，各各分开，各自营造，结果断断建立不起一所大楼来。

此一大原则与大纲领当于何处觅之？此乃当前关心人类文化前途者一必当考虑讨论的大问题。

此一大原则与大纲领，在本讲演中无法详论但有可简单述说者。此一大原则与大纲领，将绝非仅属于经济的或政治的，也将绝非仅属于个人的或民族的，仍亦不能仅属于科学的或宗教的。此一大原则与大纲领，应从人类生活之全体中寻求而觅得之。此人类生活之全体，论其内涵，我们今天所运用的"文化"二字正可与之约略相当。我们必先了解文化，才始能来领导文化，才始有所谓文化之前瞻。

因此，文化学之研究，将为此后学术界一大事。我们必先将人类文化传统，在历史上所曾发现、在现世界所犹存在者，一律平等视之，各求对之有了解，再进而加以相互间之比较与汇通，此后才始有合理想的人类新文化出现。此项新文化理想之出现，才始是解决现世界种种问题之一种新精神与新力量。人类将于此而获得其新希望与新前途。否则将永远是头痛医头，脚痛医脚，得不到一个合理的真解决。

本人今天，是站在染有东方文化传统，尤其是中国文化传统的立场而来作此讲演者。本人认为，中国文化传统中一向所甚为重视的一"道"字，其内涵意义，正约略相当于近代人所运用的"文化"二字。而中国人所爱用的此一"道"字，其内涵意义，则当指此文化体系之合理想而具有甚高之意义与价值者。

中国文化传统，何以能注意到此一方面，正因中国民族自始即是一大群集团，而又历史绵延甚久不辍，因此才能于此上注意。

在中国文化传统下之一辈知识界，教人如何求道、明道与行道，其间都有无数曲折，无数步骤，在此讲演中，无法细述。但本人认为在将来人类新文化之创进中，中国人此一传统必可有贡献。

美国正代表着近代欧洲文化传统最新的一阶层，中国则代表着全世界人类文化中最古老、最悠久的一传统。我们若求在人类历史之已有经验中获得新知识与新进展，则中美两大民族，就其各自具有之文化传统而求互相了解，进而相比较，相会通，求一更高的结合与创新，正是当前为人类文化谋新出路者一大课题。本人愿以此次讲演，对于贵会工作作一诚恳之期望。

文化三阶层

文化是人类生活的一个整全体，我们要研究此一整全体，必先将此复多的、连绵的整全体试先加以分剖。分剖的方法，也可有两大步骤。一是把此多方面的人生试先加以分类。二是把此长时期的人生试先加以分段。前者是对人类文化加以一种横剖面的研究，亦可说是平面的研究。后者是对人类文化一种纵割性的研究，亦可说是直线的研究。但人类文化同时又是时空交融的一个整全体，因此我们的分类分段，横剖纵割，又盼能两者配合。划分段落与分别部门这两工作，我们又盼它能有一较自然之联系。

我们本此意向，暂把人生分为三大类。第一是物质的人生，亦可说是自然的人生，或经济的人生。一切衣食住行，凡属物质方面者均归此类。人生本身即是一自然，人生不能脱离自然，人生不能不依赖物质之支持，此是人类生活最先必经的一个阶段，我们称之为文化第一阶层。没有此最先第一阶层，便将不可能有此下各阶层。

然而人生是多方面互相融摄的一个整全体，所谓物质人生中，早已含有很多精神的成分。若人类没有欲望、没有智慧、没有趣味爱好、没有内心精神方面种种活动参加，也将不会有衣食住行一切物质创造。因此衣食住行只可说是较多依赖于物质部分而并非纯物质的，只可说是较接近于自然生活而非纯自然的。只要我们称之为人生的，便已归属到人文界与精神界，绝不能再是纯自然、纯物质的。此层须特别说明。即就环绕我们的自然界而言，如此山川田野、草木禽兽、风景气象，试问洪荒时代的自然界何尝便如此？这里面已经有几十万年代的人类精神之不断贯注，不断经营，不断改造，不断要求，而始形成此刻之所谓自然。这早已是人文化的自然，而非未经人文洗炼以前之真自然。一切物世界里面，早有人类心世界之融入。此所谓物质人生，则只就其全部人生中之较更偏近于物质方面者而言。

其次是社会的人生，或称政治的人生、集团的人生，这是第二阶段的人生，我们称之为文化第二阶层。在第一阶层里，人只面对着物世界，全都是从人对物的关系而发生。在第二阶层里，人面对着人，这些都是人与人之间的关系。人类生活不先经第一阶层，将无法有第二阶层。但人类生活经历了某一段时期之相当演进，必然会从第一阶层跃进第二阶层。第一阶层只是人在物世界里过生活，待其跃进第二阶层，才开始在人世界里过生活。此如家庭生活、国家法律、民族风习，全属此一阶层。

最后才到达人生之第三阶层，我们可称之为精神的人生或说是心理的人生。此一阶层的人生，全属于观念的、理性的、趣味的。如宗教人生、道德人生、文学人生、艺术人生皆是。此是一种历史性的、超时代性的人生，此是一种可以长期保留、长期存在的人生。孔子、耶稣时代一切物质生活，一切政治、社会、法律、习惯、风俗，到今全归消失，不存在了。在他们当时第一、第二阶层的人生，到今已全变质，但孔子、耶稣对人生的理想与信仰，观念与教训，凡属其内心精神方面者，却依然留存不灭，而且千古常新。这是一种心的世界，是一种看不见、摸不到，只可用你的心灵来直接接触的世界。

人生必须面对三个世界，第一阶层里的人生面对着物世界，第二阶层里的人生面对着人世界，须到第三阶层里的人生，才始面对心世界。面对物世界的，我们称之为物质人生。面对人世界的，我们称之为社会人生。面对心世界的，我们称之为精神人生。我们把人类全部生活划分为三大类，而又恰恰配合上人文演进的三段落、三时期，因此我们说文化有上述之三阶层。

此三阶层，把个人生活的经验来看，也甚符合。婴孩出生便哭，那时他只见光受惊，骤觉寒冷而不安，饿了倦了，想吃想睡，都会哭。那时他所面对的，完全是物世界。稍后慢慢懂得谁是他的父母兄姊，又懂得谁是他的熟人亲近，这才逐步踏进了人世界。更后渐受教育，懂种种心理，自己的，别人的，大至国家民族的观念，远至几千年前的历史，以及宗教、文学、艺术种种智识，这才闯进了心世界。人生三阶段，循序前进，个人如此，整个人生也如此，并无大分别。

上述文化三阶层，每一阶层，都各有其独特自有之意义与价值。每一阶层，都各有其本身所求完成之任务与目的。而且必由第一阶层才始孕育出第二阶层，亦必由第二阶层才始孕育出第三阶层。第二阶层必建立于第一阶层之上，虽已超越了第一阶层，但同时仍必包涵第一阶层。第三阶层之于第二阶层亦然。现在先简率言之，第一阶层之特有目的在求生存，即求生命之存在。第二阶层之特有目的在求安乐，即求存在之安乐。存在不一定安乐，而求安乐，必先求存在。于存在中孕育出安乐，安乐已超越存在，而同时又包涵着存在。第三阶层在求崇高，在求安乐之崇高。安乐不一定崇高，崇高已超越安乐，但必由安乐中孕育而有，亦必包涵安乐，乃始见其崇高之真意义与真价值。

物质人生，在求生命之存在。食求饱，衣求暖，饱暖在求生存。生存即是其最高目的，饱暖只是达到此目的之手段。饱了暖了，失却生存，饱暖即无意义。若使不饱不暖亦可生存，饱暖亦无价值。物质人生全如此。

但一进到社会人生，意义又别。孟子说："食色性也，饮食男女，人之大欲存焉。"此俱指第一阶层之人生而言。饮食只求自己生命之存在，男女则求自己生命之绵延，不独人类如此，禽兽亦如此，此俱属自然生活。在自然生活中，雌雄相遇，其视对方，只如一物，求能满足我自然的生存而止。但人文进化，不肯老停留在一男一女的阶段上，于是由一男一女转进为一夫一妇，此一转进便踏上了文化第二阶层。试问若仅求生命绵延，雌雄男女交媾配合，早够了，何必又在一男一女之上再来一个一夫一妇的婚姻制度呢？可见夫妇婚姻，其目的已并不专在求生命之绵延，而必在生命绵延之外之上另增了新要求，另添了新意义。猫与狗只求生命延续，不需要夫妇与家庭。人类偏要夫妇家庭，可见其意义已不尽在生命延续，而另有所求。人必感到只此一男一女，心终不安不乐，必待此一男一女成为一夫一妇，此心始安始乐。一男一女的相互对方，只是满足我自己性欲之一工具一物。一夫一妇的关系则不同了，把对方当作自己一样看待，我是一个人，对方同样是个人。我是一个我，对方同样是一个我。满足了自己，还同样希望满足对方。非如此则吾心不安不乐，因此人生进入了第二阶层。所面对的已不是物世界，而是人世界。不仅要求自我生命之存在，抑且还求其生命之安乐。而自己之安乐，则有待与对方、与我相类的别人之生命的共鸣。

鲁滨孙漂流荒岛的故事，人人知道。人常说："鲁滨孙只身在孤岛上，生活何等不方便，不舒服，因此人类生活应该不脱离社会大群。"这一说法，似乎把第二阶层的人生，转化成第一阶层人生之手段。试问若使科学昌明，把鲁滨孙依旧安置在孤岛上，想吃便有吃，想穿便有穿，一切生活绝不成问题，鲁滨孙心里是否即感满足，是否感得已安已乐，可不要再回入社会人群呢？可见第二阶层的人生，并非即是第一阶层人生中之一种手段，而实另有其较第一阶层更高的目标与理想。

人类不仅要求生命之存在与继续，而且要求在此存在与继续中得有一种安乐的心情。安乐是人世界中事。若根本无存在，自无安乐可言。故安乐必建筑在存在之上，又必包涵存在在内，但其自身意义实已超越于存在之外之上。今之所求，乃既存在，又安乐。只有第二阶层可以包涵第一阶层，生命安乐当然必存在。而第一阶层则包涵不到第二阶层，因生命存在不一定就安乐。因此第二阶层可以决定第一阶层，而第一阶层则断不能决定第二阶层。一夫一妇包涵了一男一女，但一男一女不包涵一夫一妇，因一男一女不一定便是一夫一妇。猫与狗只有雌雄，并无夫妇。夫妇建筑在男女基础上，但已超越了男女基础，而仍包涵男女基础，此乃人类文化阶层演进之大体轨范。

一男一女是自然人生，那是原人时代的人生。一夫一妇，始是社会人生，但社会人生，亦只是人与人的生活，而非心与心的生活。现在在此一男一女一夫一妇之间，更加进一层更纯洁、更高贵的爱情，而形成一对更理想的配合，那才是文学的、艺术的、道德的男女结合与夫妇婚姻，这才又踏进了人生第三阶层，即精神的人生。上文已屡说过，人生本是融凝一体，不可分割的。即在一男一女异性相追逐的时候，早已有情爱之流露，但此种情爱是粗浅的、短暂的、性的要求满足，此种粗浅短暂的相爱之情亦即消失，归于无有。夫妇结合，此种爱情即进了一级，但夫妇只是夫妇，不一定具有圆满的爱情，不一定相当于文学的、艺术的、道德的理想所标指。人类文化必然要演进到第三阶层，才始有文学，才始有艺术，才始有道德，才始有更崇高的理想。我们所希望者，乃在要有文学的、艺术的、道德的夫妇，比较我们仅要求法律的、社会的夫妇更进一层。没有第一、第二阶层，不可能有第三阶层，但第三阶层虽孕育于第一、第二阶层，却已超越了第一、第二阶层，但仍包涵第一、第二阶层。

第一阶层之人生，在求存在，第二阶层在求安乐，第三阶层则在求崇高，崇高已超越了安乐，但仍包涵安乐。第三阶层之人生，在求既安乐又崇高之存在。它所面对者，已不仅是当面覿体的物世界与人世界，而更高深更广大，上下古今，深入到人类内心所共有的一些祈望与要求上。文学、艺术、宗教、道德都从此种要求上植根发芽，开花结实。孔子之"栖栖惶惶，知其不可而为之"的一番传道救世精神，耶稣钉死十字架上的一番牺牲博爱精神，他们所面对者，已不尽于当前的一个社会与人群，而已面对着从有人类，上下古今的一种人心内在之共同要求。他们亦感得我非如此则心终不安不乐，然而他们所求，实已更高出于普通所谓安乐之上，但亦绝不是不安不乐。此心不安不乐，不算得是崇高，而求崇高之不尽于求安乐，亦正如求安乐之不尽于求存在。安乐中涵有存在，崇高中涵有安乐，文化阶层一步步提高，人生意义与价值一步步向上。下一阶层之目的，只成为上一阶层之手段。只有目的决定手段，不能由手段决定目的。因此存在不一定安乐，安乐不一定崇高，只有崇高的必然安乐，必然存在。

固然没有存在，哪有安乐崇高可言，然而此等只是一种反面、消极的决定，并非正面、积极性的决定。没有第一阶层，不可能有第二阶层，此是第一阶层之消极性作用，亦即其消极性的意义与价值之所在。但有了第一阶层，不一定必然有第二、第三阶层，但有了第二阶层，则必然融摄有第一阶层。有了第三阶层，必然融摄有第二阶层。这一个人类文化三阶层递进递高、递次广大融摄的通律，可以用作衡量、批判人类一切文化意义与价值之基本标准。

说到这里，让我节外生枝，附加上一些声辨。德国哲学家黑格尔，他提出"正反合"逐步前进的辩证法，来作人类历史演进的通律。他认为由正生反，再由反成合。例如甲是正，非甲是反，乙是合。这所谓对立的统一之发展过程，其实只是一种语言文字上的玩把戏。如我上文所举，一男一女并不是正，一夫一妇并不是反，男女与夫妇也并不是对立。我们承认人类文化确然从一男一女发展到一夫一妇的婚姻制度来，试问黑格尔正反合对立统一的辩证法将如何安放？

你或说，男女是对立的，夫妇是统一的。但男女对立，只是一种相异的对立，最多也只可说是一种相反的对立，总不该说是一种矛盾的对立。矛无不破，盾无不拒，有了无不破之矛，便不能再有无不拒之盾。有了无不拒之盾，便不能再有无不破之矛。此始谓之矛盾。现在不是有了男才始有女，有了女才始有男，在生物尚未进化到雌雄两性相异存在的阶段，没有雄，便也没有雌，雌雄男女，同时并立，正反相成，而绝非矛盾不两存。而且有了夫妇，并不能否定其男女之对立。夫妇统一，即建立在男女对立上，而包涵男女对立。但也已超越了男女对立而有其更高更广的统一的新意义发现。

同样理由，社会人生并不与自然人生相对立。即谓是对立，也绝非一种矛盾性的对立。人类由自然人生演进到社会人生，而在社会人生内依然涵有自然人生，不能否定了自然人生而另来一个社会人生。同样理由，精神人生也不与物质人生相对立。由物质人生中孕育出精神人生，精神人生虽超越了物质人生，但仍建立在物质人生之基础上，涵蕴有物质人生，而并不可能加以否定。

黑格尔的历史哲学，是极富于战斗精神的，然而人类文化的演进，融和摄合，比战斗更重要。在文化第一阶层，人类面对物世界，便融摄物世界来完成我之生命存在。在文化第二阶层，人类面对人世界，便再融摄人世界来完成我之生命安乐。在文化第三阶层，人类面对心世界，便再融摄心世界来完成我之生命崇高。在此融摄努力中，不免带有战斗性之成分，但战斗性绝非主要的，更不是唯一的。战斗最高精神，在消灭对方之存在。黑格尔历史哲学之理想终极发展，在于精神战胜了物质，而物质存在到底不可战胜。人类文化精神即建立于物质存在之基础上，可以超越物质存在而仍必涵有物质存在，则黑格尔所理想的人类历史之终极发展到底落空。

马克思即窥破此弱点，把黑格尔历史辩证法一反正转，变成为他的唯物辩证法。然而他所看重的经济人生只在文化第一阶层，此下第二、第三阶层固必建立在第一阶层上，固必包涵第一阶层之存在，但确已超越了第一阶层，已不能为第一阶层所决定。我们只能说由第一阶层来孕育出第二、第三阶层，但并不能决定第二、第三阶层之可能进展。由男女可以发展成夫妇，但男女关系并不能决定夫妇关系。由存在可以孕育出安乐与崇高，但存在并不能决定安乐与崇高之趋诣与内容。而且马克思依然遵循着黑格尔的否定再否定的老路。实则人类文化演进，主要不在矛盾中，也不在否定中。即以一人之生命为例，由幼而壮而老，在其青年期，并不与婴孩期相矛盾，而必然要对婴孩期的人生加以否定。待到老年期，也并不与青年期相矛盾，而必然得加以再否定。马克思的唯物辩证法，把人类历史看成斗争再斗争，否定再否定，而始终没有超越出文化第一阶层之消极意义与生存目的。于是人类文化演进全成手段，永远钉住在物质人生之最低阶层上。

我在上面说过由自然世界孕育出人文世界，但人文世界确已超越了自然世界，然并不能否定自然世界之存在。由动物生命孕育出人类生命，人类生命确已超越了动物生命，但亦不能否定动物生命之存在。由男女异性孕育出夫妇关系，夫妇关系确已超越了男女异性，但亦并不能否定男女异性之存在。人文演进中，被孕育者转成为能超越者，而被超越者转成为被包涵者。融摄已有之旧，来创生未有之新。被融摄的不能决定能创生的。而能创生的也不能否定被融摄的。我上文所述说，与黑格尔、马克思两人之不同点在此。

但诸位或许要怀疑，黑格尔是西方大哲人，马克思唯物辩证法，在近代也正掩胁一切，何以连像我上面所说那些理论而不知？我为此请援引黑格尔一句名言来作解答。你要明白某一哲学家的哲学思想，你该从哲学史上来求解释，这即是我以上所说人在文化中生活的同一意义。当知哲学思想亦循着哲学史道路而前进，黑格尔的最高精神，只是沿着西方中古时期上帝的旧观念而稍稍加以变形，马克思则再把黑格尔的唯心的最高精神一反正转，变成唯物的生产工具与生产方法。当知黑格尔与马克思亦只遵着他们那边一条思想史的旧有道路而摸索向前。并不是西方人所说，即成天经地义。无论是黑格尔、马克思，他们都在想摆脱他们原有的上帝创世、最后末日的一番思想老格套。但他们既看轻了决定一切的上帝，便在无意中不免要看重物质与自然。不仅马克思的唯物史观，太看重了物质与自然，即就黑格尔论，他竭力要讲人类精神逐步战胜物质而前进，正足证明在其内心无形中却早已太看重了这物质界。

人类文化三阶层，不仅其各自之目的不同，其所以完成此目的之方法特性亦不同。当其在第一阶层面对物世界的时候，免不得要提高斗争性。待到第二阶层，转眼对向人圈子本身内部的时候，则斗争性必然要冲淡，组织性代之而起。待到第三阶层，人类文化面对心世界，那时则融和性又将代替组织性。若文化止于第一阶层，将只见有斗争，不见有组织。若文化止于第二阶层，将只见有组织，不见有融和。第一阶层之文化特性为外倾的，第二阶层则是内倾的，只有人类文化到达第三阶层，那时才始是内外一体，物我交融，古今的隔阂融和了，自然与人文的壁障也融和了。那时则不见有斗争，也不见有组织，组织是政治性、社会性的，而此刻则是宗教性、道德性、文学性、艺术性。心心相印，一片融通。

那一个文化境界，目前只有些端倪征兆，距离满圆到达之期尚远。但黑格尔则偏陷在第一阶层对物境界中，因此都不免以斗争精神为历史演进之主要特征。这亦是我上面所说西方文化目前正出了毛病之一个真凭实据。但西方思想界的毛病，并不就是中国思想界的毛病。我此刻纵使能批驳倒西方，但并未曾针对着中国人自己的毛病。何况把别人家的病痛，硬认为是自己的良药与救星，那才不免要病上加病，更无办法。

以上一段是题外杂插，现在再归入正题。总括前述，人文有递进的三阶层，第一阶层是小我人生，只求把外面物质来保全自己生命之延续。第二阶层是大群人生，这一阶段的目的，已在各得保全自我生命之上，要求相互间之安乐。第三阶层是历史人生，此一阶层之目的，在求把你心我心，千年前的心，千年后的心，心心相印融成一片。这是一种更崇高的安乐。各阶层各有独自之目的与向往，低阶层目的之完成，转化为高级目的之手段。而高阶级目的之向往，并不毁损低阶级目的之存在。自然无目的，人文则有目的。文化演进，正在目的提高。必待到达第三阶层之目的完成，才始是文化之完成。但人类文化，有时则越过了第二级而直达第三级，此为文化之过早成熟，有时则为着崇高而牺牲安乐，为着安乐而牺牲存在，为着高级的目的而牺牲低级，此乃文化演进中所遭遇的不得已的变态,此乃文化之苦难。但文化亦常从苦难中跃进,若仅为低级而遏塞了高级的,则是文化之逆流与倒退。违逆人心势不可久。文化三阶层之正常演进,应该是一个超越一个,同时又是一个包涵一个。试作图表示如下:

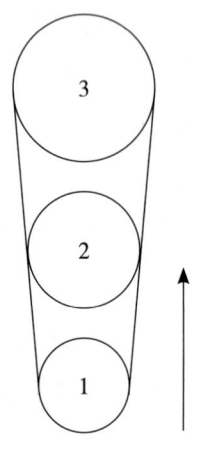

人类文化之展望

目前的世界，仍然是个动荡不安的局面，政治、经济、社会……种种问题，先后经过第一、第二次世界大战，依然不能解决。假如有第三次世界大战发生的话，怕还是不能彻底解决人类的问题！为什么呢？我认为这正是人类文化的缺点和病态。因此，我们对目前的人类文化，应该作一番总检讨，揭发人类文化病源所在，重新认识，而提出改进文化的新方案来。

文化是什么？文化就是人生，而且是多方面的人生。现在我把人类文化分开三方面，也就是分为三个阶层来讲：

一、属于物质经济方面的，是人对物的问题。

二、属于政治社会方面的，是人对人的问题。

三、属于精神心灵方面的，是心对心的问题。

先说第一阶层。譬如人生吃饭、穿衣、住房子，都脱离不了物质经济的关系。可是，物质经济只可限制人生活动，而不能决定人生活动；因为衣、食、住等物质生活，并没有一定的标准，所以物质经济，只是人生活动中消极的必需。如果人类文化仅仅止于"对物"这一方面，那么，这种文化，只可说是一种原始文化。

其次，说到第二阶层。由于人对人的关系，渐渐就形成了社会群体，社会群体必然会产生政治。于是这里建立一个国家，那里建立一个国家；这里形成一个集团，那里也形成一个集团。为了国家和集团的利益，政治必然要求人民服从，所以政治带有一种权力性，带有一种拘束性和压迫性。一个国家为巩固内部，或向外发展，或抵抗侵略，还带有一种斗争性。然而在第一次世界大战的时候，英国人祈祷上帝，赐予战争胜利，打败德国，那么世界就会实现和平。同时德国人也同样地祈祷上帝，赐予战争胜利，打败英国，那么，世界就会实现和平。你们说，到底谁的祈祷对呢？事实上，政治又使人群隔离，造成国家与国家的对立，集团与集团的对立，因而更引起严重的斗争。不是吗？

我以为人类的理想政治，应该遵循下列两大法则：一、要尽量减轻其权力性，使不致引起对内对外的一切斗争；二、要在小量的服从和拘束中，获得大量的自由和平等。因为人类文化演进至有国家的阶段，是为文化进步过程中的一大关键；要是人类文化仅仅止于这一阶层而不再前进的话，那只可算是一种半熟的文化。

现在说到第三阶层，属于心灵精神方面的，才是人生的本质部分，也是人生的终极部分。心对心，心灵的活动虽然是个别的，所谓"人心之不同各如其面"；但是，心灵的活动却有共通性，所谓"人同此心，心同此理"。我们心里的思想，总希望发表、传给别人，如果我们的思想不能表达出来，那么，有思想不是等于没有思想吗？同时，我们心对心的发表思想，正是一种赠予，赠予而自己仍没有损失；相反的，可能把自己的思想加强，而发生普遍的传播作用。所以说，只有心对心，才能把全人类融成为一整体。

人类文化最坚实的东西是心灵，它能启发、感通和积累。我们从物质和政治的观点出发，你有了钱，仍希望有更多的钱；有了权力，仍希望有更大的权力。这是一种分割性的占有欲，必然引起斗争。要是从心灵的观点出发，喜、怒、哀、乐……都是人类共同享受的公物，是一种共通性的感发和享受；心灵只求感通，求感通是赠予而非占有。换句话说，心灵感通乃是精神共产。人类文化，便是这种精神共产的结晶和成果。因为物质人生是有限的，心灵人生是无限的，而且它更不受空间和时间的限制。人类文化必须进展到这一阶层，才是人类文化的终极归趋和最高向往。

人类文化要是停顿在物质阶层或政治阶层再不前进的话，都不能说是文化的完成。只有越过上述两关，而向心灵精神方面迈进，才是人类理想文化的成熟。但是也有在这三方面虽各俱备而轻重倒置的，这就产生了文化病。就历史而论，在这文化三方面，安排比较妥帖的，西方国家只有希腊，东方国家只有中国。希腊文化虽高，到底是小型性的政治，未能形成大国。中国由格物、致知、诚意、修身、齐家、治国、平天下这一套大同思想和王道政治，已经演进成一大国了。

中国政治思想，比较不重权力，不重斗争，而多留社会以自由。因为中国文化，向重"安"与"足"，而不重富与强。"安"就是政治,"足"就是经济。"安"而不"强","足"而不"富",自然也是缺点。但是今天的世局,许多是"强"而不"安","富"而不"足"的,可以说是彼此各有得失了。不过,中国文化在前两阶层,仅以安足为目标,这正为要使人易于迈进最高的第三阶层去。

人类文化的当前问题,在于如何减轻政治和经济的重要性,而求增进人类心性相互感通的重要性这一问题上。人类不要为了经济问题来歪曲政治,更不要为了政治问题来歪曲心灵,甚而抹杀了心灵。

我们应该为人类心灵尽先安排一良好的环境,先获得物质(经济)方面给养,再获得政治方面的安定,而后大大地求其心灵的感通。换句话说,一切政治、经济等问题,都该依随着心灵方面的大目标,这才是人类文化的新希望。

世界文化之新生

当前世界种种急迫困难的问题，绝非纯粹由经济问题所引起，亦绝非能凭着国家间的外交及军事而解决。这实是近代人类整个文化问题之症结所在。所谓人类文化，乃指全部人生之物质方面，及其背后引生及支撑推动此种物质生活的许多重要观念、信仰、理论以及欲望等的精神积业而形成。除非近代文化能有显明急速的转变，恐怕人类浩劫，所谓第三次世界大战，终不获避免。然而纵使再经一次大战，也仍只有希望人类能因浩劫，而回头对现代人类之旧文化激起其反省，由是而加速加强其文化之转向与新生。若近代人类文化不获新生，则大战所带与人类者，仍将如前两次大战后所获结果之空虚，而只更加其破坏与毁灭之惨烈。

所谓近代文化，乃完全受西欧文化之指导与支配。而此所谓西欧文化，则专指从十四世纪的文艺复兴以后，经历过宗教革命、商业、工业革命以来的五六百年而言。这五六百年的西欧文化，也并不与西方古代希腊、罗马以及中古时代的文化相同。在开始，也是人类的一段新文化，也曾带给人类以种种幸福与光明。到后来，途穷路尽，这一文化，已逐渐发展到顶点，而开始下降，走入歧途。于是，遂不复带给人类以幸福，而代之以灾祸，不复带给人类以光明，而代之以黑暗。这是明白地告诉人类，这一段文化，已到了瓜熟蒂落功成身退的时代。远从第一次世界大战起，便已是这一段文化将次没落的信号了。

人人都知道，美苏两型的对立，引起了现世界种种急迫而困难的问题。然而我们也并不能因此便认为，民主政治与资本主义社会是近代西欧文化的正统真传，它仍将有欣欣向荣的前途。当知苟非民主政治与资本主义社会自身犯了病痛，也不会有反作用力之产生。既是反作用力产生了，而且德意之后继以苏俄，反作用力已是一再地产生，这正揭示我们以民主政治与资本主义社会内在病痛之最坚强与最真实的证据。近代西欧文化里的民主政治与资本主义社会，你纵说它是近代文化之正统，然而发展到现阶段，确已显出病象。在一个文化系统下，分裂出这样对立的两型，不是病象是什么呢？我们若抱此观念，自知人类前途，苟非改弦易辙，另寻一文化新生，而单靠战争，祈求这一方打胜那一方，将不是问题的解决。若使单靠战争可以解决问题，则第一次世界大战之后，也不会有第二次，自然更不该有第三次。

现在让我们再问，何以这五六百年来的西欧文化，会走上这一条自相分裂、自相冲突，而不可弥缝、不可和解的绝路的呢？这该远从近代西欧文化正统的内在精神方面去探究。

在中古时期的西方文化，是一个基督教文化。基督教文化的独特精神，是把一个世界严格地划分成两个：一个是地面的、现实的人世界；一个是天上的、理想的神世界。现实的人世界，是有限的、物质的；而理想的神世界，则是无限的、精神的。经过文艺复兴，把中古偏向神世界的无限精神转向到实际人生方面来，这所谓由灵返肉。从此现代人生遂始看重了现实的肉体人生，这是近代西欧文化较之中古时期的一个大转变。然而中古时代那种向无限界追求觅取的精神，则并未放弃，并未脱舍。换言之，近代西方只把中古时期向天国灵界的无限追求，转一方向，而对着肉体的现实人生来寻索，来争取。这是领导与支配近代世界文化一个最独特的面貌，一种最主要的精神，我们将把握此点，来说明近代文化之长处及其缺点。

第一是近代西方的科学精神。近代西方人，并不认为自然科学只是一种纯真理的探究。当知近代科学之产生，实由近代西方之入世思潮，即上文所谓由灵返肉一运动而鼓起。培根的理论，人所皆知。笛卡尔的方法论，亦谓吾人当改变思辨哲学为实用哲学，使大自然以及吾人四周之物体，皆为吾用，指挥自如，俨然宇宙之主宰。这在告诉我们，中古时期宇宙主宰是上帝，近代文化观念中之宇宙主宰，则属人类之自身。近代科学，若照笛卡尔说话，尽不妨说它即是人类的一种实用哲学。

近代科学精神脱离不了实用，因此也脱离不了权力。此即尼采所谓争强之意志。人类寻求知识，只在借以实施对外统制的权力。因此尼采又说，一切科学家皆挟有相当的超世精神。此所谓超世精神，并不与中古时期基督教之超世精神相类。中古时期之超世精神，是人类凭借上帝而超出其自身之现实界。近代的超世精神，则人类凭借自己的科学知识而超出一切外面现实界之束缚与统制。自然科学用来实现人类权力之无限伸张。近代西方科学精神，依然脱不了古希腊人的格言，所谓知识即权力，而要求这一种权力之无限伸张，则是近代文化一特征。科学则是一种极精妙的实用哲学，用来实现这一种权力意志之无限伸张。

其次要说到个人自由。近代文化，由灵归肉，从此便转入到个人主义。肉体的个人生命是现实而有限的，而近代文化则认之为无限。这正因近代文化并不能完全脱离中古时期之传统，它只把中古时期对无限神界的追求转向，而这一种无限追求的精神，则依然存在。这一种无限追求的精神，转落在实际人生上，便成为上文所说的权力意志。但现实人生既属有限，而对此追求的权力意志却仍是无限。在有限的人世界作无限的追求，将永远感到苦痛，感到束缚，于是将永远地要求自由。自由的本质，无限无极，本应在天国神界里的理想，现在要在有限的地面人界中求实现。这又是近代文化一特征。

再次要说到民主政治。要求个人自由是近代民主政治的精神渊泉。穆勒的《自由论》，主张个人自由以不侵犯别人的自由为限界。这是一句不切实际的空想话。每一人的自由，必然不能不牵连侵涉到另一人。若真要不侵犯别人的自由，则根本将无个人自由可言。因此近代西方民主政治，又必然以法治为归趋。用法律来规定人类相互自由之际限；然而法律永远追不上实际人生不断的变化。民主政治的毛病，便出在这上。人人都在无限伸展他自由的权力意志，只把人与人间公定公认的一些法律来规范它自由的际限，这是龟兔赛跑，法律永远赶不上自由。因此法律绝不能算是民主政治的根本基础。民主政治的最高法律，应为少数服从多数。一手一票，便是代表那个权力意志，而一切个人的权力意志，则全该自由，全属平等，于是取舍从违，只有就多少数的分量比较来判决。这一法律，就内容论，是最变动的，就形式论，又是最固定的。这是民主政治的基本大法，亦可说是民主政治的基本精神。何以多数必然是？则仍必回到尊重个人自由意志的理论上。

因此近代西方民主政治，其最后精神，只是一个尊重个人权力意志的自由伸舒的精神。若把握到这一点，则亦无怪乎极权政治之接踵继起。因极权政治的精神基础，同样建筑在尊重个人权力意志之自由伸舒上。若就纯精神的表现而论，民主政治的个人权力意志之自由是不彻底的，极权政治的个人权力意志之自由伸舒，却在某一人身上，集中地象征化，而满足地表现了。我们若说民主政治的个人自由之获得与表出，是理知的、科学的，则极权政治的个人自由之获得与表出，是情感的、宗教的。人人各献出其自由意志，而集中在一个人身上，象征地十分满足地表达出来，这正是一种宗教情绪。在近代西方哲学界，早已有一大批学者，像黑格尔、尼采之流，为这一境界预先安排下一番打先锋的理论了。

其次再说到资本主义。近代西欧文化中资本主义之形成与发展，也还是一种要求个人权力意志自由地无限伸舒之精神的表现。近代西方文化，由灵返肉，把中古时期朝向天国神界的热忱，转移到现实人生界，于是一切兴趣与注意力，不向上帝与天国，而向草木禽兽、山川土石，一切自然界，由此而有近代科学探索之无限向前。一方面对向更切实的人生业务而前进，而又有近代科学之实际效用从旁为之服务。于是这一种无限向前的纯精神之活动，遂成为近代之企业精神，而由此遂形成了现代资本主义社会的怪状。

然而资本主义社会之形成，势必侵犯到别人的权力意志之无限伸舒的自由，势必要与真正的尊重个人自由背道而驰。何以近代西方文化，一面尊重个人自由，一面又容许此资本主义的怪物继续壮大呢？这正如上文分析过的极权政治一样。当知集中地在一个人身上象征地无限伸舒其个人的权力意志之自由，也可同样满足大家对于此种精神向往之情绪，同时又有社会的既成法律为之作辩护。正因为这种既成法律酝酿出资本主义，而资本主义回头来又拥护这一种法律，互为因果，也恰如上文所分析，现社会的一切法律，本不足以代表人类不能摇动之真理，而只随各个人的权力意志而转动，于是共产主义者便看准此弱点，提出阶级斗争的理论，提出团结即是力量的口号，来为在资本主义社会下某一部分未获到个人权力意志自由的无限伸展而感到不满足的人们指示一出路，指示一用力斗争的对象。这一部分人则宁愿交出他们目前可能有的很少量的自由，来希图获取将来可能有的更大量的自由。寻根究底，同样在追求个人权力意志自由的无限伸舒而形成。只因处境不同，于是采用方式亦不同。

只要资本主义社会一日存在，在近代文化精神之指导与支配下，决然会产生共产主义。若说资本主义社会真个会推翻，到那时，个人权力意志自由的无限伸舒之要求，仍将在此有限的现实人生界作祟。如此循环反复，除非这五六百年来的近代文化有一彻底的转向与改变，纠纷的人生问题，将永难得一合理的解决。

让我们改从近代西欧的学术思想方面来稍说几句，作为上列观点之旁证。马克思的共产主义与唯物史观，西欧有些学者持批评意见。然而与马克思的唯物史观的理论同时出世的，不是又有达尔文生物进化论吗？就科学证据言，人类断非上帝所创造，实由人猿一类的动物演化而来，这是无可怀疑的。然而跟随着达尔文的发现，却不免疏忽了另一绝大的漏洞。当知五十万年以前的原人，固然确由类人猿演化而来，但今天的人类，则已与五十万年以前的原人不同，其间已有绝大差别；这一个差别，乃由人类自身所创造的文化所引致。不幸而近代西方科学家太偏重自然，并没有注意到人文科学的建立，因此遂把"人类"二字笼统包括了五十万年的长时期。

只注重自然，而抹杀了人文，这是近代西欧文化一大缺陷。这一缺陷表现在心理学的研究上。一辈心理学家，喜欢把动物心理来推究人类心理，来推断经历了五十万年长时期的文化演进以后的人类心理。巴甫洛夫的工作,及其创立的制约反应说,即是一个最好的例证。在自然科学立场来讲,绝不能说他的实验有什么不是。然而从人文科学立场来讲,他的实验,并不能说有甚大贡献。然而西欧学术思想界,实在有此上述的一种趋势。在这一趋势下,无怪马克思的唯物史观终于要见称为科学的历史观,而博得大批信徒了。

今若论究人类之所以异于其他动物者,即就生物学讲,不仅在它有了两只手,而且也因它有了一张嘴。手能制造工具,嘴则能说话。因有能制造器具的两只手,而一切外面的自然物可转为我用;因有能讲话的一张嘴,而人类彼我间的一切情感、一切思想、一切记忆,可以畅快交换,互相传达。又因有口与手之合作而产生文字,由文字而产生新观念,保留旧记忆,在人类内心方面,从此起着绝大的变化。这是人类文化演进所由与其他动物不同的一个最大凭借。由此而人类遂由现实的、有限的肉体人生,而走进了理想的、无限的精神人生。

但也因为人类有了文字,有了精神文化,而始产生出宗教与上帝观念。若使人类没有一张能说话的嘴,纵使有两只手,纵使能创出无限无尽的生产工具,但却决然产生不出上帝观念来。无论这一个上帝观念,在自然科学中能否有它客观真实的存在,但在人文科学中,即历史学中,则有人类历史本身为证,它是绝对存在,断无疑义的。但人类何以忽然能产生此一上帝观念,则绝非专一注意人类的两只手及一切生产工具的唯物史观者所能解释。同时也绝非达尔文一派的生物进化论，乃至追随自然科学道路与生物学立场的一辈心理学家，如巴甫洛夫辈，所能回答的。

上面所述，只求指出近代西欧文化，不免有偏倾自然、忽略人文的毛病。这是近代西欧文化在本质上易犯的毛病。

但中古时期的上帝观念，也有引领人类走上要求脱舍现实人生，而向另一个不可捉摸的世界而无限追寻的差失。不幸而近代西欧文化，虽经文艺复兴、宗教革命种种绝大波澜，却仍脱不了引导人生脱离现实，而走向一条无限追寻的渺茫的路。所谓科学征服自然，以及个人自由无限伸舒，在它的开端，确曾对人类社会带来许多幸福与光明，然在基督教文化开始，也何尝不曾带给人类以许多幸福与光明呢？只要这条偏差的路走得远了，总要病害百出。上述的民主与集权、资本与共产的两型对立，一样是一个无限向前的精神观念在作弄，在驱遣。若照这一个历史看法，则人类目前所要祈向的新文化，其主要观念，当然将不仍是个人自由，同时更不是阶级斗争。但也不再是请出上帝来回向中古。

说到这里，有我们特须注意的一点。现代世界文化，固然由此五六百年来的西欧文化作领导，但人类文化并不只是此一支。除却西欧文化之外，大体说来，还有回教文化、印度文化与中国文化之三型。这三种文化，虽然轮不到有领导与支配近代世界文化之光荣，但近代世界文化之病态暴著，在这三支文化线上却没有形成。上文所谓民主与集权之对立，资本主义与共产主义之对立，也只在西欧文化传统的几个国家里产生，只在西欧文化传统走上绝路时，始有此种难和解的对立。

若照现代文化观点论,印、回、中国三大文化系统,全是落后的,它们并不能像近代西欧文化般带给人们以近代西欧的那种幸福与光明,却也并不曾带给人们以近代西欧的那种灾祸与黑暗。在此三支文化系统里,不幸而没有追上像西欧般的近代文化,却也幸而没有追上像西欧般的近代文化。更深一层言之,只要在他们的内心,没有学到那种对于个人权力意志无限向前的自由之要求,则他们将永学不到像近代西欧文化系统里的民主政治,同时也永学不到像他们的集权政治。

我们若放宽眼光来衡量全局,则目前世界问题,不仅有上述美苏两型之对立,而较更深刻广大的,还有东西新旧文化之对立。扼要言之,更显明、更主要的,则为中国文化与西欧文化之对立。我们批判此两种文化之异同及其所含价值之高低,应该特别注重在其最根本的发动点上的几个核心观念,而随带及其所能引生之种种发展与推演。

近代西方文化,如上论列,一种是源自中古的宗教精神之向无限界追求,一种是文艺复兴运动以后之个人自由主义,一种是智识权力之征服四围与主宰一切之科学精神。而这三种核心观念,恰恰为中国传统文化之所缺。中国一向没有热烈深厚的宗教情绪,一向不了解超越现实人生而向另一精神界作无限前进之追求。然亦正因中国没有强烈的宗教情绪,相随的,也没有像近代西欧的所谓由灵返肉的文艺复兴运动。中国人一向看不起个人肉体的有限现实人生。中国传统文化之特殊精神，绝非宗教性的，而系历史性的。中国人心中之现实人生，乃是经历长时期的历史人生，而非个人自由与当前的肉体生活。第三，中国传统文化，既缺乏了无限向前的精神，又不重视个人现实生活之自由伸舒，因此也没有坚强的权力意志，也遂不想获得征服四围与主宰一切的确切智识，因此在中国文化传统里，也遂不能发展出像近代西方之科学精神。

让我们再来粗略地指出近代西欧文化，从它们几个核心观念所引生的几派思想与理论之分别的系列：第一，像康德哲学中之纯粹理性批判，发挥人类道德之无上命令与先天义务。像黑格尔历史哲学，指示出客观精神发展向前之必然性的辩证法。像叔本华生活意志与悲观哲学，以及尼采之权力意志与超人哲学。此一系列，乃属近代西方哲学思想中属于形而上学一方面者。探究其渊源所自，实从中古时期对天国神界之无限向往而移步换形，降落到人类自身现实生活中来的理论之第一系列。其次，像卢梭的天赋人权说，强调自始以来的个人自由之民约论，而推演出近代民主政治中的平等精神。像达尔文的生物进化论，把人类地位拉近其他生物行列，而同类齐观。像马克思专主生产工具与阶级斗争的唯物史观，把人类文化演进，全部侧重在自然界生物竞争一观念之下的单调的文化观。像克鲁泡特金的互助论，虽是针对达尔文生存竞争而立说，但他的互助只是斗争之变相，同样是一种生存竞争的手段，同样把人类文化演进与生物进化在一条线上推演。这是近代西欧思想从宗教观念转移到人文观念上来的第二系列，这是文艺复兴由灵返肉的精神之走向历史追溯，而求得一种理论上的根据之一系列。可惜这一系列，全偏在自然与原始方面，没有真实地在人类历史文化本身上致力研寻。

第三，则是援用近代自然科学之精神与方法，而故意要创造出一种无灵魂的心理学，于是产生出生物的、生理的、原始人的、本能的心理学，而忽略了历史的、文化的人类心理学。这是由灵返肉，把人类从上帝天国拖归自然生物界的又一系列。

其四则为寻求知识的入世精神与功利观念，而产生出近代文化中的科学精神，如培根，如笛卡尔。由此以下的提倡有裨人生的追求征服四围与主宰一切的，以科学知识的最后价值为不在获得纯粹真理，而在获得权力，以真理为权力之票面价格的，这又是近代文化由灵返肉，把向上帝天国的那种无限追求，转落到个人肉体的现实生活上，而形成了一种个人权力意志的无限向前的自由要求，于是迫得要在有限的自然和现实人生界，用科学智识来打开一条通路的思想之又一系列。

其五，则是由自然科学之发展，到达十九世纪而形成一种盛极一时的唯物哲学。这恰与第一系列遥遥相对。唯心唯物，同样逃避在超现实的形而上学的圈子里，不过唯心论想把上帝来精神化，而唯物论则老实不客气地竟把自然物质来代替了上帝。

上述思想五系列，大体可以包括近代西欧文化几条主要理论和几点主要信仰，而归纳紧凑在三个核心势力上：一是由宗教情绪转变来的一种内心精神之无限追求，一是以肉体生活为主的个人自由，二者并成为近代文化作中心柱石的权力意志，而以科学知识为其运用之主要工具。我们不妨称之为宗教的、人生的、科学的三位一体，而近代西欧文化之最大缺陷，则在其第二核心势力之所谓人生，却偏重在个人的肉体的现世人生，而忽略了历史的、文化的、长期积累的精神人生。但此处所谓精神，并与西欧思想里超越人生的、属于形而上学的哲学思辨所证成的精神不同，近代西欧文化正因在这一点上的缺陷，遂使宗教与科学，也不得一个恰好的安排，而上述五大系列的思想之不免偏差处，也全从这一缺陷而引起。对于这一点，即看重历史文化长期人生之一点，则恰恰正是东方中国文化所专有之特长。

本来，文艺复兴未尝不可走上对历史文化再认识的那条路。然而论到近代西欧文化之主要创造者，则必首推北方日耳曼民族。由日耳曼民族来看希腊罗马史，显然不是内生的，而是外在的。上帝、历史和自然，同样是外在。希腊罗马以来的历史文化演进，并不是日耳曼民族自身内在亲历之经验，而只成为对他们是一种超越自身的、客观的自然存在，由此，历史文化只成为一种外来智识，而可资他们一时利用的某一种工具。于是人类的历史文化也变成一种自然的、唯物的、功利的。上帝观念已与自然科学不相容，人类自身的历史文化，却又降落而变质，成为一种外在的自然。于是近代西欧文化，若非走入唯物论，把人类本身也浸没入自然物质中去，则只有个人肉体现实生活之原始强烈要求。这正为日耳曼新兴民族所内心真实经验得到者，遂成为近代西欧文化一切主要的源泉。

我们若根据这一观点，来看西方最近兴起的斯拉夫民族，无怪在他们眼光中，来看近代五六百年来的西欧历史文化，也一样对他们是外在的，一样成为一种非我的自然存在，则他们之采用马克思唯物史观，来试求推翻西欧近五六百年来的历史文化传统，实毫不足异。而在他们今日之处境，则只有采用集体的阶级斗争，较之采用陈旧的个人自由，更为有效，更为有力，亦复显而易见。

我们再回头来看东方中国文化。它既不是宗教的，又不是自然科学的，亦不是个人主义之肉体现实生活的。成为现代领导世界文化之三柱石，在中国旧文化里一样也没有。然而这并不是中国人没有文化。中国文化则正是侧重在历史的、文化的、人类生活本身之内在经验的。西欧现代文化，要求把个人无限追求打进有限的自然界和现实人生，这必然要成为悲剧的归趋。中国文化则把历史文化认作无限，只求在有限的个人生活中来表现那无限。

穆勒说，个人自由应以不侵犯别人的自由为限界，若用中国观念来纠正，应该说：个人只有在投入历史文化长期人生之动进的大道中，而始获得其自由。离却长期人生大道的动进，别无个人自由可言。因此智识只在获得真理，而不在获得权力。只有真理始是权力，而此真理，不在上帝身边，也不在自然物质界，只在此长期人生之动进大道中。但这一个长期人生之动进大道中的人生自身还是一个自然，因此只有在不违背整个自然界真理中求获得人类自身之真理，只有在不违背整个自然界动进大道中来获得人类自身动进之大道，如此则历史文化观念可与物质自然观念相融通，相协调。这一种融通协调，是整个宇宙与长期人生之协调，再从此与整个宇宙相协调之长期人生，来领导个人现实生活之趋向，而指示其规律。这是东方文化精神，这是东方人的宗教信仰，这是东方人的人生观，这是东方人的人文科学精神。这是在另几种核心观念、另几个思想系列中，经过长期演进而形成的东方中国之特有文化。

西方人不了解东方，也不了解自己，以为只要全世界各地都能接受他们那一套个人自由或阶级斗争，便可世界大同天下一家，而实际则仍是西方人自己更深的一套权力意志之无限伸展的内心要求在后面操纵，这就造成了现代世界不少的悲剧。

今天的东方人不了解西方，同时也不了解自己，以为只要在外皮形式上便可学得西方那一套个人自由或是阶级斗争，而追上了西方，而不知其后果则只在自己内部徒增纷扰，这又造成了现代世界不少的悲剧。但近代西欧文化里那套崇尚权力向外斗争的粗浅意识，则终于为东方人所接受，所追随，而东方人自己传统文化的本质与近代西欧文化之相互冲突之点，却不断地在东方人不自觉的意识中，暗暗反抗，因此增强了东方对西方之敌意。在外面披上了个人自由与阶级斗争的权力的向外斗争的伪装，作为东方学步西方之必然路程，这更为现代世界造成了不少更深更重的悲剧。

因此摆在现代世界人类面前最重要的大问题，是在如何各自作文化反省功夫，如何相互作文化了解功夫，如何合力作文化协调与文化新生功夫。我们不要认为近代领导世界的西欧五六百年来的传统文化，还在欣欣向荣，继长增高。我们不要认为只有个人自由或阶级斗争，才始是人类文化当前唯一的出路。我们不要认为用在战争上的原子弹以及用在生产上的原子能，便可解决一切人类问题，不要认为只有自然科学是指导人类全部文化的唯一南针。我们不要认为人类文化将能回复到西方中古时期的基督教精神，而期望其成为起死回生之神药。我们也不要认为东方文化早已落后，它内含的一切观念，它蕴蓄的几点核心思想，将永远为将来人类所遗弃，而不复再生。古希腊人的几个观点，岂不已在十四世纪以后的近代欧洲复活吗？

但是下一期的世界文化之新生，将是怎样的一个间架，怎样的一番面目呢？这是在今天的我们，无法来加以具体描摹的。今天我们所能言者，最近的将来，世界人类必然将有一个文化新生，必然将重来一次新的文艺复兴。

让我们姑作一个假说，根据中国人立场与目光而姑为之假说。以前是由灵返肉，以后说不定可能是由力返理。以前是宗教的、精神上的无限追求，个人的权力意志的无限伸展，自然科学的向外无限征服，以后说不定可能是历史的、文化的、人文科学的、天人合一的长期人生与整个宇宙的协调动进。只要人类内心能转换着他们最核心的几个观念，几条信仰，几种理论与欲望，人类文化不期然而然地能走上一条全新的道路。到那时，个人自由与阶级斗争的对立，自然将无形消散，宗教与自然科学的对立，也自然将各就部位，各对人类新创的人文本位的新文化而继续发展它们应有而能尽的功效。到那时，东西文化各将超越它自己传统，而协调成一种世界新文化。然而兹事体大，目前世界人类的文化病已到急切爆发、不可救药的危急当口。而我们在此时期，提出此一观点，此一理论，虽若缓不济急，虽若迂远不切事情，然对人类文化前途，总该有它应有的贡献。尤其在中国人立场，它正当东西对立、美苏对立的文化动荡大时代的十字路口的冲要之点，实该有它更艰巨更伟大的任务，则在它彷徨无主、莫所适从的苦闷心情中，像这样一个想象的远景之提供，似乎应该是更值得的。

人类新文化之展望

这几十年来，世界人类经历两次大战，又接连着第三次大战之似乎不可避免之威胁，若我们认为这是当前人类文化本身内部所犯偏差与病痛之暴露，与其应有的必然之后果，则最近将来，我们应该希望有一种人类新文化之出现。

这两百年来的世界文化，我们此刻不妨称之为旧文化。此种旧文化，较之人类以前之更旧文化言，在当时，亦即是一种新文化。此种新文化，即我们当前文化，在不远将来便将被目为旧文化者，其与以前人类更旧文化之分别，正为其有一切科学之发明。然今天的人类文化，并不纯粹由新科学所领导。真正领导此两百年来人类文化之最大主干，还是旧传统下的宗教与哲学，而科学则只是其工具与奴仆。将来人类新文化，应该是纯科学的文化，而宗教与哲学，将退处于不重要的地位，而逐渐走向消灭。

但此后人类新文化领域中之科学内容，亦将与此两百年来之科学内容，在其重点上有所变动，而牵连及于其方法之扩大与改进。我试将我所预测，约略指陈，以待此后之证验。

此后的新科学，第一着重者将为天文学，此刻的科学最要基点安立在数学与物理学上。将来的新科学，数理只成次要，人类仅运用数理来发展天文学智识，俾能更了解新宇宙之真相，而宗教神学与哲学中形上学之一部分，均将为此新天文学所替代。

其次，新科学所着重者，将为生物学。此项生物学，直从化学开始，而达于人类学。人还是生物之一，不明了一切生物，不明了生命科学之究竟真相，便将无从明了人类之自身。不明了人类自身，而空将旧传统里的宗教与哲学形上学作领导，又增添科学新利器，则如盲人骑瞎马，危险不堪言。

第三，新科学所着重者将为心理学。此处所指之心理学，与目前一般所谓心理学有不同。目前一般的心理学，应该归入生物学范围之内，此种心理现象，仅为生物进展中之一种工具，大半还是物理学与生理学的现象。而我所想象之人类将来新科学中之新心理学，则为一种超级心理学，或可说是纯心理学，确然自成为一种心灵科学，将从道德心理与艺术心理开始，直闯进通灵学、鬼神学的神秘之门。

此上所述新科学中三种领导性的科学，实际早在前此两百年内之旧科学中，已经培植有相当地位，发现有相当成绩。人人皆知哥白尼地动说，对人类智识发生了大影响；达尔文生物进化论，又对人类智识发生了大刺激。最近在心理学上之所谓潜意识与精神分析，又是人类心理秘密一大发现。但此三种学问，其实只在发轫时代，还未达到真正指导人生之权威地位。

哥白尼地动说，打破了地球中心的迷梦观念，因而摇动了上帝创世的旧信仰。但地球在天文学中的地位降低了，人类在地球上的地位，换言之，人类在宇宙间的地位，却反而提高了，这真是扶得醉人东来西又倒，譬如二五之与一十。近代新天文学智识之突飞猛进，仍未彻底洗刷尽人类为宇宙中心，为宇宙骄子，甚至为宇宙主宰之狂妄观念。由宗教神学脱胎而来的唯心论形而上学，反而把人类地位直接来代替了上帝。以后的新科学，必将对宇宙真相更益披露。宇宙之伟大，必可反映出人类之渺小，培植出人类的谦卑心情，来抽换今天人类之骄矜与狂放。这是此后人类新文化必然有的，人类内心转变之第一标指。

达尔文生物进化论，却与哥白尼天文学发现，获得了相反的结果。人类并非上帝特意创造，却是从其他低级动物逐步变成。于是人类归入了动物系列中，成为一高级的动物。仅从生物学来看人类，却忽略了从人类之本身来看人类。只看重人类之起源，而忽略了人类在其文化演进中所到达与所将到达。以兽性来解释人性，把人性屈抑在兽性中，物竞天择，优胜劣败，强者为刀俎，弱者为鱼肉。物理、化学、机械工业之种种发明，种种利用，助长了这一潮流。此二百年来之科学智识，求真之底里，实际在求用，科学只增进了生命的工具，并未给予生命以意义。此二百年来之人类新文化，抬高兽性，抹杀人性，科学智识犹如为虎添翼。人类所居住生息之地球，其在宇宙间之地位尽管渺小，但人类在此蜗牛角尖端所演出的蛮触之争，却反而更起劲。资本侵略，帝国殖民，阶级斗争，波涛起迭，无非是人类兽性之尽情发泄。

天文学告诉我们人类在整个宇宙中是如何般渺小，生物学告诉我们人类在其整段的诞生以及长大的历史过程中是如何般卑劣，这都是铁一般的事实。然而人类毕竟有人类目前自身应有之地位，人类文化毕竟有此种文化内在应有之意义与价值，此一问题，并非宗教信仰以及一切形而上学之玄想所能解答。然而今天人类所硕果仅存之些微自尊心，及其对文化前途之些微期望心，则依然不得不仍寄托在宗教信仰与形上学之玄想上。新科学之实证的发现，早非旧有的宗教信仰与形上学玄想所能控勒，所能驾驶，人类生命失却了指导中心，于是最近几十年来的唯生主义与唯物主义，乘机崛起，弥漫一世，科学价值最多只是化物成力的价值。人类文化，最多亦只是凭仗物力来互争互夺的文化。而其所争所夺，亦最多仍在物与力之阈域。人类不能即此安顿自己之内心，于是仍不免逃进宗教信仰与形上学之玄想中，来求自慰自欺。而宗教与形上学又终于不能再支配人生，再作人生之领导。这是此两百年来人类文化之真病痛，而当前之人类浩劫，亦由此而来。

若要为人类文化寻觅一新出路，应该着眼在我上文所指新心理学之探讨。此两百年来，物质科学、生命科学，确有其不可磨灭之成绩，但心灵科学却显见落后。天文学告诉我们人类之真实环境，生物学告诉我们人类之真实渊源，需待心灵学来告诉我们人类之本质之真实意义与其真实价值。而不幸此两百年来之科学界，只有心理学特别落伍，实在不够我们之想望。今天的心理学，最多只是生物学之一旁支，心的地位，只是身的奴役，心灵只是生命之工具，而生命则为人兽之所共。一样的主人，不过有了两样的仆役。人生遂亦永远跳不出兽生。我们当知无论宗教、哲学、科学，一切都是人类心灵之表现，若不能在心灵科学上有一深湛之探究，则宗教信仰、哲学玄想以及科学发明，仍将如上指述，永远斗接不起，人类则将永远在迷惘中盲目前进。

我所想象的新心理学，将以示别于以往两百年来之旧心理学者，兹姑称之为超心理学。须求其超越动物心理与原人心理，而着眼在人文演进以后之历史心理与文化心理上。要将心灵探索亦成为一实证的科学，应该使心灵客观化、普遍化、具体化，应该从人类行为上来研讨人类心理，更重于从人类心理上来研讨人类行为。而此所谓人类行为，并不像此刻西方行为派心理学者之所注意，偏重在个人行为上，而该放远放大，注重全体人类之历史行为，此即所谓文化者是。只有从全体人类之文化演进中才能客观具体指出人类心灵之普遍本质及其内在意义。

此所指述之人类历史行为，其注重点，并不仅在历史上政治、法律、经济等等之措施，而更该侧重在人类道德与艺术之演进。政治、法律、经济一切人事措施，最多仍是人生之手段与技巧，够不上说是人生之实质与本身。真实人生之最高表现，就其在目前之所到达，则不得不推道德与艺术。道德属善，艺术属美。此两百年来新科学之探求与获得者，则仅偏于真，而忽略了善与美。在我则认为，只有善与美才始是人生之真。退一步说，亦不能不承认善与美乃始是理想中之真人生。若忽略摒弃了善与美，则此两百年来所谓新科学之探求所得，实际乃似真而并不真。最多亦只是人生以外之真，而不属于人生本身之真。于是人生堕落与一切生物为伍，人类学只成生物学之一支，心理学只成生理学之一支，而历史文化学亦宜乎要变成唯物史观与阶级斗争。经济资产变成人类文化史中之唯一中心，全部人类文化史变成群狗争骨。一应历史上政治、法律、经济之种种措施，乃及此两百年来新科学之种种发明，亦不过群狗争骨之方式不同、技巧不同之花样繁变。试问此种所谓真者，果真乎不真？

马克思唯物史观所竭力排斥者，正为宗教信仰与哲学中形而上学之玄想，其所凭借依据，则为此两百年来之物理学、生物学所谓新科学智识之种种发现。阶级斗争之对象固为财产，为一切物质生活条件，自由主义所拥护者，则除却财产与一切物质生活条件之外，另加上所谓思想自由。而思想自由之最高代表，则仍不出是宗教信仰与哲学玄想。道德与艺术，善与美，仅成为宗教与哲学中所附带之一项目。游离了人类本心之内在要求，而求一超越人生的善与美之根据，则唯有宗教信仰与哲学玄想，可以作为此最后之渊泉。在我想象中之人类新文化之下一幕的大体面貌，则应该抬高道德之善与艺术之美，来作为人类文化之最高领导，一切政治、法律、经济种种措施，应该为求到达人生之善与美而尽其为工具与技巧之本职。至于善与美之真实根据，则在人类心灵之真的内在要求，而不在宗教与哲学所信仰、所指证之外，在超越之无何有之乡。

此种人类心灵之真的内在要求之逐渐进化，而到达期向于善与美之领域，仍可建基于此两百年来新科学之已有方法与已有成绩之继续推进而获得其证明。上文所举近代心理学中关于潜意识之理论，实可为人类道德心理与艺术心理指示一研求、阐释之方向与途辙。近代心理学所指出之潜意识，实不仅起源于任一人之有生之后，而当更远推溯及于每一人之未生之前，远至自有人类，乃至自有生物以来之感知作用之逐步演变、逐步进化，而始有此种超级心理，即如上述之道德艺术心理，所谓文化心理，即人类心灵之透露。

如上所述，此后之新科学，应分为三级递升之形态。一、物质科学，包括天文学、地质学、物理学、数学之类。二、生命科学，包括生物学、心理学之类。三、心灵科学，包括道德学、艺术学、历史文化学之类。第一、第二级科学即物质科学与生命科学，其能事仅在求真，抑且仅在求人生外在之真，唯第三级科学，即心灵科学，此为理想的新科学中之最高级，其能事乃始为求人生本身之真、之善、之美之学，而为此二百年来科学智识之未所遑及者，乃不得不以宗教信仰与哲学形上学之玄想来替任其乏。

于是我将继续说到中国传统的学术思想。中国无疑地在此最近两百年来，在所谓西方新科学界的成就是瞠乎落后的。但中国也无疑地有它四五千年来的传统文化，又无疑地如上文所述，像西方般的宗教信仰以及哲学中形而上学之玄想方面，中国依然没有什么成就可言。然而中国文化实不能说其一无成就。中国文化之成就正在其道德与艺术，道德与艺术实为中国历史文化之中心指导。若使没有中国之道德与艺术，也将没有中国的政治、和法律、和经济的一切措施，也将无历史，无文化，则试问又何从来此绵历四五千年之伟大民族，与强韧不辍的伟大历史进程？

中国文化中，道德与艺术之实际造诣及其理论根据，则并不在宗教信仰，亦不在哲学玄想，而建基于中国思想中之所谓人性一观点之上。中国思想中之所谓人性，却正合于我上文所指，人类心灵经历长时期文化陶冶以后，所积累在其心坎深处的一种潜意识之自然流露。由此论之，中国人在科学上实非无所成就，其所成就者，却早超过了第一、第二级而直透进第三级，如我上文所谓文化心理学，即心灵科学之阈域。唯其有此成就，故如西方人之宗教信仰以及哲学玄想，皆不为中国人所喜。至于近代西方两百年来的科学，则只限于第一级、第二级，所谓物质科学、生命科学之范围。因其对象之不同，牵连及于方法之不同，而不了解科学之真精神与真意义者，遂亦不能相信中国传统学术之确有其科学上之地位，即在一种理想的、超心理学心灵科学上之地位。

在此地位中，同为有甚深造诣者则为印度之佛学。唯佛学对于人生实际，则太偏悲观消极，而其传入中国以后，经过中国人一番调整，一番洗炼，而产出了中国化之新佛学，其登峰造极者为隋唐以来之禅宗。此虽于中国传统文化中道德精神方面，无大裨补，而在艺术精神方面，则影响至深且巨。又经宋明儒之再度调整，再度洗炼，而印度佛学乃及隋唐禅宗对人类心灵方面之一切创悟，一切慧解，又重新融化入中国自己传统的道德精神中，而发挥出许多甚深妙义及极精微的修养方法，为中国先秦两汉诸儒所未逮。

最近将来之人类新文化，我一向认为当由东西双方之文化交流中产出。将来人类新文化之最高企向，决然为道德的、艺术的，而非宗教与哲学的。道德与艺术本身即是人生，而宗教与哲学，则到底不免与真实人生隔了一层或厚或薄之膜。道德与艺术之根本渊源，则应直从人心之内在要求中觅取，不应在超越人生之虚无境界，如宗教与形上学之所提示。而此种觅取，则有待于一种实事求是之科学精神与科学方法。此种科学，属于人文界，尤属于心灵界，不属于自然界、物质界，乃至自有人类文化历史以前之生物界。因此其探究方法，亦显然将与前两种科学有别。而中国人在此方面则早已有大贡献。

至于人类心灵以及文化历史之演出之真实根源，则远从生物界之长期递变而来。此义亦唯在中国传统思想中最易接受。此中义趣甚深，殊非此篇短文所能发挥。姑悬举大旨，凡关心世界人类文化前途者，苟不愿仅止于此两百年来物质科学与生命科学之领域，苟不愿为此数十年来唯物论与唯生论之偏见所拘限，而又不愿一跃而仍然躲进两百年前唯神论之门墙，又不愿仅以唯思辨的形上学玄想，所谓唯心论哲学为满足，而于人类文化实际人生中之道德与艺术两项，有所蕲响，以求消解此唯物唯生之狂澜而挽回人类之浩劫者，必不河汉吾言。苟使对此东方文化古国传统思想中之人性观，及其对于道德与艺术之实际修养与实际造诣有所瞭悟，则三十年、五十年之后，必有知吾言之断非无端而妄发也。

人类文化与东方西方

人类有其大同,亦有其小异。人总是一"人",此是其大同处。人必各自成一"我",此亦是其大同处。但此我与彼我,则各别相异。不仅父母子女各别不同,即孪生兄弟姐妹,亦各不同。故我之在人类中,乃是只有一我,更无他我能与我相似,我亦断不能与他我相似。我之为我,乃是只一无二,此是我之可贵处。若我与人皆相似,则上下古今,亿兆京垓人,何贵多一我,亦何憾少一我。但人类中,究竟终不能无我,而我之最可贵者,则我终还是一人。我与人相异,仍亦与人相同。若我与人只有相异,更无相同,则我将不算是一人。我之在人中,复亦何贵之有。

故人之在大群中,必贵能自成一我。我与我相异,亦必有一限度,此即为人类之大同。人与人必相异,此亦人类之大同。每一民族必各相异,亦是人类之大同。东方人与西方人,同属人类,但东西双方互各不同。大率言之,东方人重"同"更过于重"异",西方人则重"异"更过于重"同"。此是东西双方一相异处。

西方人看人,好从其各别相异处看。人有学业、职业、事业不同,西方人好从此着眼看人。如此人是一哲学思想家,或文学家戏曲家,或音乐艺术家,或科学工程家,或企业家,或宗教家,或政治家、外交家,或军事家、探险家、运动家等,种种不一。但东方人对此种种分别,似乎不太过分注意。却说此人是一圣人、贤人、君子、小人、好人、坏人等。东方人看人,似乎重在人之整体合一处,更过其相异各别处。所以东方人特有其一套人品观。最下等不够品的,甚至说他不是人。西方人没有这一套观念,认为人总是人,但他们最所重视的人,却又认为是神非人。而东方人则认为圣人与我同类,圣人亦只是人。因此东方人对人生重修养,西方人则重表现。此可说,东方人重视人之同然处,即每一人之人格;西方人重在人之各别处,即每一人之事业。

与此相引而起的,东方人重视人之内在部分,西方人则重视人之外在部分。人生有内在、外在两部分,此亦是人生之大同。但或重内,或重外,此又成了人生之各异。重内故重"心",重外故重"物"。人生必有心灵与物质两部分,此又是人生大同处,但或重心灵人生,或重物质人生,又成了人生之各别。重心灵人生,故重"情感",重人与人内在生活之相通同然处。重物质人生,故重"理智",重人与人外在生活之相殊各别处。

就空间讲,人生有内外。就时间讲,人生有过去与未来。人生不能有过去无未来,亦不能有未来无过去,此又是人生大同处。但或重过去,或重未来,又成了人生之各别。只为重视过去,纪念过去,对未来有所不暇计较,此是人生之情感,亦成了人生之道义。为了重视未来,想望未来,对过去有所不值留恋，此是人生之理智，亦成了人生之功利。东方人重"道义"，西方人重"功利"，即由此分别。

重过去，则重保守。重未来，乃重进取。重过去，成为现实主义。重未来，成为理想主义。有了过去，始有现在。如此看，则现实人生乃是过去人生之一项果实。故人道中有报恩主义，但同时亦是一种成果之享受。有了现在，乃有未来。如此看，则现实人生乃成未来人生之一项手段，但同时亦是一种当前之牺牲。其中分别，只看他重视过去与重视未来之分别。

人生有其旧的一面，同时亦有其新的一面。旧的忽然演变出新的，新的又转瞬回归到旧的。谁也不能无旧，谁也不能无新，此又是人生之大同。但或喜新，或念旧，这里又生出了千差万别。也可说，"生命"属于旧，"生活"属于新。人不能仅有生命，没有生活。也不能仅有生活，没有生命。生活日新月异，必然时时刻刻变，此一刹那之生活，与前一刹那后一刹那之生活各不同，但不能说生活背后之生命有不同。人自呱呱堕地，迄于老死瞑目，只是同一生命。生活时刻翻新，日日变，息息变，所以完成此生命。因有了此生命，所以演化出瞬息不同、日新月异之生活。但有人比较看重生命，有人却比较看重生活。

大较言之，"生命"内在，"生活"则转成为一种外在。生命是在此外，在生活万异中之一同，生活则是在此内，在生命一同中之万异。亦可说：生命过去已存在，生活则须未来不断之继续。所以重视内在，重视过去，重视其同一的，即是重视生命。重视外在，重视未来，重视其相异的，即是重视生活。

由于上述诸分别，而又引生出其他种种分别，遂成人生之千差万异，其实则仍是人生一大同。概括言之，可以说人生只是一体，而此一体又必然有两分。人生是一体两分的，宇宙大自然，也还是一体两分的。东方人对此一体两分，把"阴阳"二字说之，阴阳两分亦属外在，可指可说。阴阳两分背后之一体，是内在的，不可指，不可说。

东方人又把"天"与"人"两字来说此一体。天指宇宙自然界，人则指历史人文界。天不易知，人也不易知。我在宇宙自然界中做一人，其实我也不易知。但我便是我，由我来知我，哪有不易知之理。于是乃由我来知人，来知天，也不见是不易知。天外在，人亦外在，只我是内在。由天由人始有我，由我来知人知天，并由我来完成此天与人。我是天与人之一中心，亦是天与人之一基点。试问若没有了我，天又何在，人又何在。固可说，我不存在，天仍在，人仍在。我之在天与人之中，尚不能比海洋中一涓滴，大地上一微尘。但此只指万异中之小我言。人类同是一我，此即成为大我。因人尽是我，故我之在天地人类中，还是一中心，还是一基点。即使人类灭绝，宇宙大自然中仍还有万物，不论有生无生，也还各有一我。所以同中必有异，而异与异之中，亦必仍有同。

人只能在异中求同，不能从同中灭异。孔子论道，重一"仁"字。仁即是一同。人与人之间，有其一同之处，此即是仁。"为仁由己",己与己各异,但只能由己来求仁,不能由仁来灭己。由人之仁再扩大,亦可说天地万物与我并生,天地万物与我一体,此亦是一仁。但亦只能由人来合天,不能由天来灭人。若把孔子与耶稣相比,似乎耶稣太过重了天,所以说人类由罪恶生,尘世终有末日,归极则在天堂。孔子则由修己而治人,由修身而齐家、治国、平天下。人道如是,并不违背了天道。孔子似乎只希望即把此尘世转变为天堂,不求在尘世外另觅天堂,亦不计较此尘世有没有末日。

孔子并不是不看重天道,但孔子乃从天道中来看重人道。孔子不是不看重人,但从人中来看重己。要由己来为仁,即是由各自的小己之我来行人道,所以孔子重视"为己之学"。为己之学,即是把自我建立起来,又要把自我通达开去。把立己来立人,把达己来达人,此即是孔子的为己之学,亦即是孔子的为仁之道,即为人之道。孔子此一番思想,似乎先偏重在人的各自的一己内在的情感上。孔子似乎先偏重了此一番情感,再在此一番情感上来引生出种种理智。只由各人之私情感立脚,再由种种理智来达成。

所以孔子教仁最先步骤,只是教孝教弟,教忠教信。此皆个人小己自我情感方面的事。由各个人之孝弟忠信,来达成人生大道。孔子却不追问为何在此宇宙大自然中生出此人类,又不追问人类之未来,到底将作何归宿。若先要从此等问题上去寻求,便须得摆开情感,先重理智。

耶稣教有原始罪恶论,达尔文有生物进化论,一则形成了西方原先之宗教，一则发展出西方近代之科学。不论宗教与科学，均须撇开小我一己当前之私情感，全凭理智来追寻。但宗教究竟不免夹杂了好多情感，所以只教人信仰。但信仰终必会诉之于理智，于是在宗教中又必展演出神学。但看重理智太过于情感，则科学终必转踞于宗教之上。情感是偏于现实的，把人的情感冲淡了，甚至撇开了，于是遂使人生不安于现实，必要冲破现实，打开一新局面，另创一新天地。为要冲破现实，打开一新局面，另创一新天地，于是才要牺牲现在，向未来迈步求进取。

但科学在此方面又嫌不彻底。宗教还讲出了人生的一个终极归宿，而科学却没有。专从科学理智去寻求，未来之后又有未来，进步之上又得进步，未来永成一不可知。尽向此一永不可知之境迈步求进，将使人生老像是面对黑暗，扑向虚空。科学尽理智，却不知人类明日又将成为何等样的一局面，于是会使人生永陷于不安。科学只求进步向前，但却把当面现实牺牲了，更不使人感到有其情感上之真享受，此在人生情感上必会起反动。结果是现代科学已为现实人生作奴，而究不能满足人生之情感。

从最浅近处言之，人生情感必带有"私"，但科学上的种种发明与创造，一如电灯、汽车、自来水，如是种种，都是外在的，都只与人以"公"的便利。要人在公的便利之下来各自寻求其私的满足。在人生的私的一面，即其内在的一面，科学是无法过问的。于是物质人生过度发展，而心灵人生陷于干枯、空洞。人欲横流，究不是人道光昌。科学求使人的欲望满足，但究不能使人的情感亦满足。

在教堂内礼拜歌诵，祷告忏悔，还不失给予了人生一部分各自内在的情感上的满足，但此项满足经不起理智考验，遂激起西方文艺复兴以下之反动。但走出了教堂，走进了物质人生、科学方法的一条新路上去，外面公的方面，固是不断有进步，内在的私的方面，却反而日见空虚，又将会再起反动。近代的西方人生则正在一种新反动之开始，此已显露出了端倪。

阴转为阳，阳又转为阴。物极必反，天运循环。此两百年来，东方人却显然在转向西方的道路。物质人生、科学方法，两百年来的西方人显然远走在东方人前面。但物质人生、科学方法，究竟是外在的，公共一致，易晓易学的。两百年来东方人从此学西方，有些处仍然落后，有些处已学得彼此无别，有些处则已此胜于彼。若只求在物质人生与科学方法的道路上便可走上世界大同，则百年之内，应可达到。问题是在内在的心灵人生一部分，以至各自之私的小己方面。东方人自受东方人过去历史文化积累的陶冶与影响，东方人究不能没有一个东方之我之存在，即是东方人不能没有一个东方人之所以为人，与其所以为己之中心基点之所在。若使此一中心基点亦能连根拔去，则东方将不成为东方，东方人亦将不成其为人。不成为人，自亦没有了作用。故使东方人破除了自己的东方传统来求西方化，其事终为不可能。

西方耶教来东方，不能使东方尽归耶教化。西方哲学、文学、艺术来东方，亦不能使东方固有的哲学、文学、艺术全归西方化。亦幸而如此，人生不如黄茅白苇，同中仍有异，然亦异中仍有同。东方西方，同是人类，不会无相通合一处，但仍还有其相异各别处。子女由父母所生，但子女之出生时间与出生环境与父母不同。子女出生后所有之身体，又与父母不同。故子女必有其独立之存在。天地生人，人类在天地中，亦有其独立之存在。人类中有一我，我之在人类中，亦有其独立之存在。但不能由小己自我之独立存在，来否认其外在的其他人之存在乃及天之存在。

《中庸》上说："譬如天地之无不持载，无不覆帱。譬如四时之错行，如日月之代明。万物并育而不相害，道并行而不相悖。小德川流，大德敦化。此天地之所以为大。"《易经》以六爻成一卦，共得八卦。八八六十四卦，共成三百八十四爻。每一爻，时不同，位不同，斯其每一爻之德与性，亦各不同。其实，每爻又只分阴与阳。各个小己自我之在人类天地中，竟是万异而各不同。但此只是小异。《易经》上把此万异而各不同之小异，归纳为三百八十四种异，又归纳为阴阳两异，此始是大异。而其背后则是天地万物一体之大同。由小异则只见小同，由大异乃始见大同。

孔子教人立己达己，立是立己之异，达是达到与人之同。其所立所达，亦有大小。所立小，斯所达亦小。所立大，斯所达亦大。立小异以达小同，此是川流之小德，亦是人生之小道。立大异以达大同，此是敦化之大德，亦是人生之大道。孔子乃东方唯一大圣人，因其所立大，乃可使人人皆学孔子，故其所达亦大。若使孔子仅是一哲学家，斯唯爱好哲学的人乃可学孔子。若使孔子是一政治家，亦唯从事政治的人乃可学孔子。在人中划出一业，自成一家，此皆是小异，由小异仅可得小同。孔子博学而无所成名，不在人中立小异，而成为人中之大圣，此则立了大异，乃可达于大同。使人人皆得为圣人，此则世界人类亦达于大同，即是使此世界达于圣世。此乃孔子理想，亦即是东方人理想。

主要在人之"德"，不在人之"业"。业必由德起。德表现在"道义"上，业表现在"功利"上。由德而来之功利，此始是大功利。由业而来之功利，则只是小功利。一切小功利，可融为一大功利，此为"大德之敦化"。一切小功利，各自争胜，各自霸占，此仆彼起，所达不大，此为"小德之川流"。却没有无德而能立能达的，此又是一项人类之大同。

西方人今天胜过东方，似乎是在其立业上，由东方人眼光看，则其立业亦必有德。所异只在德之大小。即如近代西方之资本主义、帝国主义，其获成立发展，在其背后，亦必有一种德。但其所达则不能大，不能久，因其仍只是小德。东方人理想，则要治国平天下，求其业之能大能久，则仍当还就德上求，不当只从业上求。

今天的西方人，似乎旧路已走到尽头，又要来开辟新路。如何始是一条新路，似乎今天的西方人也不自知，正在闯，正在试。专就东方人言东方，东方人此两百年来，一意学西方，也未尝无成就。要立业，要创新，东西双方不妨有其同。但东方人自有其所以成为东方人之处，东方人自有一条旧路，即其历史文化几千年之积累，即东方人与西方人之相异处。东方人似乎仍应该从异求同。我们似乎不该，也不能，来破己之异以求与人同。孔子之道，似乎东方人仍该着意寻求，努力奉行才是。

从人类历史文化讨论中国之前途

一

历史记载以往之人事，但人事无前定，因此历史亦不能预知，但可推断。

历史事件，莫不有理可资解释，成败得失，皆有其所以然之理。故历史上并无无理可说之事。

"事"属变而"理"属常，"变"不可知，而"常"则可知。

从各项事理中可以籀绎出共同之理，由此共同之理来推断一切事变，虽不中，亦不远。

事中有理，复有势。

"理"是一主宰，"势"是一倾向，亦可说是一端兆。

事变之来，以渐不以骤。有些是事未定而势已显。

势即是一种力，常称"势力"。势又是一种形，又称"形势"。必待旧势力消沉，旧形势涣散，斯新势力、新形势才获萌生。

势之来，不可逆。势之去，不可挽。所谓"其势难当"，或称"大势已去"。

理与势合，则理显。理与势背，则理隐。但理常在势后，支配此势。

凡事又有情有态。"态"指事之外貌言，"情"指事之内情言，此所谓"事情"与"事态"。

事之主持在于人，人之从事决于心。事情之主要，在于主其事之人之心，诚伪、公私、明暗，是其大分辨。

事情与事态，有时不能相合一，但判事当衡其情，不能依其貌。

势从外面看，情从内部看，又合称"情势"。

情与势合，又与理合，事必成。情与势背，又与理背，事必败。唯此三者间之离合向背之分数则极难定。

二

从历史之长时期演进中见文化。

历史文化之演进，其背后常有一抉择取舍之指针，此指针即人心。

人心之长期指向，即是文化精神。

中国文化精神偏尚"理"，西方文化精神偏尚"势"。

尚理常偏向"静定"面，尚势常偏向"变动"面。

须历史绵延久，展扩广，始知理之可尚。苟其绵延暂、展扩狭，常易忽视理而重势。

重势乃是历史之短视与浅见。

西方历史乃始终在小地面上断续发展，希腊之后有罗马，罗马之后有中古时期，乃至现代国家之兴起。

外面形势压迫人，使人常注视在事的态势上，不注意到事的情理上。人人只站在小地面上、短时期内来看历史。

历史只成一个势，尚势则必争。争取有利形势，争取时机。时乎时乎不再来，兔起鹘落，所争只在眼前。时异势易，历史不重演，他们只强调这一点。

中国历史浑然成一体，前后连贯成一线。

三皇、五帝、夏、商、周，还是一脉相承。而且日益扩大。

周公与孔子，即在此长时期日益扩大之历史演进中产生。他们的思想与信仰，乃认为天心人事，虽百世可知。

知有此理，信有此理，守定此理，悬诸天地而无背，质诸鬼神而无疑，百世以俟圣人而不惑。

"天不变，道亦不变"，遂成为中国人的历史观。认定历史有一主宰，有一重心，可以万变而不离其宗。

外面形势不利，时代进入衰乱，但中国人认为贞下即起元，否极而泰来。

中国四五千年来长时期的历史演进，亦证明了此观念。

儒家标出了此理，道家阐明了此势。

横逆之来，中国人只说是"时也运也"，但中国人永远有信心，永远有希望。

近代西方，似乎只抱着一种文化的悲观论。因此心无定准，随势推迁。

三

史学在西方，兴起较晚，而历史哲学则更晚。

西方人乃从哲学来论历史，不从历史来创哲学。

黑格尔的历史哲学，只站在狭义的民族本位上。

马克斯推扩到世界观，但此世界则只是唯物的，只是斗争的。全部世界人类历史，只是一部唯物的斗争史。在斗争中只分阶级，没有民族。斗争的对象，只是物质，没有文化。

斯宾格勒论西方的没落，亦如人身有生老病死，乃是一种历史的定命论。

汤因比论刺激与反应，人类全部历史，又成为一种适应论。

若由西方宗教家来谈历史，则必然是唯神的。亦如由科学家来谈历史，则必然亦是唯物的。此皆站在人类以外来谈人类的历史。

只由中国人来谈历史，乃是人文本位的。

历史是唯理的，亦是唯心的。理是人文之理，心是人文之心。由此上，心与理合一。

中国人并说"天即理也"，宇宙大自然，亦只是一理。

但理一分殊，中国人则把人文之理来会通宇宙大自然间一切理，由此上，心与天合，心与物一。

中国人之道德观，与其政教理想，及其对于天、对于宇宙万物之共通有一理之终极信仰，则皆配合于中国人之人文本位之历史观而产生。

"天下一家，中国一人"，则为中国人此种历史观之终极想望之所在。

人类存在，即历史存在，文化存在。中国人对历史，乃绝无悲观的想法。

四

当前世界，由于第一、第二次世界大战接踵继起，而形势大变。下面来的，是世界历史的一种新趋势。

首先是帝国主义与殖民政策没落了，代之而兴的，将是民族解放与民族自决。

但世界旧历史的几许反动力量依然盛行。

今天的西方社会及其一般思想，同样在大转变之中。

新形势逼人而来，但西方人尚瞠目不知如何作应付。

如联合国应是一时代产物，但此婴儿生下即多病，尚未知如何来护养。

西方人只知迎合此世界新形势来求适应，但并未能了解乃至接受此新形势背后之真理。

随于资本主义而逐渐酝酿形成的世界主义，有其貌，无其神。

一切向外接触，只在利害上打算，不在道义上坚持。使两次世界大战以下之新世界，依然与两次大战以前之旧世界，仅如五十步之与百步。

但此下世界必变，则端倪已露，谁也不能否认。

中国处在此一百年来世界潮流之大翻大滚之下，自己历史，自难免也要迈进新路程，但可惜的是走错了方向。

昧失了自己传统的历史观，不再看重人心天理，与夫人文本位之一切道义,而只在别人家的势利上着眼。于是有全盘西化论。

但西方人究于历史演变缺少深入的认识。他们一面要排斥苏俄共产在西方历史演变系统之外,一面又谓中国共产,乃是中国自己历史文化传统中所产生。

历史本常在半醒半睡之状态中演进。须得有此理,同时有此势、有此情,乃始有此历史。若常为外面形势迷惑了历史内在之真理,亦终将不能扭转历史,使走向正轨。

此下则有待我们自己的自觉与自力。

且历举我个人看法如下:

一、中国民族决然有前途。

二、中国文化决然在将来世界人类新文化创进中占有重要地位。

三、一切待吾人之信心,与智慧,与努力,来促成其实现。

中国文化与中国人

一

今天我的讲题定为"中国文化与中国人"。我只能从某一方面对此题讲些话。本来是由中国人创造了中国文化，但也可说中国文化又创造了中国人。总之，中国文化就在中国人身上。因此我们要研究中国文化，应该从中国历史上来看中国的人。亦就是说：看中国历史上的人生，他们怎样地生活？怎样地做人？

人生应可分两方面看：一外在的，即人生之表现在外者。一内在的，即人生之蕴藏在内者。表现在外的人生又可分两大项目：一是所创造的物，一是所经营的事。

《易经》上谓之"开物成务"。无此物，创此物，是为"开物"。干此事，成此事，是为"成务"。《易经》把"开物""成务"两项都归属于圣人之功绩，可见中国古人对此两项之看重。但此两项则都是人生之表现在外的。

现在人讲文化，主要都从这两方面讲。如旧石器时代、新石器时代、铜器时代、铁器时代等分法，是从"开物"观念上来讲的。又如渔猎社会、畜牧社会、耕稼社会、工商社会等分法，是从"成务"观念上来讲的。但这些多是人类怎样生存在社会乃至在天地间的一些手段，实不能认为即是人生之理想与目的。

人生该有理想，有目的。既已生存在此天地，究应怎样生，怎样做一人？这始属于理想目的方面，此之谓文化人生。自然人生只求生存，文化人生则在生存之上有向往，有标准，这就讲到了人生的内在面。这一面，中国人向称之为"道"。中国人用这"道"字，就如现在人讲文化。不过现在人讲文化，多从外面"开物成务"方面讲；而中国人的传统观念，则定要在文化本身内部讨论其意义与价值，亦可谓文化中之有意义价值者始称"道"，而此项意义与价值，则往往不仅表现在外面，而只蕴藏在人生之内部。

如我们讲古代文化，定会提到埃及金字塔。埃及人创造金字塔，亦可谓是"开物"。金字塔之伟大，诚然无可否认。由于此项建筑，我们可以连带想到古代埃及人的智慧聪明和当时物质运用的能力。若非这些都有一甚高水准，试问怎会创出那些金字塔？但我们也该进一步问，那些金字塔对于埃及的社会人生究竟价值何在？意义又何在？

古的不提，且论现代。如我们提及航天员，提及把人类送上月球，不是当前一项惊天动地的壮举吗？这也十足可以说明近代人之智慧聪明及其运用物质的能力，到达了那样高的水平。但我们不免又要问，这样一项伟大工作，究竟对于现世界、现人生，实际贡献在哪里？其价值何在？意义又何在？

像古代埃及的金字塔，乃及近代西方的航天员，都属于开物成务方面，都只表现在人生的外部。中国古人讲"正德""利用""厚生"，开物成务是有关利用、厚生的。但在此两项之上，还有"正德"一目标，而且"利用""厚生"也不是为着争奇斗胜。不论你我在太空轨迹中能绕多少圈，谁能先送一人上月球，但人生理想，究不为要送人上月球。送人上了月球，依然解决不了当前世界有关人生的种种问题。换言之，此仍非人生理想以及人生的意义价值所在。照中国人讲法，智力财力的表现并不即是"道"。中国人讲的"道"，重在修身齐家治国平天下。修齐治平始是人生理想，人生大道，绝不在乎送人上月球，当然也更不是要造几座更大的金字塔。从这一层，可以来阐说中国的传统文化观。

二

我此刻，暂把人类文化分作两类型来讲：一是向外的，我称之为外倾性的文化。一是向内的，我称之为内倾性的文化。

中国文化较之西方似是偏重在内倾方面。如讲文学，西方人常说，在某一文学作品中创造了某一个性，或说创造了某一人物。但此等人物与个性，只存在于他的小说或戏剧中，并不是在此世界真有这一人与此一个性之存在，而且也并不是作者之自己。如莎士比亚剧本里创造了多少特殊个性，乃及特殊人物，然而此等皆属子虚乌有。至于莎士比亚自身，究是哪样一个人，到现在仍不为人所知。我们可以说，只因有了莎士比亚的戏剧，他才成为一莎士比亚。也是说，他乃以他的文学作品而完成为一文学家。因此说，莎士比亚文学作品之意义价值都即表现在其文学里，亦可说即是表现在外。这犹如有了金字塔，才表现出埃及的古文化来。也犹如有了航天员，才表现出近代人的新文化来。

但我们中国则不然。中国文学里，有如《水浒》中宋江、武松、李逵等人物，《红楼梦》中林黛玉、贾宝玉、王凤姐等人物，这些人物全都由作家创造出来，并非世间真有此人。但这些作品实不为中国人所重视。至少不认为是文学中最上乘的作品。在中国，所谓文学最上乘作品，不在作品中创造了人物和个性，乃是由作者本人的人物和个性而创造出他的文学作品来。如《离骚》，由屈原所创造。表现在《离骚》中的人物和个性，便是屈原他自己。陶渊明创造了陶诗，陶诗中所表现的，也是陶渊明自己。杜工部创造了杜诗，杜诗中所表现的，也是杜甫他自己。由此说来，并不是因屈原创造了一部文学，遂成其为屈原。正为他是屈原，所以才创造出他一部文学来。陶渊明、杜甫也如此。在中国是先有了此作者，而后有此作品的。作品的价值即紧系在作者之本人。

中国诗人很多，而屈原、陶渊明、杜甫，最受后人崇拜。这不仅是崇拜其作品，尤所崇拜的则在作家自身的人格和个性。若如莎士比亚生在中国，则犹如施耐庵、曹雪芹，除其文学所表现在外的以外，作者自身更无成就，应亦不为中国人重视，不能和屈原、陶渊明、杜甫相比。这正因中国文学精神是内倾的。要成一文学家，其精神先向内，不向外。中国人常说"文以载道"，这句话的意义，也应从此去阐发。中国文学之最高理想，须此作者本身就是一个"道"。文以载道，即是文以传人，即是作品与作者之合一，这始是中国第一等理想的文学与文学家。

再讲到艺术，中国艺术也同样富于内倾性。如绘画，西方人主要在求这幅画能和他所欲画的对象近似而逼真，其精神仍是向外，外倾的。中国人绘画则不然。画山不一定要像这座山，画树不一定要像这棵树。乃是要在他画中这座山，这棵树，能像他画家自己的意境和胸襟。或者作画送人，却要这幅画能像他所欲送的人之意境和胸襟。所以在作画之前，尽管对一山今天这样看，明天那样看，但总感这山不能完全像我自己的意境。待慢慢看熟了，把我自己对此山所发生的各种意象拼合起来，才是我心里所希望所欲画出的这座山。在山里又添上一棵树，这树也并不是在山中真由写生得来，仍是他意境中一棵树，而把来加在这山中，使此画更近我意境。所以中国画所要求的，重在近似于画家之本人，更甚于其近似于所画的对象。学西洋画，精神必然一路向外，但要做一中国画家，却要把精神先向内。

把文学与艺术结合，就是中国的戏剧。西方人演剧，必有时间空间的特殊规定，因而有一番特殊的布景，剧中人亦必有他一套特殊的个性。总言之，表现在这一幕剧中的，则只有在这一时间这一空间这一种特殊的条件下，又因有这样一个或几个特殊的人，而始有这样一件特殊的事。此事在此世，则可一而不可二。只碰到这一次，不能碰到第二次。他们编剧人的意象结构惨淡经营的都着重在外面。

中国戏剧里，没有时间、空间限制，也没有特殊布景。所要表现的，不是在外面某些特殊条件下之某一人或某几人的特性上。中国戏剧所要表现的，毋宁可说是重在人的共性方面，这又即是中国人之所谓"道"。单独一人之特殊性格行径，可一而不可二者，不就成为道。人有共性，大家能如此，所谓易地则皆然者始是道。道是超时空而自由独立的。如演《苏三起解》，近人把来放进电影里演，装上布景，剧中意味就变了。中国戏台是空荡荡的，台下观众所集中注意的只是台上苏三那一个人。若配上布景，则情味全别。如见苏三一人在路上跑，愈逼真，便愈走失了中国戏剧所涵有的真情味。试问一人真在路上跑，哪有中国舞台上那种亦歌亦舞的情景？当知中国戏剧用意只要描写出苏三这个人，而苏三也可不必有她特殊的个性，只要表演出一项共同为每一个性观众所欣赏者即得。

深一层言之，中国戏剧也不重在描写人，而只重在描写其人内在之一番心情，这番心情表现在戏剧里的，也可说其即是道。因此中国戏剧里所表现的多是些忠孝节义可歌可泣的情节。这些人物，虽说是小说人物，或戏剧人物实际上则全是教育人物，都从人类心情之共同要求与人生理想之共同标准里表现出来。这正如中国的诗和散文也都同样注重在人生要求之共同点。中国人画一座山，只是画家心里藏的山。戏剧里演出一人，也只是作剧家理想中的人。西方的文学艺术，注重向外，都要逼真，好叫你看了像在什么地方真有这么一个人，一座山。而中国文学艺术中那个人那座山，则由我们的理想要求而有。其间，一向外，一向内，双方不同之处显然可见。所以说中国文化是内倾的，西方文化是外倾的。

三

外倾文化，只是中国《易经》上所谓"开物成务"的文化。在我们东方人看来，这种文化，偏重在物质功利，不脱自然性。中国文化之内倾，主要在从理想上创造人、完成人，要使人生符于理想，有意义、有价值、有道。这样的人则必然要具有一人格。中国人谓之德性。中国传统文化最着重这些有理想与德性的人。

从字面讲，"文化"两字曾见在中国《易经》里，有曰"人文化成"。现在我们以"人文"与"自然"对称，今且问"人文"二字怎讲？从中国文字之原义说之，"文"是一些花样，像红的绿的拼起来就成了花样，这叫文。又如男的女的结为夫妇，这也是一番花样，就叫作"人文"。又如老人小孩，前代后代，结合在一起，成为父母子女，这也叫作"人文"。在这些人文里面，就会化出许多其他花样来，像化学上两元素溶合便化出另外一些东西般。在中国人则认为从人文里面化出来的应是"道"。故有夫妇之道，父子之道，修身齐家治国平天下之道。道都由"人文化成"，此即中国人传统观念中所看重的文化。

中国《小戴礼》中又见有"文明"二字，说"情深文明"。上面说过，文只是一些色彩或一些花样。花样色彩配合得鲜明，使人看着易生刺激，这就是其"文明"。如夫妇情深，在他们生活中所配合出的花样叫别人看了觉得很鲜明。父子情深，在他们生活中所配合出的花样也叫人看了觉得很鲜明。若使父子、夫妇相互间无真挚情感，无深切关系，那就花样模糊，色彩黯淡，情不深就文不明。

这是中国古书里讲到的"文化""文明"这两项字眼的原义。此刻用来翻译近代西方人所讲的"文化""文明"，也一样可以看出中国人所讲偏重其内在，而西方人则偏重于外在，双方显然有不同。

人与人间的花样，本极复杂，有种种不同。如大舜，他父母都这样地坏，他一弟又是这样坏，可说是一个最不理想的家庭。然在这最不理想的环境与条件之下，却化出舜的一番大孝之道来。夫妇也一样，中国古诗有"上山采蘼芜，下山逢故夫"一首，那故夫自是不够理想，但那位上山采蘼芜的女子，却化成为永远值得人同情、欣赏与怀念的人。可见社会尽复杂，人与人配合的花样尽多，尽无准，但由此化合而成的人文，在理想中，却可永远有一道。因此中国传统文化理想，必以每一个人之内心情感作核心。有此核心，始有人文化成与情深文明之可能。

然而这亦并非如西方人所谓的个人主义。在个人与个人间相平等，各有各的自由与权利，此乃西方人想法。中国社会里的个人,乃与其家庭、社会、国家、天下重重结合相配而始成为此一人。人必在群中始有道,必与人相配成伦始见理。离开对方与大群,亦就不见有此人。因此个人必配合进对方与大群,而一切道与理,则表显在个人各自的身份上。因此中国传统文化理想中之每一人,可不问其外在环境,与其一切所遭遇之社会条件,而可以无往而不自得。换言之,只要他跑进人群,则必有一个道,而这道则就在他自身。己立而后立人,己达而后达人,尽己之性而后可以尽人之性,尽物之性。自己先求合道,始可望人人各合于道。这一理想,照理应该是人人都能达,但实际则能达此境界理想者终不多,此即中国所谓之圣人。但照理论,又还是人皆可以为尧舜,人人皆可为圣人的。

中国传统文化理想,既以个人为核心,又以圣人为核心之核心。孟子说圣人名世,这是说这一时代出了一个圣人,这圣人就代表了这时代。等如我们讲埃及文化,就拿金字塔作代表。讲中国古代文化,并不见有金字塔,却有许多传说中的圣人像尧舜。中国之有尧舜,也如埃及之有金字塔,各可为其时文化之象征与代表。

在《孟子》书中,又曾举出三个圣人来,说:"伊尹圣之任者也,伯夷圣之清者也,柳下惠圣之和者也。"人处社会,总不外此三态度。一是积极向前,负责任,领导奋斗,这就如伊尹。一是什么事都不管,躲在一旁,与人不相闻问,只求一身干净,这就如伯夷。还有一种态度,在人群中,既不像伯夷般避在一旁,也不像伊尹般积极尽向前,只是一味随和,但在随和中也不失却他自己,这就如柳下惠。以上所举"任""清""和"三项,乃是每一人处世处群所离不开的三态度。在此三种态度中,能达到一理想境界的,则都得称圣人。只有孔子,他一人可以兼做伯夷、伊尹、柳下惠三种人格,孟子称孔子为圣之时。因孔子能合此三德,随时随宜而活用,故孔子独被尊为大圣,为百世师。

现在再说伊尹。他所处时代并不理想,那时正是夏、商交替的时代,传说伊尹曾五就桀,五就汤,他一心要尧舜其君,使天下人民共享治平之乐,而他也终于成功了。伯夷当周武王得了天下,天下正庆重得太平之际,但他却不赞成周武王之所为,饿死首阳山,一尘不染,独成其清。柳下惠则在鲁国当一小官,还曾三度受黜,但他满不在乎。他虽随和处群,但也完成了他独特的人格。

在《论语》里,孔子也曾举了三个人。孔子说:"殷有三仁焉,箕子去之,比干谏而死,微子为之奴。"孟子云:"仁者人也。"此所谓三仁,也即是处群得其道之人,也可说其是三完人,即三个人格完整的人。当商周之际,商纣亡国了,但在朝却有三个完人,也可说他们都是理想的人,也可说他们都是圣人。此三人性格不同,遭遇也不同。我以为比干较近伊尹,大约他是一个负责向前的,不管怎样也要谏,乃至谏而死。箕子则有些像伯夷,看来没办法,自己脱身跑了,跑得很远,直跑到韩国去。微子则有些像柳下惠,他还是留在那里,忍受屈辱,近于像当一奴隶。后来周武王得天下,封他在宋国,他也就在宋国安住了。

此刻我们以《论语》《孟子》合阐，可说人之处世，大体有此三条路。此三条路则都是大道，而走此三条路的也各可为圣人，为仁者。我刚才提到的三位大文学家，屈原就有些近伊尹，忠君爱国，肯担责任，结果沉湘而死，却与比干相似。陶渊明就如伯夷，又如箕子去之。"归去来兮，田园将芜胡不归"，他就洁身而去了。杜甫就如微子，也如柳下惠。给他一小官，他也做，逢什么人可靠，他都靠。流离奔亡，什么环境都处。他不像陶渊明那般清高，也不像屈原那般忠愤积极，然而他同样也是一完人。数唐代人物，绝不会不数到杜甫。

但如上所举，这些人，尤其是"清"的"和"的，往往可以说他们多不是一个历史舞台上人物，他们在历史舞台上似乎并不曾表现出什么来。只有"任"的人，必求有表现，但亦有成功，有失败。失败的有些也不成为历史人物了。但无论如何，这些人，都是中国理想文化传统中的大人物，他们承先启后，从文化大传统来讲，各有他们不可磨灭的意义和价值。

四

我往年在耶鲁大学讲历史，主张历史必以人作中心。有一位史学教授特来和我讨论，他说我的说法固不错，历史诚然应拿人作中心，但人也得有事业表现，才够资格上历史。倘使没有事业表现，则仍不是历史上的人。他这番话，其实仍是主张历史中心在事不在人。我和他意见不同，却也表示出双方文化观念之不同。

在西方人看来，一个哲学家，必因其在哲学上有表现。一位宗教家，必因其在宗教上有表现。一位艺术家，则必在艺术上有表现。一位科学家，则必在科学上有表现。在事业表现上有他一份，才在历史记载上也有他一份。若生前无事业表现，这人如何能参加进历史？然而在中国人观念中，往往有并无事业表现而其人实是十分重要的。即如孔子门下，冉有、子路的军事财政，宰我、子贡的言语外交，子游、子夏的文学著作，都在外面有表现，但孔门弟子中更高的是颜渊、闵子骞、冉伯牛、仲弓，称为德行，列孔门四科之首，而实际却反像无表现。

今且问无表现的人物其意义在哪里？价值又在哪里呢？此一问题深值探讨。儒家思想正侧重在这一边。试读中国历史，无表现的人物所占篇幅也极多。即如司马迁《史记》七十列传第一篇便是伯夷叔齐，此两人并无事业表现。太史公独挑此两人为传之第一篇，正因他认为这类人在历史上有大意义、大价值与大贡献。又如读陈寿《三国志》，曹操、诸葛亮、孙权、周瑜、鲁肃、司马懿人物甚多，后人却说三国人物必以管宁为首。管宁独无事业表现，他从中国远避去辽东，曹操特地请他回来，他回来了，也没干什么事，何以独被认为三国时代的第一人物呢？

中国历史上所载人物，像伯夷、管宁般无所表现的历代都有，而且都极为后人所重视，正因认为他们在历史上各有他们莫大的意义与价值之贡献。我不是说人不应有表现，人是应该有所表现，但人的意义和价值却不尽在其外面的表现上。倘使他没有表现，也会仍不失其意义与价值之所在。那些无表现的人，若必说他们有表现，则也只表现于他们内在的心情与德性上。中国古人说三不朽，立德为上，立功立言次之，功与言必表现在外，立德则尽可无表现，尽可只表现于其内在之心情与德性上。

历史事变，如水流之波浪，此起彼伏，但仅浮现在水流之上层。而文化大传统则自有一定趋向，这是大流之本身。文化大流之本身就是我们人，人是大流本身，而沉在下层。人事如波浪，浮在上面。风一吹，波浪作了。风一停，波浪息了。而大流本身则依然。正因中国文化传统看重此本身，所以到今天，中国历史传统仍还没有断。商亡有周。周亡有秦汉。秦汉亡了有唐宋，有元明清以至现在。历史命脉显然只靠人。政治可以腐败，财富可以困竭，军队武力可以崩溃不可挽救，最后靠什么来维持国家与民族？就因为有人。从中国历史上看，不论治乱兴亡，不断地有一批批人永远在维持着这道，这便是中国历史精神。

西方人只看重人在外面的表现，没有注重到它内在的意义与价值。如看埃及、看巴比仑、看希腊、看罗马，乃至看近代欧洲，他们所表现在外的尽辉煌，尽壮阔，但似乎都未免看重了外面而忽略了人本身的内在意义与价值，因此不免太偏重讲物质，讲事业。但物质备人运用，事业由人干济，而人则自有人的内容和意义。

即就语言文字论，西方人在此方面亦重外面分别，而没有把握其在内之共同点。因此他们有少数人（man），多数人（men），有男人（men）、有女人（women），却没有一共同的人字。又把人分成国别，如中国人（Chinese），日本人（Japanese），英国人（English），美国人（American），如此脱口而出，却忽略了他们同样是个人。用中国语言文字说来，如男人、女人、大人、小人、黄人、白人、黑人、红人、中国人、日本人、英国人、美国人、亚洲人、欧洲人，总之一视同仁，都是人。这是中国文化中最伟大的第一点，可惜是被人忽略了。

话虽如此，中国人却又在人里面分类分等级。由西方人讲来，人在法律之下是平等的，但在中国传统文化观念之下，虽同样是人，却尽有其不平等。因此有好人，有坏人，有善人，有恶人。有大人，有小人。有贤人，有圣人。中国人骂人不是人，说"你这样算不得是人"。今且试问，人又怎样不算人？从生物学上讲，五官四肢齐全便是人，从西方法律上讲，人同等有权利和地位，谁也取消不了谁。从西方宗教上讲，人又都是上帝的儿子。但中国人对这个"人"字却另有一套特别定义。人家尽加分别，中国人不加以分别。人家尽不加以分别，中国人独加以分别。此处实寓有甚深意义，值得我们注意和研究。

五

现在我将讲到中国文化中一最伟大所在，仍从历史讲起。如上面讲到商朝末年，以及三国时代，或者像我们今天，这都算是十分衰乱之世，但无论如何，人则总可以成一人。不问任何环境，任何条件，人则都可各自完成为一人，即完成其为一个有意义、有价值、合理想、合标准的人。换言之，人各可为一君子，不论在任何环境条件下，都可以为一君子。有人砍了我头，我死了，但我可仍不失为一君子。或有人囚我为奴，但我也得仍为一君子。我或见机而作，脱身远扬，逃避到外国去，也仍得成为一君子。

今天的中国人，一心都想去美国，若我们能抱有中国文化传统，像箕子去韩国，管宁去辽东，朱舜水去日本，多有几个中国人去美国岂不好？所惜的只是目前的中国人一到美国，便不想再做中国人。或者他没有去美国，也早已存心不想做中国人。好像做一中国人，无价值意义可言。这种想法，也无非从外面环境条件作衡量。

我并不提倡狭义的国家民族观念，说生在中国土，死为中国鬼，我定该做一中国人。上面讲过，中国人讲"人"字，本来另有意义。在中国传统文化之下，任何人在任何环境、任何条件下，都可堂堂地做个人，本无中国、美国之分别。而且做人，可以每天有进步。若一个人能生活得每天有进步，岂不是一个最快乐的人生吗？而且纵说每天有进步，进步无止境，又是当下即是，即此刻便可是一完人。只在当下，可以完成我最高的理想，最完美的人格，而不必等待到以后，自然也不必等待死后升到上帝的天国，才算是究竟。就在这世间、这家庭、这社会里，我当下便可成一完人，而又可苟日新，日日新，又日新，日新其德，作新民，在其内心自觉上,有日进无已之快乐。一步步地向前,同时即是一步步地完成,这样的人生,岂不是最标准、最理想、最有意义、最有价值吗?

孔子说:"贤哉回也,吾见其进,未见其止。"颜渊正是一天天在那里往前进,没见他停下来。颜子同门冉有,他是那时一位大财政家,多艺多能,很了不起。然他内在人格方面却没有能像颜渊般一步步地向前。若仅就表现在外的看,似乎颜渊不如冉有。但从蕴藏在内处的看,则冉有远逊于颜子。这一意见,在中国一向早成定论,更无可疑的。

因此今天我们要来提倡中国文化,莫如各自努力先学做人,做一理想的中国人。若真要如此,必然得研究中国历史,看历史上的中国古人是如何样生活。这一番研究,仍该把我们各人自己的当前做人作中心。旋乾转坤,也只在我内心当下这一念。君子无入而不自得,可以苟日新,日日新,又日新,有进无止。而且匹夫匹妇之愚,也同样可以如此修行而获得其完成。中国这一套人生哲学,可以不需任何宗教信仰而当下有其无上的鼓励和满足。只可惜我在这里只能揭示此大纲,不及深阐其义蕴。但这是中国文化传统精义所在,其实是人人易知,不烦详说的。

今试问,如此一套的哲学,若我们真要履行实践,在我们今天这社会上,和我们所要努力的事业上,有什么妨碍呢?我想这显然没有丝毫的妨碍。不论我们要做的是大事或小事,乃至处任何社会,在任何环境与条件之下,上面一套哲学,总之不会给予我们以妨碍,而只给予我们以成功。我们纵使信仰了任何宗教，亦不会与此有冲突。它是一个最真实最积极的人生哲理，而又简单明白，人人可以了解，可以践行。

我们今天总喜欢讲西洋观念，像说"进步"，试问如我上述中国儒家那一套"日新其德"的理论，不也是进步吗？又如说"创造"，那么在我们传统文化里，也曾创造出如我上举伊尹、伯夷、柳下惠、屈原、陶潜、杜甫等数不清的人物了。在今天我也可以日新其德，自求进步，终于创造出一个理想的我来。说"自由"，这是最自由的，试问做任何事，有比我自己要做一个理想我这一事那样的自由吗？说"平等"，这又是最平等的，人人在此一套理论下，谁也可以自由各自做一个人，而做到最理想的境地。说"博爱"，这道理又可说是最博爱的。人人有分，不好吗？此所谓苟日新，日日新，又日新，作新民，从各自的修身作起点，而终极境界则达于天下平，使人人各得其所，还不算是博爱之至吗？

可惜我们这一套哲学，向来西洋人不讲，所以我们也不自信，不肯讲。西方人的贡献，究竟在向外方面多了些。开物成务是向外的，他们的宗教、法律、文艺、哲学等等成就，主要精神都向外。正因其向外，一旦在外面遭逢阻碍挫折，便会感到无法。而中国传统文化则重向内，中国社会可以不要宗教法律而维持其和平与安定。中国人生哲理可以不论治乱兴衰而仍然各有以自全。在历史上，不断有走上衰运的时期，像是天下黑暗，光明不见了，但还是一样有人，一样有完人。凭这一点，中国文化能维持到今天，中国民族及其国家亦能维持到今天。我们在今天要来认识中国文化，提倡中国文化，则莫如各人都从这方面下功夫。困难吗？实在是丝毫也不困难。

我这十几年来，到台湾，始知有一吴凤；到美国，始知有一丁龙。吴凤也如伊尹，丁龙则如柳下惠。吴凤、丁龙都是中国人，是在中国传统文化中陶铸出来的人。他们在历史上似乎没有地位，没有表现，但使我们今天又出一个太史公来写新《史记》，定会有一段篇幅留与吴凤与丁龙。诸位当知，中国社会、中国文化，乃至中国民族与中国历史，就在像吴凤、丁龙那样做人的精神上建立而维持。我们只深信得这一层，可以救自己，可以救别人，可以救国家与民族。中国的文化传统可以长辉永耀在天地间。这是我今天讲这题目主要的大义。

漫谈中国文化复兴

这次我来讲演很抱歉,没有能好好准备一题目。今天就只想谈谈所谓复兴中国文化运动,略谈一些我个人想法。但怕讲来没条理,没系统,只能随便谈。

我们要做一件事,当然先该知道这件事。所谓复兴中国文化,先该知道中国文化究竟是怎样。这问题很困难,真要讲,我们准备不够。这几十年来我们国内知识分子、学术界,没有认真看重这问题。所争论的似乎都欠深入,不能作我们此下研究的凭借。我们对此问题,没有很多知识积累,此刻要用简单几句话来讲,这事实困难。

讲文化,是不是该拿思想做一重要中心呢?讲到思想,这里还有争论。如照现在人说法,认为从哲学思想便可看出文化本质,这层暂不讨论。我们现在且从中国思想来看中国文化,大家就会联想到儒家孔孟。可是孔子到现在已两千五百多年,儒家思想在各时代有演变,我们能不能拿几句紧要话来总括?这就很难讲。从前,讲孔子思想也就意见纷歧,有人看重这一面,有人看重那一面。我觉得讲文化,该讲文化之全体,不能单举一偏。即讲思想,孔孟儒家以外,至少还有道家庄老,在中国人思想中,乃至一个不识字的人，可能他头脑里有儒家孔孟思想，同时也有道家老庄思想。

除了儒道两家，我们不可否认，中国文化受外来佛教影响相当深，亦相当普遍。佛教思想进入中国，到了隋唐时代，中国人自开宗派，有天台、华严、禅三宗。他们从原来佛教思想里渐渐变出一套中国化的佛教，这些中国化的佛教很能配合中国社会和中国传统文化，这些思想也可说是中国的。今天印度已经没有佛教，有一些只是小乘宗派的，大乘宗派的佛教都流传在中国。中国人把来吸收消化，变成为中国的佛教。这些当然也是我们文化体系中的一部分，也是中国思想中的一部分。我们社会所谓的儒、释、道三教，或说"三教合一"，这个说法已经很普遍，尤其是明清两代，我们不能不注意。

除了儒、道、释三教，先秦诸子里还有其他部分，也还重要。如墨家，固然到了汉代已经不盛行，然而直到唐代，像韩昌黎，还提到它。到了清末，中国人接触了西方耶稣教，觉和中国墨家所讲很相近，于是有人出来提倡墨子，墨家学说一时盛行。我在北京大学教书，那时一般学生多只读《墨子》，却不看《论语》。我问为什么？他们认为《论语》陈旧了，《墨子》却新鲜。我说："这话也不全是，今天我们大家竞读《墨子》，《墨子》并不新鲜了，但没有人读《论语》，《论语》将会又新鲜。"但至少我们不能否认，墨家思想也是中国思想里值得注意的。

还有如法家，近代人看见西方人爱讲法，一时便也来提倡讲法家。但法家思想也不是到了清末、民初才来讲。在中国历史里，一路下来，有一条法家思想的流在那里。

再如阴阳家，在中国社会上处处流传，影响尤大。如讲医学，当然中国医学很值得研究，但中国医学中偏多讲阴阳。若使我们对阴阳家思想不清楚，如何来研究中国的医学理论？或许我们医学理论中的阴阳学说是后来附会进去的。但既然附会进了，我们就该有研究。整个社会，一般人生，或许更多信阴阳家的，并不在儒、释、道三家之下，我们就便说他是民间的一种迷信，要之也是一传统，流行甚广，成为构成我们文化的一部分。

其他各家，我们此刻暂不论。从前司马谈讲六家要旨，我想举出新六家，即儒、道、佛、墨、法、阴阳。我们讲思想，只讲儒家孔孟，把此外五家忽略了，如此讲中国文化，总是稍有所偏。我们若讲哲学，不妨各就所好，各有偏向。但要了解中国整个文化体系，这是一个客观的，不该偏轻偏重，把有些东西全忽略了。若我们讲文化，先要注重讲哲学思想，要我们来讲此六家，这已经要我们很大的努力。或许几个人研究儒家，几个人研究道家，几个人研究佛学，先来一个分工合作，将来汇通起来，提要钩玄，来综合看中国思想究是什么一回事。

可见从思想来看文化，在我们肩膀上负担已很重。而且，思想定会有表现，思想必然变成为行为。若我们认为以上六大思想，在中国社会里很有力，有影响，他们一定曾表现出种种行为，那就是我们的历史了。在清末民初，大部分

第一编　漫谈中国文化复兴

人认为中国的先秦相当于西方的希腊。那时百家争鸣，思想很自由。秦汉统一以后，思想定于一尊，便没有进步了。这些话我也暂不批评，但说思想定于一尊，当然是指的儒家孔孟。那么孔孟思想在汉代以后，应会表现出种种活动。而当时学者，却只讲先秦思想，不讲秦汉以下的历史，这是有了头，没有尾。并且这是一条长尾，我们不该不注意。我们要反对孔孟儒家，也不当专据一部《论语》，一部《孟子》，还该看此下读《论语》《孟子》，信仰孔孟的许多人之所表现。譬如孔孟儒家爱讲治国平天下，我们至少要看汉、唐、宋、明诸朝，他们一些治国平天下的想法和做法。元清两代，尤其是清代，实际上掌握行政事务的，大部分也多是中国人，还是所谓儒生。我们该注意到这辈儒生曾如何来治理这个国家，这样才能判定孔孟儒家思想究竟在中国有无价值，其利弊究在哪里。

我在北京大学历史系曾开一课，讲中国政治制度史，当时学系同人表示反对，认为："这课不必开，今天的中国，还要来管秦始皇到清宣统的这一套政治吗？"我说："若讲此下的新政治，或可不管这一套；要讲历史，则这一套非讲不可。汉武帝、唐太宗，怎样治国，总该有一套，我们不能不讲。"即如孙中山先生五权宪法为什么要监察院、考试院，还不是根据了中国历史传统。难道中国历史从秦始皇到清宣统，就只是一个专制独裁的黑暗政治吗？在专制独裁的黑暗政治之下，怎会有考试权、监察权？这些自该研究。

抗战时，有一次我到乐山复性书院去讲演，我对书院主持人马一浮先生说:"我听说复性书院不讲政治,我却想讲一些有关政治的。但我不是要讲现代政治,我要讲中国历史上的政治。倘使孔孟思想只流行在战国,秦以后便没有受孔孟思想的影响,那么孔孟思想也就没有价值,只几百年就断了,真如近人所讲是一堆家中枯骨了。倘使秦汉以后还受着孔孟思想的影响,我来讲一些秦汉以后的政治,好从此方面来看孔孟思想的实际价值所在。"马先生说:"你这样讲,要比梁任公先生讲得通了。"梁先生当年就是只讲先秦是中国思想的黄金时代,秦汉以下便没思想了。没有思想,从哪里来这一套历史?直到今天,还有人认为我讲历史不够现代化,怎能说中国传统政治不是一套专制政治呢?这样批评我的,绝不止一个人。但我们讲历史要客观,若自秦始皇到清宣统,中国历史上只是一套帝王专制的黑暗政治,我们也可不必再讲中国传统文化,因中国传统文化究是太无价值了。

今天主要的,要讲从思想演变出历史,那些思想便有一个实际价值。究从老庄思想里演变出些什么来,从佛家思想里演变出些什么来,从儒家思想里又演变出些什么来,在历史上有凭有据,可指可说。当然思想表现在人生的各方面,但政治是其重要的一方面,这层不可否认。

再拿文学来讲,人生就是文学,文学就是人生。从"新文化运动"起,群认为西方文学始是人生的,中国旧文学则是脱离人生的。这番话,我却不赞成。我认为中国文学最与人生密切相关,能最有力来表现真实人生。让我举一个例:那时印度诗人泰戈尔来中国,在上海开了一个欢迎会,徐志摩写了一篇文章，题是《泰山日出》，他说泰山日出了，泰戈尔来到中国了。但全部看过这篇文，没有"泰戈尔"三个字，更没有他来中国的时代和背境。若不是如古代《诗经》般代他加上一小序，便不知他究在说什么。我想若使请一位懂得清代桐城义法的古文家来写一篇《泰戈尔来华讲学记》之类的文章，泰戈尔是怎样一个人，他怎样地来，当时有些什么人，怎样地欢迎他，撰写此欢迎文的是谁，泰戈尔之来，其意义何在，价值何在，只短短五六百字一小篇，也可写得很扼要，很精彩。当然也可写些诗篇来表达。为什么定要说中国文学不切人生？

西方大文学家，往往有人一辈子跟他身旁，帮他写传记。因在他的文学里，并无他自己的人生存在，中国则不然，把杜甫诗编年，逐年逐月逐日早晚，他人在哪里，做些什么，想些什么，一路下来，最详备的传记，莫过于他自己的诗。我们若要写一篇苏东坡的传记，那更复杂了。他的诗词散文、书札笔记等，统统是第一手材料。苏东坡其人，便毕现在苏东坡自己的作品中。又如陶渊明、陆放翁，住在乡村，五年、十年、二十年，为他作传记，除却读他诗集外，再也没法写，而且也再不能像他自己的诗那么写得好。陆放翁在镜湖，六十、七十、八十，一年年，一日日，春夏秋冬，四季变化，他的日常生活，尽在诗中，等于是一部日记。我们读他的诗，他晚年二三十年乡村生活，如在目前，他的人生，便是他的文学，为何定要说中国文学不切人生呢？

当然文学有各种体裁，有很多变化，变到最简单、为我们所看不起的，便如做对联。简单几个字，把他的一生学业性行、家事国事，都写上了。如我们这样一所大礼堂，若有一副对联，能把此礼堂兴建的时间、地点、精神使命种种活动，都包涵进了。礼堂还须题一名，称为什么堂，再加上一篇题记，或咏几首诗，重要的实际人生都放在里面。因此我们可以说中国人的全部人生，论其两汉以下，主要还不是在二十四史里，而是在各家的诗文集里。如我们要研究范文正公、王荆公，根据《宋史》嫌不够，还要读范王两家的诗文集。纵使一首小词，也不该忽略。因是整个作者之心情性格，生活的率真细腻处，都透露在这里。如李后主，乃一亡国之君，在历史上短短几句便完了。但他亡国后的一段生活，却尽在他的词里传下。到今天，我们对李后主当时的内心生活，还如和他对话般了解他。

我常讲，西方人是有了他的文学作品而成其为一个文学家的，中国则是由于他是一文学家而写出他的文学作品来。西洋文学中一篇小说，一部戏剧，把作者姓名掩了，价值一样，仍是一文学。研究莎士比亚，不要详细知道莎士比亚这个人。直到现在，莎翁生平还是无法研究，但无损于莎士比亚作品里的文学价值。也有人说：唯其在他作品中，不见有其人，所以其文学价值才更高。

中国如杜工部，如苏东坡，却是作家和作品合一的。从杜诗里，表现出杜甫的私人生活及其整个历史背景。开元、天宝，天翻地覆，转徙流亡，悲欢离合，都在诗里表现出。

他不是在写时代历史，只是从他这一颗心里，表现出他的日常生活，乃至天下国家一切事，从他一心到身到家，夫妇子女，亲戚朋友，乃至国家天下，合一融通地表现。这里十足表现了一种中国的儒家精神。我们若不懂中国文学，也将不能认识中国文化。抛弃了中国文学的旧传统，也就等于抛弃了中国传统文化中重要一项目。或许此刻要的是新政治、新文化，文学也该推陈出新，但我们要研究中国文化，至少这些传统终是不可忽。

再说到艺术。从前在北平常同朋友讨论到东西文化问题，有人说："文化没有不同，只是西方先走了一步，中国走后了一步。西方是现代化了，中国只相当于他们的中古时期，我们再进一步，也就跟上西方现代化了，这里并不要争东方与西方。"我曾问："怎样叫中古时期的文化？怎样叫现代文化呢？"这位先生举个例倒很好，他说："从前朱子注《论语》，《论语》本文用大字，他的注用双行小字。现在我写哲学史，提到《论语》本文低两行，我自己的意见理论便抬头顶格排，引古人文用小字，自己写出的用大字。这是现代精神。"我说："原来如此。"我们这几十年来的学术界和思想界确是如此，我们实该自己负责任。

我这次来，特别高兴，看到（台北）故宫博物院，陈列出这许多东西。但我要问，如绘画，是不是中国画只是中古时期的，西洋画始是现代的呢？又如中国的瓷器，有宋瓷、元瓷，到清瓷，从这些上可以写一本很详细的瓷的历史演变，即从这里，也可把整个文化反映出来。那么是否说塑料才是现代化，中国瓷则只是中古时期呢？讲文化不能排除了艺术，从艺术品上，也可推究到东西文化精神之不同，不能拿中国的一切都派在中古时期，西方即是现代化，这中间应该另有些不同。

建筑也一样。这厅建筑显然是东方式，我今天来看中山大楼，一进去就觉得十足的中国情调。我是一个中国人，进中国式的建筑，只觉开心。住进外国房子里，好像总有点不对劲。西方洋楼，四面开窗，叫人尽注意外面去，楼与楼之间则须有相当距离，那是十足的帝国主义向外殖民的精神表现。他们中古时期的堡垒，也有他们当时的文化背景。中国一佛寺，和外国一教堂同样兴筑在中古时期，毕竟还是有不同。他们的建筑都带有征服式，中国的常是"和合式"，天人合一，使人居之安。

我们讲思想，讲历史，讲文学，讲艺术，从多方面来讲文化，又应懂得"统之有宗，会之有元"。这两语是三国时代王弼说的。讲文化从多方面会合起，这里面有一个宗，一个元。"宗"是一中心，"元"是一起头。我们说文化精神，也如说文化根源，文化的会合点。我们要知道，在中国人中产生了孔子与老子，在中国佛教中产生了天台、华严、禅三宗，在中国历史上产生了传统的中国政府，以及中国的文学与艺术。并不是孔子来创造了中国文化，乃是由中国文化来创造出孔子。因有了中国人才有孔子，不是有了孔子才始有中国人。亦不是先有了一套文学来影响中国人，乃是由中国人来表现出这一套文学。

我们且不从深处讲,再讲浅处,要研究一民族,该懂得有民族性。如中国学问艺术传到日本,日本人很保守,一器物,一礼俗,他们都看得重。近代中国人看见自己中国的,远不如日本人看从中国去的那样隆重,那样兴趣浓厚。但日本人说:"我们的文化,虽从中国来,但是日本化了。"这话也对。中国文化到韩国,到越南,到各地,都会变。西方的到中国自然也会变。主要是在变中有个"己"。即就中国自己的来讲,如文学,如艺术,如历史上一切,由古到今,各各有变,不断有变。我们该有思想史、社会史、政治史、文学史、艺术史、经济史等等,从这些知识会合起来认识我们自己的文化,就比较方便些。可是这些功夫,我们都没有好好做。现在来讲中国文化,都得看第一手原料,运用一个人的心思来融化,来阐释,岂不难。研究西方的,省力方便多了。要知道希腊,有各家的书在那里,不用直接去读希腊文,也可研究。中国古代文字直沿用到现在,不需另研究孔子时代或《书经》时代的文字。然而这些材料,却都没有经过现代中国人的细心研究。

说到现代,真是变化太快了。而现代的中国人变化更快,对自己三千年传统厌了,懒了。谁也不肯用心去研究、整理,随口谩骂,便是前进,开风气。置之不理,也不失为现代化。聪明精力,谁肯向这里去钻。说什么是中国文化?鸦片烟、女子裹小脚、麻雀牌、太监、姨太太、算命、风水等,诸如此类。当然我们不能不承认这些是从中国文化里面表现出来的。但女人裹小脚,虽足为中国文化诟病,今天不裹了，难道中国便是有了新文化了吗？现在不抽大烟，不又是新文化吗？而且几百年前中国人既不抽大烟，也没有打麻雀牌，那时的中国文化在哪里？

小言之是这些，大言之，则说"打倒孔家店"。但孔家店易打，中国文化却难打。在中国文化里，尚还有老家店、庄家店、释家店，很多店铺在。偌大一条街市，打倒一爿半爿店铺，打不了整街市。我说打孔家店省力，也有道理。《论语》虽是中国社会一部人人的读物，现代化的前进学者，拿着西方的政治、社会、哲学、科学一大堆新花样来讲，只知读《论语》的，讲不过他们。又如从《论语》中拿出一两条，如"唯女子与小人为难养也"之类，把孔子说成另一个样子。一时人不肯叫孔子，要改口叫孔仲尼、孔老二。孔家店的老板孔子便如此般打倒了。但这只是新的知识分子欺骗无知识分子的勾当，孔家店里老板易打，孔家店里小伙计却不易打。如要打颜渊，颜渊谁懂得，也易打。但像今天大陆忽然上演《海瑞罢官》，海瑞只是孔家店里一个小伙计，还轮不到二级三级，但这出戏演来，大家都认为对。因海瑞不是一贪官，他又敢于讲话，不贪钱，不怕死，这两件就够。他已深入人心，叫你打不倒。我们且莫讲东方文化和西方文化，题目太大，便由得你一人讲，但遇到一个孔家店里的小伙计，你要怎样打倒他，却会感到不易打。

因此若我们要讲中国文化，该从多方面，长时期，集体合作，重新研究，不是讲哲学便能讲尽了中国文化，也不是讲历史、讲文学、讲艺术便能讲尽了中国文化，并且在艺术、在文学、在历史、在思想哲学各方面，还得各各分别研究。近代西洋，任何一门学问，都经过了一百、二百年，很多人心力，才有今天。即如读一部西洋通史，从民初以来五六十年中，西方中学、大学里所读的通史已有了几多变化，编了又编，改了又改，成为今天这个样子。在我们只凭一两个人，在一个短时期中写出，到底不行。我们也要经历一段长时期，多有人努力，又经自然淘汰，每一方面都有比较靠得住的人起来讲话，如是集体合作，再经会合，才能对自己文化有个认识。

我想"复兴中国文化"这个重担，应该挑在知识分子的肩膀上，但要有耐心，用苦力，不然我们会永远比不上西方人。两边碰头，问莎士比亚，他那边总会有人原原本本详详细细来讲。问杜工部，我们这边真要找一人能讲，却很困难。讲艺术，你问他这幅画，他会说。他问我这幅画，我也要找一恰当人，能讲能说。现在我们胜过他们的，是我们能看他们的书，讲他们的话，中国人中要找能读英文、能讲英语的，多的是。你找一个美国人，问他中国字，就不行。可是现在他们也来慢慢地学中国话，读中国书，将来中国方面的学问也要问他们。现在中国优秀青年到美国去读中国文史艺术学位的人已多了。在美国得了学位，才能回到中国受人重视。所以我们的大学文科毕业生，也只有留学外国，才能有出路。若只在自己大学里面毕业，大家看不起。

我昨天去（台北）故宫博物院参观，正在看象牙雕刻，这比看瓷器、看书画要简单容易得多，后面有两个人在讲话，一人说："中国人能做出这么精细的东西吗？一定是外国进贡来的。"我想我们此刻要来提倡复兴中国文化，远的不讲，讲近的，先该能移风俗，转人心。文化是不容易讲的，即讲文学，一首诗，一篇散文，有时也会讲不明白好处何在，又谁肯来承认你讲的价值。但是一个象牙雕刻摆在那里，他不得不佩服，可是他又认为中国雕不出来。那么怎会在中国的皇宫里呢？他说："这是外国进贡来的。"他能这样讲话，可见他也是一个知识分子，并非一无所知。

这些例，深深浅浅，远远近近，可以举出很多。有一年在庐山避暑，一位朋友，第一次新见面，他问我："在美国哪个大学读书的？"他是美国留学生，他说："我怎么不知道你呢？"我说："我没有到过美国去。"他说："不必客气，我和你很熟。"我说："我们初次见面呀。"他说："你不晓得，我在家里教儿子读《论语》，就选定了你的大著《论语要略》。"这位朋友自和一辈美国留学生不同，他要叫儿子读《论语》，而且是他自己选定了我的那本《论语要略》，所以他说："我同你很熟，你不要客气。"下面一句话，却是一句时代的心声。他看重我，所以想我也必曾去过美国。这是三十年以前的话了。一切事有前因，有后果。我们今天结了些什么果，都是有原因的。我们今天正是一个困难的时候，把中国文化丢在一边也应该。

上面拉杂说了许多话，现在接讲第二部分：如何来复兴中国文化？我们纵是不认识中国文化，但我们的责任要来复兴它。当前的问题，不能说要待我们真了解后再来复兴。

要如此，时间还不知要等多久。但我们又要问：不知道中国文化，怎样来复兴？我想这事该两方齐头并进。复兴中国文化，该可有两条路。一是少数人的责任，须得高级知识分子，一辈学人来研究，这是上一时讲的。现在要讲另一条路，这在我们一般社会，全中国人来一个广泛的运动。

我认为中国文化里，有最精粹的一点，是关于"人生修养"的。人生修养，并不是现代人讲的"人生哲学"。西方人讲人生哲学，中国人讲人生修养。修养中寓有哲学，但与西方人讲的哲学不同。其重要处在于中国哲学有一套修养方法，须由理论与实践亲修配合。讲中国人的人生修养，主要在儒家，远从孔孟，下到宋明理学家，各有一套。其他如道家、佛家，亦皆由理论与修养配合，而成此一套学术。这是中国哲学最重要最特殊所在。论其精神，却与近代西方科学相近。科学必有实验，中国哲学也必有实验，此即所谓修养。此刻我想讲几点我们大家所最易明白的。

第一点，我们要真做一个中国人，才能来复兴中国文化。复兴中国文化这一责任，便在中国人身上。没有了中国人，就没有中国文化。此如没有了希腊人，希腊文化转移到其他民族身上，究已不是希腊精神了。在抗战时期，我在成都华西大学一个茶会上，欢迎某先生，谈话中涉及到中国人问题，他说："现在我们不是要做一个中国人的时候了，我们该要做一个世界人。"我说："生斯世，为斯世人，自然我们都该做一世界人，但我们应以中国人身份来做世界人，不是以美国、英国人身份来做世界人。若今天先抹杀了他是美国人、英国人、法国人、苏维埃人、日本人、印度人、中国人等差别,来做一世界人,此事不可能。"所以第一点说我们首先希望,是大家要做一个中国人。

把今天一般现象来看,我们中国人在其内心深处,好像并不希望真做一中国人,似乎模模糊糊地在不知不觉之间便不像一中国人。中国人有姓有名,现在的中国人却都改了名。C·P.黄、乔治张,这样的称呼早已很普遍。我在香港,去看香港大学的中文系毕业试卷,全部中文系学生都不写中文名字。如写C·K.王,他还保留一王字,我知道他是个中国人。也有纯粹用英文的,王字也不见了。我想这是哪里来了一大批青年来学我们的中国文学呢?我到马来亚大学去,那里的中国青年,姓名都变了,更不用说。马来人、泰国人很想把大街上中国店铺悬挂的中国字招牌都禁止,中国人很不高兴,但中国人自己的中文名字却先自取消了,这不是一块十足的中国人招牌吗?在日本,那里的中国字招牌却还多。以前在大陆,纵使内地交通不便、外国人少到的地方,也有些店铺在中国字招牌上加上一些英文翻译,好像没有英文字的招牌便使这店铺地位降低,不值钱。我曾想,那些改用英文名的人,将来成了人物,写进历史,那不是明明一本中国史,也变成了英国史、美国史了吗?

我想我们此刻要来复兴中国文化,不如先来一个运动,要中国人用中国姓名,不要改写英文字。这个运动很简单,我们暂不讲孔子、孟子,这些太高了。我们且先做一个孔家店跑堂的、开门的、扫地的,总可以。我们先来做一个中国人,简单一点,先来复兴用中国姓名,好不好?

其次是讲中国话。譬如在香港,中小学生都讲英语,有时叫一辆汽车,开车的也讲英语,这都不管。随便说句话,中间不重要处用中国话说,遇重要处便定改用英文,好像用中文便表达不出这个意义,这一层影响可大了。我们自己的招牌改称C·K.王,这可在外国通行,到外国去,入境问俗,把自己名字改一改,还可以。但他硬认为他心里这个意思,用中国文字便无法表达,讲中国话和他不对劲,不合他心意,如此一来,不仅中国是一次等国家,中国民族便是一次等民族。碰到学术上、理论上,高深一点的,非用英文不可。而且用了英文,他心里会感到舒服、痛快,那影响却真不浅。

我想我们能不能讲话要讲中国话呢?有些,如yes, no之类,讲英文也不打紧,但讲到一句重要话,就非讲中文不可。如说三民主义便就说三民主义,五权宪法就说五权宪法,不该翻译了英文讲。像此之类,说"仁"道"义",仁和义也是中国文化的一块招牌,我们该用中国字讲中国话。现代西方学者,讲到中国学问,他们就只翻音,有时还注上一个中国字。如孔子讲"仁",老子讲"道",他们都翻音。中国人更客气,认为他所讲全是英美人意思,不是中国人意思,所以简直就满口讲英语!所以我说,要复兴中国文化,先来多讲中国话,好不好?

进一步,我们希望做中国人要做一个像样的中国人。今天我们当然全都是中国人,可是已经不像样。要做一个像样的中国人，又要做一个能继往开来的中国人。若我们做一个学者，当然要了解过去，适应现在，开辟将来。就如佛家禅宗不立文字，扫空一切，但也要讲过去，或从达摩，或从慧能讲起。也要讲将来，要说将来的人生就是佛教的人生，将来的佛教就是禅宗的佛教。任何一个知识分子，讲一句话，不能没有过去，没有将来。

可是今天我们讲一句"复兴中国文化"，立刻有人来责备说："你不要想复古呀。"只要一讲到孔子、老子，便是要复古。从前人尽讲尧、舜、禹、汤、文、武、周公，他还可不失为是一通人，还可是当时社会里一个人，还可承先启后，做一有事业的人。我们今天，好像一讲到中国的过去，就会关闭了将来中国的路。讲过去也该骂，不该捧，只该批评，不该称赞。这已成了风气。

我最近也曾写过一篇文章，说到复兴文化不是要复古，就得到好多朋友说好，说："你讲得对，这句话真有道理。"但我并不欢喜听这话，复兴文化不是要复古，但更不是要蔑古，现在一般人，一听你说复兴中国文化，就恐怕你要复古。但任何一种文化，总有个来源，总带有一些古的存在。你不能堵塞了它上面，专来讲下面。我们似乎先有一种害怕，也可说先有一种猜疑，古总是复不得，中国以往一切总是要不得。你讲中国文化，他便要问你："对民主政治抱什么态度呢？对现代科学又是什么看法呢？"这些话叫人无法回答。在他心里，显然中国文化是反民主、反科学的。他在时代风气之下，不知不觉存心如此，无法对他有解释。有人说："蒋公讲复兴中国文化，才是最好不过的。他也讲民主，也讲科学，民主是世界大潮流，科学是现代大贡献，要讲复兴中国文化，便不能不讲科学和民主。"这是"五四运动"以来所谓德先生、赛先生。这几十年来人人的脑子里，只有这两位先生，占了很高地位，中国文化则所占地位很低。若我们能有民主和科学，其实中国文化复兴不复兴是没有关系的——这已成了一种社会心理，已经几十年到如今，要转移风气，谈何容易。

老实讲，"复兴中国文化"这六个字，从民国元年到今天，还是第一天正式唱出口。而居然在此地的知识分子，乃至无知识分子，没有一人出来反对，这可说是民国五十多年来第一个可喜现象。

要复兴中国文化，就该改造今天的社会，但也得慢慢地改。要发扬中国的文学和艺术，此事已不易。历史则待后来人去写，哲学思想须待新兴的哲学家、思想家来提倡。你要讲一番孔子之道来给大家听，其事亦易亦不易。但若演一部电影，能配合上中国文化的电影，便大家要看。人同此心，心同此理，此事似乎最易不过。为什么大家爱听绍兴戏，胜过听外国歌剧呢？这些我们该先提倡。而且也和科学与民主无关，无伤大雅，这样便慢慢接近了中国文化，从这个门可以跑进那个门。

但我上面说及中国文化有一点最重要的，就是所谓"人生修养"。关于这一点，我还得再讲几句话。中国文化主要精神是以个人为中心的。这亦不是西方人所说的"个人主义"。在世界，在每一社会里，会有一中心。从中国文化精神来讲，此中心便是"我"。此话并不夸大。因这世界和社会的中心也可以是你，也可以是他，每个人都是世界一中心，甚至可是宇宙一中心。中国传统文化所讲，重要的在这一点。

今且问：此宇宙，此世界，此社会，究竟发动在哪里？宗教家说发动在上帝，科学家说发动在物质。但要再仔细讲，也就讲不下去了。我们再看，整个人生的一切，究该从哪里发动？若是由军队发动，这总不是我们的理想。若说由法律发动，法律只有拘束力，没有发动力。若说由政治发动，政治要讲民主，便该由每一人来发动了。或者说现在的世界操纵在工商业资本主义者的手里，人生一切追求，其背后都由资本家操纵，这话却有真凭实据。只要我们仔细看一看，想一想，便可知道。正为今天这个世界，一切人生发动力在资本主义者，则无怪反过来要有共产主义的崛兴。但共产主义只是资本主义的反面，把反面来反正面，其实正反两面还是一体。正如你的手，手掌手背，还是那只手。若我们不要这一手，要另换一手，不讲物质，不讲经济，其事却不易。所以西方人到底不能彻底反共产主义，我们不要对此太乐观。只要西方资本主义一天存在，共产主义也会存在。共产主义本也产生在西方，依然在西方文化体系里面。

我们讲一个社会，其背后的推动力究在哪里？宗教、政治、军事、经济，都是外面的。外面有一力量来推动我，我总有些不大甘心。因此要讲自由，又要讲平等，又要讲博爱，但经济钱财，不懂博爱，不会平等，又不许自由，目前的世界究是由经济钱财在推动。中国传统文化则认为推动一切的力量在于我，在于我的心。各人是一我，各人可以推动他四围而成为一中心。那么究是谁推动着谁呢？这里面的理论让我慢慢讲下。

我们且先讲原则，在我有推动社会的一个力量，社会推动，能由我开始。这一原则，各人需有一自信，然后在社会做人，才觉得有意义，有价值。没有这信仰的人，孔子称之为"乡愿"，"生斯世也，为斯世也善，斯可矣"。孔子说，这类人是"德之贼"，他们是贼害道德的。不能发展个性，失却成其为一我。但人各有个性，大家发展个性，岂不成冲突？孟子说："圣人先得我心之所同然。"心有同然，我这个心就是你这个心，孔子时代的心，实在还是我们今天的心。我们今天的心，仍和孔子时代之心相同，所以孔子可以了解到我们，其实我们也该能了解到孔子。我这个心可以了解别人的心，中国人称之为"仁心"。因为大家同此一心，所以同称为一人。仁者，人也。我和你心相同，同此一仁心，故称此为"人道"。

人道只是一仁，可是你要得到这一个仁心，却要修养。孔子说："巧言令色鲜矣仁。"你碰到另一人，话讲得巧，面孔装得讨人欢喜，这心便是不仁之心。你看重了别人的心，拿自己的心看轻了，遮掩着自己的心，来讨好别人的心。巧言令色，一面奉承别人，一面却又想欺骗别人，在人群中相处，不够直道，不够朋友，不够做夫妇、做子女，不够做人群中一人。我为何要抹杀了我来讨好你？实际则又是在欺骗你，想要利用你。先抹杀了自己想来抹杀别人，结果人和我都被抹杀了，所以称之为不仁。

所幸者，这个不仁之心，实际并不是我的心。心有所同然。张眼一看，梅兰芳上台了，大家鼓掌，觉得他漂亮。放开耳朵听，梅兰芳在唱，大家心里喜欢，他唱得好。这是一种艺术心情，大家自心发出，没有外边力量在推动。吃东西也一般，人家都说吃悦宾楼菜好。即显推微，人人有一个共同相类似的心。你抓住了这个心，即等于抓住了我和他，抓住了一切人，因我这个心也即是你这个心，你抓住了我的心，不是我便会由你推动吗？

中国人对于人心研究是高深的，此刻我们不能向深处讲，且问人类这个心由哪里来？那自然说是天生的。西方人说上帝创生了人类，中国人说天降生了人类，又赋予人类以此心。因此我们也可说，我心即天心。天就在你我身上，就在你我心里。天人合一，没有天就没有人，没有人也就不见有天。庄子说："唯虫能天。"天生一条虫，虫无心，也可说虫心简单，所以他还保守着天生他的这一个真，还是本来的一条虫。天生人，却反而失去了他的天。为何呢？人有很复杂的脑子，有思想，有欲望，有一切改进，但改进不已，忘了本然，失了这个天，想离开了天来独立做人，还想打倒了天来自由做人。故庄子说："唯虫能天。"这是批评我们人由聪明而愚蠢了。一只蚂蚁，能不失天生本然，但人却早已失去了他的天生本然了。中国人的理论，要人在天生本然上求进步。忘了这个天生本然来求进步,愈进步,离天愈远。一棵树,只从根上能开花,不在花上再开花。

《中庸》上说:"尽己之性,而后可以尽人之性,尽人之性,而后可以尽物之性。"科学尽物之性,但先得要尽己尽人之性。一颗原子弹扔下,一切都完了,尽了物性,却反了人性。人可以发明科学,科学不能发明出什么来。正如一棵树可以开花,花却开不出什么。现代西方人拼命造原子弹、核子武器、宇宙飞船登陆月球,只求科学无限进步,但忘了尽人性。好像一树,花开烂漫,尽在花上想法,根却坏了。今天的世界危机,实在很大。

从前我年轻时,人们穿一件袍子,不论穷富,年纪大一些的,穿十来年很普通。中国古代,像晏子,三十年只穿一皮袍。今天不行了,工厂里争着出货,第二批来排斥第一批,过两年一换衣是寻常事。有人在想种种方法使你非换不可。这不是我必要换,外面有一力量在推动。却反说是我们幸福了。说穿一句是要赚你钱,赚钱成为人生目的。

中国人也曾发明了印刷术,那是世界文化一道奇光。西洋的文艺复兴,就是靠的印刷术发明。但今天的印刷术尽发展下去,又不得了,会变成洪水猛兽。在纽约每天看一份时报,这样一堆纸,怎样看?而且翻看后急得丢。新书不断地抛出,旧书匿迹了。有些书,不到大学图书馆翻不到。旧书再版,真是困难之极。但你到小菜场,五光十色、杂志、周刊,摆得满摊满架,看得天花乱坠,却说这是民众读物。但有些读物却是毒物呀。

说电影吧，一部推出一部，但总不会叫你百看不厌，甚至再看第二遍。若一部电影，可以屡看不厌，那电影公司将会被关门。我小孩时看《水浒》，真是看得百看不厌。但现在人说《水浒》是中古时期作品，是中国旧社会作品，现在是科学时代工商社会了，看小说也得看了一本又一本，把你心看昏看乱。现世界人类的智慧和品德，一切人生的意义和价值，就为出版物太多而受了损害。人的脑子负担不了，又无法选择，总有一个在推动，在填塞到你脑里来。电影明星也如此，三年、两年换一个。你喜欢的，隔两年不见了，又换上新的，再隔两年又没有了，又换上新的。我的情趣该懂转换，但又来不及，你真爱好谁呢？我们的这个心势将无所寄托。女人穿衣服，一年一花样；坐汽车，一年一款式，一切的一切，都这样。

商品拼命前挤后拥推出，人生外貌都跟着改，其实人生内容也在跟着改。说是推陈出新，其实陈的还未陈，新的也不真是新，新的旧的一例得急速收起，再来推出，人的感情也一天天薄了，只有不在乎。飞机减价，环球旅行，跑得人头昏脑涨，这里住三天，那里住五天，一下子周游世界回来，脑子里有什么变化呢？还不是如此五光十色便算了。从前出门远行，有多少困难，古代不要讲，一条轮船到这里，靠了岸，所见所闻，进到脑子的，印象还深些，现在的交通太快速了，给人的印象也太淡薄了。

一切物质文明，主要还不是赚钱？我荷包里的钱你拿去倒不在乎，但把人的心变了，理智感情都淡薄了，既浮浅，又不定，人生变成一派慌乱。所以我曾说，从前有鬼，现在没有了。诸位说，从前人迷信才有鬼，现在科学发明，所以没有鬼。我不是这样说。我生时纪念这个家、这个村子，死后还想来一下。现在叫我纪念些什么呢？这个世界尽在推陈出新！人则要追上时代，不能落后。今天变，明天又变，思想变，行为也变，到最后，感到一生在世无可留恋。

从前朋友少，现在朋友太多了。从前寄封信很困难，要托人，三个五个月带到你那边，你拿到这封信，可说一字千金。现在电报电话一个字值什么。生日做寿，四面八方电报来了几百几千，但人的感情只有这些，反而冲淡了。一切都是外面在表现，不是内里有蕴蓄。耶稣诞的各地贺卡，挂得满墙满壁。这张由英国来，那张由美国来，你相交满天下，若论感情，则天赋只有这一点，现在是分得愈淡愈薄了。

我这些话，也不是要把现代世界物质文明之急速进步拉下来。我的意思，我们要讲教育，讲人生，与此现代世界物质文明之急速进步中间，应该指出些问题来求解决。讲到此处，也便是中国传统文化与现代人生方面之问题。

我认为现在推动社会的，主要是一个经济。经济问题不解决，人生一切都不能解决。但中国传统文化观点却不同，认为推动人生社会的，应该是人的这个"心"。让我们试问那些大企业家，今年这些出品，明年又是这些出品，究是要福利人群呢？还是要发展你的企业呢？那问题，只要一反省，各人反问自己就清楚。

现在再问：各人有各人的心，那么我心怎样能推动你心呢？中国人则说"尽其在我"。所以讲忠恕，讲爱敬。忠是拿我十分力对待你，恕是我所不喜欢的不加到你身上。讲到爱敬，天下哪有一人不喜受人爱，不喜受人敬？但我想孔子讲忠恕讲得更好，因我对你忠，对你恕，只尽了在我一方面的心。孟子讲爱敬讲得较浅了一点，较薄了一点。他说："爱人者人亦爱之，敬人者人亦敬之。"这当然也是个真理。你不爱他，要他怎样爱你？你不敬他，要他怎样敬你？然而没有像孔子讲得更高些，我尽我力量忠于你，下边一句没有了；孟子要开导人，把下边一句也讲出来，说："爱人者，人恒爱之。敬人者，人恒敬之。"也许有人问，别人不敬你不爱你又怎办？这仍得回到"尽其在我"。我尽爱他敬他便是。若有人问为什么要这样？孔子说得谆厚，孟子加以明白发挥，直从人的心坎处加以发挥。所以说"爱人者人恒爱之，敬人者人恒敬之"。又说："尽心知性，尽性知天。"性是天生的，你怎样能知道你自己的性？因此要尽你的心。自心不尽，天生给你的性，自己也不知道。尽了我心，可以知我之性；尽了我性，便可以知天。这叫做"天人合一"。

天不独只生我一人，你就知人家同我一样，中国人讲的最高道理在这里，在从每人自己心上讲起，"成己"而后可以成物。"知天"近是宗教，中国人有一种极高深的宗教精神。尽物性是科学。中国人所提前发展的是一套人文科学，最基本的修养功夫在"尽其在我""尽己之性"。从这一点发展出来，就可成为中国人讲的世界大同、天下太平。在世界未大同、天下未太平之前，每人仍可自尽己心，修养到最高境界，便即是圣人。

中国儒家对圣人，有两个看法。一是朱子，他说圣人难做，后代圣人更难做。朱子的话是聪明的，孔子在春秋时代做圣人省力些，若生在朱子时代，要做一圣人就比较要困难些。若使孔子生在今天二十世纪的中国社会，要做一圣人怕会更难了。这是朱子的讲法。

另一个是王阳明的说法。孟子说"人皆可以为尧舜"，朱子并不反对此说，只说是难。阳明则说得似乎比孟子所说更易了。王学后传有罗近溪，他正在讲台讲"人皆可以为尧舜"，外面一端茶童子走进来，把一杯茶放讲台上，出去了。听讲人问："他也可做圣人吗？"他说："他已是圣人了。你们看他走进来，目不斜视，一心一意，没有滑跌，杯里茶没有泼出；走到这里，放下茶，他又如是走了，端茶是他的职，他已尽了他的职，也尽了他的心。若使孔子来代他端茶，也不会比他端得更好些。"这个道理，阳明早说过。阳明到了龙场驿，生病了，半夜里想：我这样的生活，若使孔子来做我怎办？他想得大彻大悟，一跳起来，全明白了，"良知"两字就是这时候提出的。

我们看禅宗故事，也颇有这样的趣味。禅宗也说人人可以"立地成佛"。但我们生到此世，虽也不能没有人端茶，但不能都端茶。我们固要阳明讲的圣人，也要朱子讲的圣人。朱子讲格物穷理、正心诚意、修身齐家、治国平天下那一大套，这正是我们高级知识分子的责任。但不能要求每一人都成一高级知识分子，纵使我们自己要做一个朱子理想中的圣人，也该鼓励、欣赏人家做一个阳明理想中的圣人。而且我纵有绝大学问，也不一定能在社会上负担一项重大责任，如治国、平天下这些大责任。这些责任不在我身上，到不得已时，我可做一个端茶童子，还是不失为一个圣人呀。大总统治国平天下，也仍不过是一个圣人。中国人理想便由这些圣人来推动这个社会。而且人又是必该做圣人的。因此说，"不为圣贤，便为禽兽"。愈说圣人易做而不做，那就更见其为禽兽了。

我曾在日本和一位很有名的日本汉学家谈中国文化，那位先生说："我们日本人接受中国文化是深刻、无微不至的。"我问："从何而见，从甚处讲起？"他说："我们骂儿子常说：'你不像一个人。'这句话是中国来的，全世界没有。"我听了恍然，我们不是常说："你这样还算是人吗？"中国人心里的人，不是做上帝儿子的这个人，也不是法律上承认的这个人，更不是某人遗嘱上接受他一笔钱财的这个人。天地生了我，我还得有理想、有修养来做一个人。

讲难难到极，讲易易到极，这即是中国人的"中庸之道"。我们这许多人，既非圣人，也非万恶不赦的坏人，中间有一段很大距离包容着。这一极端是上帝，那一极端是魔鬼。上帝只一个，魔鬼怕也只一个，人在中间，有的九分近魔鬼，一分近上帝；有的九分近上帝，一分近魔鬼。但若这个人从魔鬼身旁转移一步近上帝这边来，这是善，这是在向上。倘使这个人从上帝身旁转一步近魔鬼，这是在堕落，甚至是丧心病狂，是恶了。所以中国古人说，一念之间可以为"圣"为"狂"。后代中国人则说端茶童子也是圣人，又说"衣冠禽兽"。这些话不是极端话，却是中庸话。

孙中山先生说"知难行易"，"知难"是近在朱子这一边，"行易"是近在阳明这一边。现代的中国人，最不成也没有被魔鬼拉去。只要能自心一转跨离一步，这就是复兴中国文化的大道。这一步大家能移，这一心大家能转。我们该拿这一点来勉励自己，来勉励我们的子女、学生、亲友乃至社会上大多数无知无识的群众。这条路，应是复兴中国文化一条大路。努力知难方面，并不身份更高，责任更重。着意行易方面，并不身份更低，责任更轻。要更深更细来阐发中国文化，这需要学问，让一些人到图书馆去多写几篇博士论文，乃及传世巨著吧。我们也来讲复兴中国文化，应该采取第二条路。换言之，我们应做中山先生所说的"后知后觉"乃至"不知不觉"，来从"行易"方面立刻起步。

我这两小时所讲，提出了不少问题，请诸位批评指教。

中国文化之唯心主义

我将为中国文化使用一个新名词来加以说明,我将称中国文化为"唯心文化"。此处所用"唯心"二字,并不是西方哲学上所用之"唯心"。我此处所用唯心的"心"字,乃指人心言。中国文化以人文为本位,而在人文界中,一切以人心为出发之基点,故说中国文化为唯心文化。

中国古人说人心,便把来分为两部分,一曰"人心",一曰"道心"。其实只是一心。人心是指人类有关躯体私生活方面之一切心而言。如食、衣、住、行种种物质人生皆是。此种生活,其他动物亦与人类相似,没有了躯体与物质生活,即不成为生活。唯人类由于其躯体与物质生活之需要,而引申发展出种种心智的活动,为其他动物所望尘莫及,故我们也有认为人类有心,其他动物无心的。但要之此心一切活动,仍只在躯体物质生活之范围内,则人与其他动物依然无别。

但躯体生活是各别自私的,其所引起之物质生活,亦是各别自私的。如一杯水,一人饮了,他人即不得饮。一碗饭,一人吃了,他人即不得吃。而此一杯水一碗饭,亦只能解决每一人自己躯体之饥渴,不能同时解决别一人之另一躯体之饥渴。因此各别自私，乃是躯体与物质生活之唯一特征。由于其各别自私，而引申发展出种种争夺占有，乃至于战斗相杀。

但人类生活，渐渐由躯体各别之私生活演进到群体共通之公生活，此乃人类生活与其他动物生活一种绝大不同点。其他动物，或多或少，亦有与人类相似之群体生活。如一雌一雄配合，其他动物亦所多有。但不能如人类般，由夫妇同居而演进到家庭生活，此是一相异。又如动物中之蜂蚁，有极严格的群居生活，但发展了群性，又牺牲了个性，不能如人类般，乃由各别个性而演进到社会群居生活，此又是一相异。

人与其他动物之最大区别，不在其躯体生活上，而在其心灵生活上。原始人类由于为其各别自私的躯体生活而谋取外面物质供养之方便，遂逐步转入群体生活，而人类之心灵生活亦随之逐步展开，心灵超出了躯体，既能视人若己，彼我如一；复能看重他人，更胜过看重自己，于是人类于自己私心外，又增上了大群的公心。此在孔子儒家，称此曰"忠信"，曰"忠恕"，又称之曰"仁"。其实此种忠信心、忠恕心、仁心，都只是一种人己如一、彼我相通，而有时重视他人更重于重视自己之公心。此种心，中国古人特加重视，又称之曰"道心"。因一切人道，即是人群同居合作之道，皆从此心生，而人类最先为着躯体物质生活而起之各别自私心，则称曰"人心"。此乃是原始自然人与后代演进而有之社会文化人不同。简言之，必是先有了人，乃有人之道，亦如先有了人心，而后始有道心。此种经过后天演进而有的人类文化社会中之道心，乃为满足最先原始自然人之各别自私心之最佳途径。此一种演进，中国人称之曰"人道"，亦曰"天理"。

中国古人说："人心唯危，道心唯微。"此是说人类谋生，若只任此仅从躯体物质生活上起念的各别自私的人心来做主，此是危险的，连他自己也不易真切认知此心而加以把握的。有时甚至可到丧心病狂的地步。这不是危险吗？而人类的那一种人己如一、彼我相通，甚至重人逾己的公心即道心，又常隐微不彰，并如微弱无力，既使人不易觉察，又若无力运使，于是遂使人类的生活依然常由其各别自私的人心做主，而永远脱离不了危险的境地。

中国古人中之先知先觉者，很早便提出此等说法，所以在专为各别自私的，从物质方面争夺占有与享受，如财利、权力，如富、如贵，此种生活，中国人颇不重视，不在此上来区别人生，而只看重人类品格方面之区别。"人品观"在中国人之人生观中，乃是一种极为重要的根本观点。故中国人极重君子、小人之分，在君子一类中又有圣人、贤人、善人等多项等第。班固《汉书·古今人表》上，把自古历史人物分成上、中、下三等，每一等又各分上、中、下三等，共成九等，如尧、舜、孔子同是"圣人"，同列上上第一等。伯夷、叔齐、颜渊，皆无功业表现，生活穷饿至死，但同为"仁人"，列第二等。"智人"列第三等。至于历代帝王、公侯、卿相大臣，列入下上、下中、下下三等的，不可胜数。可见在政治上地位贵贱，并不在中国人人品分类之内。贫富亦然。富人家业大则多纳税，因其徒为私人牟利，更不列入衡量人品的条件之内。

中国人之人品观，专一注意在人之内在生活，即心灵生活方面。至于种种外在的物质人生、财富权力、地位势望、私人各别一时所得，生不俱来，死即俱去，仅涂附在人生之外面，与其真实人生无关。真实人生，主要在其人之内心，中国人称之曰"心地"，或称"居心"。涂附在外面的人生只供别人看。发自内部，存在其内部的，始为其人之真实人生。中国人由此来衡量人品，亦称此曰"德性"。德者，乃是其人之真实所得，得在其心，如孝子、如忠臣，孝与忠，皆在其心，乃是其人之真实价值所在。至于涂附在外面的种种物质与遭遇，并不是其人之真实所得，故亦无真价值可言。

人生一切美德，则总称曰"善"。有善心斯为善人，始为有价值人。善心亦称"良心"，中国人以此设教，以此制行，故中国人皆以做一善人为人生最高目标。因此中国社会，亦可称是一善良的社会；中国民族，可称是一善良的民族；中国文化，可称是一善良的文化。此种善良之德，出自天赋，乃属与生俱来，中国人则称之曰"性"。人类一切善良美德，其本源皆属天赋，皆出人类内心真实所求所好，但亦经历了人生长时期之演进而始透露成熟，由于共同之天性，而形成各人独特之品德。

中国人认为善则必可继续，换言之，是可进步的。再换言之，是可推广、扩大的。所以，只有善良的人生，始是可久可大的人生。此种人生，始是与天合一，即是"文化人生"与"自然人生"之合一。若非有一自然天性在人生内部做主，则从原始人生专为躯体物质各别自私之争夺、占有而斗争、相杀之残酷人生中，如何会演出忠孝仁义、具有善良美德之文化人生来。

"人性善"成为中国人之共同信仰，性为天赋，善属人为，德性合一，即是天人合一。能具此人生最高标准者，中国人称之曰"圣人"。但圣人亦只是人类中一人，故曰："圣人与我同类。"由于人同此性，故得人同此心，亦可人同此德。故"人皆可以为尧舜"，即是人人应可同达此最高标准之人生。此是人类文化演进一大目标，要使人人能为尧舜，人人能为最高标准上上第一等人，此始是人类大同太平终极理想的境界。

此一人类文化理想境界，途程遥远，但开始即可从少数人起步。纵在极黑暗纷乱之时代中，每一人仍可各自完成其个人之理想，先自完成为一善人，乃至为贤人、圣人。此种作为，不在外面物质条件上，乃在其个人各自的心灵条件上。在尧舜以前并没有尧舜，在孔子以前并没有孔子，但在人类中，永远有出现尧舜与孔子之契机与可能。每一人只要从其内心能朝此方向而迈步，则人人可得为孝子，并不限舜与周公始得为孝子；人人可得为忠臣，并不限比干、苌弘始得为忠臣。若非人人得为，亦即不得奉为人类之共同理想与共同标准。所谓人人得为，必是无时地隔阂，无环境相异，无条件悬殊，只要出于各个人之有志与自愿。故中国人之文化理想，乃照顾到人类大群全体中之各个人而同有此可能。故可不必待大群人全体起步，不妨由各一人各自起步。故中国人之文化理想，乃是最博爱、最平等、最自由的。

中国人在此，又特别指出一"人心之所同然"来。人心所同然的便是善，人心所不同然的便是恶。至少人人皆愿自己所遇见、接触的是一善人，当然也不愿自己单独作为一恶人。一人之心如此，人人之心皆然，乃至千万年以上、以下之人，凡俱此心，则无不皆然。但何以在实际上，人类社会中究是善人少，恶人多，中国人亦非无视此事实。当知人生是由长期演进来，由草昧到文明，非一蹴可及。最先只求自己先自完成一善人，自己先是一善人了，乃可与人为善，使他人亦得完成一善人。此一风气得势，即为"君子道长，小人道消"。此一风气失势，则为"小人道长，君子道消"。君子道长，则为一通泰之世。小人道长，则为一否塞之世。验之古今中外人类历史，无不皆然。

但纵在小人道长之否塞世，仍不害每一人各自可以单独完成为一君子，一善人。故曰："穷则独善其身，达则兼善天下。"不得进而兼善，仍可退而独善。中国人又说："为善最乐。"人生乐处，不在外而在内，不在物而在心。个人如此，大群亦然。物质生活纵然进步，依然可使人心不乐，举世骚然。物质生活纵不齐备，人生依然有可乐处。而且积善降之百昌，积不善降之百殃。善与恶还可影响后代。此亦验之一人，验之一世，验之千万世，而总见此一事实之可信。若使恶人恶势力可以长久存在，则人类社会历史文化，终将断灭。此当为讨论人类文化问题最先所当具有之一信念。

故中国人的文化理想，不由哲学思辨来，不由宗教信仰来，不由自然科学各种物理探讨来，乃只在人文社会中之一种实际经验，经过人类心灵之自觉自悟而获得。极平凡、极中庸、极笃实、极诚挚，只教人好好做人，做好人。中国文化理想，主要即是做人理想，做人必然该做好人，做好人先该有好心。如何培养人类好心，使之发扬光大，使人类全体各得为一好人，是其终极目标，而最先乃亲切降落在每一人之心上，使每一人之独善，来培育出大群体之同善。

但做人有一特殊条件，即须每一人另开始从头做起。财富权力，下一代可以凭借前一代而继续经营，富益富，强益强，但物质形势必有一巅峰状态。达此巅峰，不仅不能再进，抑且有转趋崩颓之势。人之德性完成，则父不能传子，兄不能传弟，须每一人从其内心自己再经验。若我们要学孔子，必得从孔子早年"十有五而志于学"的阶段从头学，不能接续着孔子晚年"七十而从心所欲不逾矩"的阶段续步向前。

不了解中国文化理想的人，每认为中国文化守旧、少变化、无进步。不知物质文明可以求变求新，日见进步；人文精神须有常，须能继，须能在此通天人、通彼我、通古今之同一精神下而各自从头做起来完成此一人。若使做人亦唯知求变、求新、求进步，求今日必将不同于昨日而胜过了昨日，此一心情与此一努力，其势所趋，将可使人做成不像人，不是人，而回不过头来。中国文化中所重人品、人德、人性，贵同不贵异，贵常不贵变。君子善人，在本质上只如此，在数量上希望尽人如此，世世代代有增无减；绝不能说今日之善，明日变成了恶；今日之君子，明日却变成了小人。

在中国历史上，亦不断有曲折，有翻覆，但此一文化理想，绵亘了五千年，扩大到七亿人口，非求变求新，乃是有常能继。在其治平盛世，对外军事，常是重防御远胜过重侵略，因此从不走上帝国主义的路线。在商业上，也只注重货物交流，不重剥削牟利，绝不走上资本主义的路线。亦有衰乱世，或则经长期治平后，人心颓靡，失于振奋；或则外力骤凌，和平社会急切不易抵抗。但中国文化最富坚韧性，正为在任何时期地点、任何环境条件下，每一人可以担负起复兴文化大责，所以此一文化传统，总是蹶而复起，衰而又盛，不致中断。

最近我们是处在世界人类前所未遇的一个大变动之下，饱经艰难，但对自己民族文化传统理想，则依然坚信，认为"剥极而复""贞下起元"不在远，此即是中国文化之主要精神、主要生命所在。

第二编

中国史学之特点

中国人遇到社会腐败，政治崩溃的乱世和衰世，常能回过头来，在自己本身上努力。……时代事业可以有失败，而人物本身则可永远有成就。只要人物有成就，失败的历史，又会走上成功的道路。

若要指陈中国文化之特点，其人民对于历史之重视，以及其史学之成就，亦当为主要一项目。

中国拥有关于其人民活动及文化演进之悠长历史，已达五千年。而且此项历史，自始即在广大地面上展出。一部中国史，论其所包疆域之广袤，亦为世界任何各民族之历史所莫逮。

中国历史，一开始，便绝少神话成分。此即充分表现其人民所天赋之清明的理智。中国古史传说，在五帝以前有三皇。燧人氏、庖牺氏、神农氏，此正代表初民社会文化演进之三阶段。燧人氏代表此时代人民始知用火及熟食，庖牺氏代表此时代人民已知畜牧，神农氏代表此时代人民已知耕稼。此三个时代文化之演进，主要都由人类中一位或少数杰出圣人之发明。此后中国文化注重人文本位精神，即在此种古史传说中已露出端倪。

三皇之后为五帝。汉代大史学家司马迁著《史记》，认为三皇传说非信史，故其书自五帝开端。五帝中之尧舜，以及此下夏、商、周三代之禹、汤、文武诸王，综合其在历史上所记录下之事业而言，可说他们之所以抟成此民族，创建各王朝，却全凭人类所能表现之一种最高道德，而不尚财富与武力。我们纵说此等故事中，亦有传说成分，非可尽认为是信史，但此后中国文化特别注重道德文治精神，不尚财富积聚与武力征服，亦已在此等古史传说中透露。

近代殷墟甲骨出土，证明了司马迁《史记》所载《殷本纪》诸帝王世系大体可信。《史记·夏本纪》，正与甲骨文中商代的先王先公同一时期，亦可证其当同样可信。下及周初，已有《诗》《书》传后。在《诗》《书》中所表现者，不仅多数可视为当时之信史，而且亦极充分地表现了中国人之清明的理智，及其人本的、道德的、文治的文化传统精神。

西周中叶，共和行政，下及宣王中兴，那时已开始有逐年记载的历史。从此直迄现代，两千八百余年，中国历史便从来没有一年中断，此事为举世各民族所稀有。

至晚当即在周宣王时，政府已单独设置了史官，从中央王朝外及诸侯列国，均有史官分驻。按年按月，各地有重要事件发生，那些史官，均须互相报告。待把这些报告汇集起来，各地便各自有他们一部编年的历史记载了。可说那时已建立了一个颇为完密的历史网。所以各国的历史，虽是地方中心，而同时却又是全国性的，也竟可说其已经是当时的世界通史了。

而且史官在政府中其地位是超然独立的。春秋时，齐太史为直记"崔杼弑其君"，崔杼把他杀了，其弟三人续书，都杀了。又一弟仍续书"崔杼弑其君"，崔杼无奈，只好罢手不杀。在齐国南部另有一史官，听说齐国史官都被杀了，他执简而往，预备由他来据直记载，他听到这条据实记载的史文业已写定，才回他原驻地去。这一故事，正可十足表现出中国人自始即重视历史记载的精神。我们又据"崔杼弑其君"一语中之"其"字，也可推想那时史官地位是超然于当地政府之外的了。

春秋时又有晋太史董狐书"赵盾弑其君"，时赵盾正出亡在外。董狐说："你是晋国正卿，逃亡没有出国境，回来又不讨贼，哪能说不是你弑君呢？"赵盾也就由他了。后来孔子极赞赏董狐，说他是古之良史。那便是中国史学上之所谓笔法了。用现代人观念来说，记录历史，不仅要据事直书，而且当记出那事件之内里的实情来，此始谓之良史。

这是说当时的官史。待到孔子，他根据当时鲁国史记来重行写定一部《春秋》。那是中国由私家写史的第一部，也是孔子毕生仅有的一部著作，这又是中国人一向重视历史之一证。以下中国历史遂永远有官史与私史之两类。

孔子《春秋》，共仅两百四十二年，分三世，一称所见世，一称所闻世，一称所传闻世。再往上，孔子便不写入《春秋》，这是孔子写史之谨严处。

孔子以下，中国第一个史学大家便要轮到汉代的司马迁。他所写《史记》，虽远从五帝开始，但春秋以前，他只根据旧文略加整理。他所着意写的，也只是战国以下迄于他的当年，约略两百几十年的一段时期，正和孔子《春秋》的所见世，所闻世，所传闻世，大体相似。

司马迁虽是汉朝的史官，但他那部《史记》，也是师法孔子的一部私家著述。他书中对当时的汉武帝，以及武帝一朝文武大臣和他同时的，都能据事直书，并有许多严厉的批评。但此下汉代君臣，还是十分看重此书，保留其本来面目，不加以更动。这亦是中国传统文化重视历史之一种特有精神。

司马迁以下，不断有继续史记来写史的。到东汉初年，班固把此各家汇集来整理成一部《汉书》。《汉书》前后，也只共两百多年。此下每一朝代亡了，便有人来把此一代史事整理成编。或出政府，或由私人，公私虽异，其注重据事直书之精神则大体如一。直到近代，共有了二十五史，这也可说一直是保留着孔子作《春秋》的精神。因每一部新写的历史，最多也不过三四百年，正是所见所闻所传闻，时代接近，因此记载也比较切实而谨严。

而且中国历代政府，也一直都维持有史官之设置。把每年每月每日大事，随时记下。唐太宗时，他曾向史官讨他们的记录看，但史官拒而不许。说史官所记，是供给后人看的，你是当事人，不便看。唐太宗也没法定要看了。可见中国史官之超然独立地位，大体上还始终保持着。

中国历史，正因为注重逐年逐月记录，不待事后追述，所以比较近于科学客观精神。而且历史是由人创造的，中国历史记载，又特别注重在人物一项，此所谓纪传体，此体乃由司马迁所创，这也是中国传统文化重在人本精神之一种表现。

中国历史记载人物又是颇重客观精神的。只要在某事件里有某人物参加，只要某人物在当时表现了某事件，便替他们人人分别作传。譬如汉高祖、唐太宗得天下，这不是汉祖、唐宗一人之事，乃是当时一批人之事。有相随汉唐得天下之人物，有与汉唐争天下之人物。中国史家便把这些人一一分别列传，不论其人贤奸智愚、成败得失，只要和当时历史发生关系的，便全有他们的传。初看中国史，好像头绪纷繁，一人一人地分列着。但若看熟了这一代的历史，便易对当时所发生的事情了如指掌了。

中国历史主要分上述两类。一是编年，逐年的记载；一是纪传，分人的传述。这不仅比较更近于科学客观精神，而且中国历史，因其注重人物，故能兼具了教育的意义与功能。

在历史中有不能分年分人写的，如天文、地理、物产、经济、社会、礼俗、制度、法律、文艺、学术、宗教信仰等，在中国史书中又有书与志之一体，把此等来分类记载。

此一体亦由司马迁首创，而后代史家加以变通活用。不仅在二十五史中各有志与书，而且有专就此体来写专书的，这就变成各项分类的专史了。这一类在中国史书中，极为繁富，不便详述。

上面所提，中国史中的编年和纪传，可说是记录了历史之动态。书和志，可说是记录了历史之静态。至于分着事件来写历史的，中国亦有此体，后来称为纪事本末。此体在中国史学上发展较晚，而且较不受重视。这又为何呢？历史本来应该注重记载事件的，但历史事件如长流之水，难可割截。不仅每一事之先后起讫没有一定的界线。而且同时此事与彼事之间，实际是相互有关、相互通透，很难明确地划分的。所谓历史事件，正可把中国儒家相传两句话来形容，一如孟子所说之"必有事焉"，此谓无地无时而无事。一如宋程子所说之"本来无一事"，因此事那事实属一事。此一事之外，则更无别事。只因写史者各凭方便来分立题目，随宜叙述，遂像历史上真有这事与那事之分别了。

因此，若专偏重事件来写史，便更易多带进了写史者之主观成分，而与历史之真实经过之全体情态走样了。写史者先认定了这件事与那件事，便有许多事转会遗漏忽略。而且写史者对其每一事之描写，又必在无意中先认定了此一事之前因后果，于是其叙述时之取舍详略，又易先有了一标准。骤看像是扼要而明备，但只要时代变了，后人对历史的看法变了，于是写历史的题目也随之而变了。换言之，却像历史上的以往事件，一切会随而变了。于是以前所记录下的史料，到那时会感到不适合，不够用。

中国历史的写法，重要在不分事题，逐年记载，分人记载，分类记载，骤看好像仅是一堆材料，而主要价值，也正在其是一堆材料上，正在其不把那些材料来分立题目。因此中国历史，颇少成体成段对某一事件作有条理之叙述。而那些事实，则亦同样包罗无遗，这正是中国史之长处，也正是中国史学之谨严处，正是其更易接近于历史全体之客观真实处。只要有此一堆堆的材料，便易使人对此等材料继续去自由探讨，便于使人对历史不断有新鲜活泼之观点与发现，易于使人对历史有新体悟。因此说中国历史是极富于清明的理智的，正因于此项历史记录方法之得体，而更易使读史者对于以往人事考察，更增长其清明的理智。

换言之，分事写史是叙述的，分年、分人、分类写史是记录的。记录较近客观，而叙述则较易于羼进主观成分，这是此两种写史法之大分别。

而且写史若以事件为主，则无意中便把人物附属于事件。写史者易于把此事件，就其个人所认为之前因后果，都刻意搜罗，表而出之，好像使人读了易生兴趣。但却易使人生起一种观念，认为那事件之本身，自具有一种发展的内在规律，所谓事有必至，理有固然。而把人物在历史进展中之主动力忽略了，易于使人发生出一种历史的命定观。

而且写史若以事件为主，又易使历史有时脱节。因这一事与彼一事之间，未必紧相连接。于是每一事件，就都像骤然突起似的。这又易使人生起另一种的历史命定观。只是前一种命定观，决定在事件之本身。而后一种命定观，决定在事件之外面。前一种像是可知的，后一种像是不可知的，而其为一种历史的命定观则一。历史成为命定，则人物便退处无力了。

又若写史以事件为主，则往往使人容易去挑选那些耸动耳目的特出事件，像大战争、大革命等。在此等事件中，又易使人引起两种不正确的历史观。一种是英雄观，认为历史常为几个杰出非常的人物所激起。一种是群众观，认为历史常为一群乱糟糟的群众一时盲目冲动而造成。

中国历史正因为是按年记录的，所以易于使人了解历史是一个整体，其间更无间歇与中断。又因为中国历史是分人立传的，把一切事件全分散到各有关的人物的传里去，所以易于使人了解历史由人主动，乃由人的共业所形成。纵使在此许多人物中间，也有少数杰出的英雄，又有多数无名无传的群众，但在这两端之中层，却还有不少人物，各有作用，各有影响。其作用影响，或大或小，或正或负，相反相成，而始得成此一共业。历史乃由人类之共同业力而造成，既非盲无目的，亦非一二人所能操纵。这一看法，更近于历史演进之真相，而中国史正着眼在这一点上来描写。

而且中国历史上之人物列传，往往对每一人物，总是由生到死一线地记载下。其文体乃是人为主而附见以事，因此容易使人明了到每一人的个性与人格，才智与德行。乃是由各色各样的人来共同参加这一事，事由人而决定，并非由事来决定人。

而且，历史上总有衰微与黑暗的时代。那些时，似乎无事可述，但一样有人物。那些人物，则一样有事业。因此分年分人来写史，历史便成为一贯的，而不致脱节与中断。抑且在时代与事业之整个失败中，仍可有许多人物。论其本身，却有他本身的完成。有人说，中国人崇拜失败的英雄，这正因中国历史注重人物记载，因此在衰微、黑暗、失败的时代下，却仍见有许多人物存在。而且因于时代之整个失败而更见此等人物之精彩。如此则更易使人了解到人类历史永远有其光明面，更易使人了解如何由人力来潜移默运，把历史的颓趋扭转上正轨。

而且，以事件为主来写史，则有些人物和历史大事件像是无关了。以人物为主体来写史，则一应人物，都和历史有关，都成为历史人物，都成为历史的主人。而像若不成事件之事件，也成为历史中有作用、有影响的事件了。因此，中国人遇到社会腐败、政治崩溃的乱世和衰世，常能回过头来，在自己本身上努力。好像此人退出了历史，其实正是向历史而奋斗。因时代事业可以有失败，而人物本身则永远有成就。只要人物有成就，失败的历史，又会重走上成功的道路，这是人类历史所以能永远绵延的大真理。只有中国历史的写法，却把这一历史大真理明白揭示出来了。

让我再重加申述上面的话。历史是一个整体的，但若专以事件为主来写史，便易使人把历史当作一条线一条线来看。历史是有人类自由意志的，但若专以事件为主来写史，又易使人认为，人常为外面事件所主宰而只随之为移转，即是人在命定之中了。其实所谓历史事件，却是由人类意象所虚构而出的，由人把历史整体加以重新组织而成的。历史本身则只是一件大事，在此一件大事之内，由人挑选出某一段落之某一部分来认为历史事件，那些事件便一条线一条线似的，却把历史本身遮掩了。中国历史之写法，不过分注重在事件上，正是中国史学一特点。

中国历史除上述编年、纪传、纪事本末诸体之外，又有一门甚重要的，则为地方志，分着地域来记录历史。这是上述分类史中之一体，却是中国史书中最后起之一体了。直到清代，省有省志，府有府志，县有县志，只要有此一地域划分，便有专对此一地域之历史记载。也有专载山川的，专载名胜古迹的，甚至某一城市、某一寺庙、某一著名书院等，均有专史记载了。把历史平铺在地面上，正和把历史分载在各个年月、各个人物身上一样的精神了。

中国历史除地方志外，又有专记某一家族的，这是所谓氏族谱牒之学了。这一类，也是中国历史之一大支。几乎在中国，每一个较有社会地位的家庭，都可从历史记载中查考这一家之最古由来，及其分支蔓延，乃及其迁徙流动，直到这一家之目前情况为止。

这里最可用来作代表的，便是孔子的一家。直从两千五百年前孔子当身起，到现代，共已传了七十七代，每一代的人名都可稽查。有事业的，当然还记载其事业。因此孔子一家之史，便足足绵历了两千五百年而直到现在。

不仅唯是，从孔子往上追溯，还是历代有名字可稽。孔子生在鲁国，但可追溯到自宋迁鲁之远祖。其在宋国，本是宋国国君之分支，便可追溯到宋国之初封。又可从宋溯殷，直到商汤，乃及商汤以前。于是由孔子向前，他的家庭来源，尚可追溯一千几百年。孔子一家，直上直下，便有了将近四千年可稽考的家史了。这实在可说是全世界更没有这样第二部的家庭历史的。

至于别的家庭，枝叶繁茂，远胜过孔家的还多。大概在中国，有一千年以上可详细追溯的家族，可说遍地皆是。

由家庭再转到个人。中国有年谱一体，只要其人在历史上有贡献，有地位，后人把他的一生，从生到死按年排列，这是个人的编年史。中国也曾有过长篇大部的私人传记体，但终于年谱盛行，而长篇传记则后无嗣响。这应有两个原因，一是中国传统向不喜把个人渲染得太过分。二是分年记载，比较朴实可靠。以近代观念言，比较更客观，更近于科学精神。故此体更为中国人所乐用。

兹再将上述综括言之，中国人极看重历史，极看重历史记录，并注重随时记录，随时整理。政府与社会同样注意此事，可说不断有新的近代史出现。积累两三千年，而从未间断过。其记录方法，又注重分年、分人、分地、分类，把历史上一切经过，都分在几个较自然、较显见的体系下记录。而尤所注重者，则为人物一项。因此中国史可说是一种人文本位的客观的记录。骤看像是一堆堆史料，而以往历史的全貌，可说已尽可能地记录保留下来了。因此时代变了，观念变了，后代人要把一种新观念来对古代史重新加以探寻研究，而那些史料仍会感得适用。中国历代史籍尽量地保存到如今，而仍值得新史家之重视，其故在此。

中国可说是一个史料积集最富的国家。这一民族这一文化，其各方面活动的分配，各时代生活的演变，可供此后全世界有意研究以往人类文化演进作一最精细、最完备、最好的样子与标本用，此即中国史学一最值得重视之特点。

中国的哲学道德与政治思想

一

所谓哲学思想，乃是一种寻求宇宙真理，人生真理的思想。

中国人寻求宇宙真理，乃及人生真理，其思想方法，亦复与西方人不同。

西方哲学是纯思辨的，先在思辨中寻求建立出一套真理来，再回头来指导人生行为求能配合此真理。

因此，他们说：哲学是一种爱知之学，因此，便不免把知与行先就分成两橛了。

中国人寻求真理，贵在知行并重，知行相辅交替而前进。

《中庸》云："博学之、审问之、慎思之、明辨之、笃行之。"学便已是一种躬行实践。学了行了才有问、有思、有辨，而终极阶段仍在行。

因此，中国人之哲学，并不能脱离了其自身之躬行实践而先自完成为一套哲学的。中国人的哲学，实际上只是一套人生实践之过程。

因此，中国哲学，主要并不在一套思想，而毋宁说是一套行为。

因此，中国哲学，早就与实际人生融凝合一了。

因此，在中国，好像有许多大哲学家，如孔、孟，如程朱、陆王皆是。但若寻求他们的哲学体系，则又像是零碎不成片段，换言之，好像并无思想体系可言。

其实，他们的哲学体系，乃是完成在他们的全部人格上，表现在他们的全人生之过程上，而并不只表现在其所思辨与著作上。

因此，在中国人的固有观念，固有名词里，则只有哲人，并无哲学。哲学一名词，仍是由西方语移译而来。

中国的哲人则必然是一善人，必然是一有道之人。因此，中国哲学实在是与中国人所重视的道德融凝合一了。

政治乃人生一大事，修身齐家与治国平天下一以贯之，彻头彻尾，仍是一道德活动。

孔子曰："政者正也。"脱离了道德，便不再有政治。

故孟子言仁政，言善政，政治之终极标准，仍脱离不了一善字，一仁字。

就中国历史言，大政治家项背相望，却没有一位可称为政治思想家。

一则中国学人，实际多数都已参加了政治，二则实事求是，不在多言，三则学贵融通，政治不能脱离了人生大道而独自成其为政治。因此，在中国文化传统里，乃不能有一个关着门专门从事于著书立说的政治思想家。

133

若说中国没有一套完整的政治思想，正犹如说中国没有一套完整的哲学思想般，但自秦以下二千年中国文化在政治事业上所表现，实已超越寻常了。

这一层，近代中国也仅有孙中山先生，能对中国传统政治有其卓见。此外，在西方去学得一些西方政治学皮毛，不仅疑中国无政治思想，抑且疑及中国历史两千年来，除却帝王专制，乃无政治事业之可言。

近代中国，在其传统文化精神之大体系之内，先自失掉了政治精神之一传统，不能不说是近代中国一大损害。

二

我们也可说：中国人的哲学精神，即其求知精神。如实言之，不如谓是中国人的求道精神，却最近于西方现代的科学精神。西方现代科学精神，最主要者，在能逐步求证验，然后再逐步扩大，逐步向前，而中国人讲道德，也正是逐步求证验而再逐步扩大向前的。

《中庸》云："在下位，不获乎上，民不可得而治矣。获乎上有道，不信乎朋友，不获乎上矣。信乎朋友有道，不顺乎亲，不信乎朋友矣。顺乎亲有道，反诸身不诚，不顺乎亲矣。诚身有道，不明乎善，不诚乎身矣。"

此一道，便是在逐步证验，然后再逐步扩大向前的。

从低处近处，一步行得通，有了证验，才向高处远处更前一步。

人生高远处，不可穷极。也只有从眼前脚下，低近处，如此般一步步行将去，故曰吾道一以贯之。

人总是个人，道也总是个道，无论对己对人，修身、齐家、治国、平天下，全只是在人圈子里尽人道。

人道则只是一善字，最高道德也便是至善。

因此说，中国的文化精神，要言之，则只是一种人文主义的道德精神。

无论是社会学、政治学、法律学、经济学、军事学、外交学，一切有关人道之学，则全该发源于道德，全该建基于道德。也仍该终极于道德。

此是中国传统文化中一最高理论，亦可说是一最大信仰。

因此，在中国传统文化的大体系中，宗教与哲学，是相通合一了。

如何来考验此理论，如何来证实此信仰，只要是个人，只要在人圈子中，尽人可以随时随地逐步去求证验。

社会只如一实验室，人生便是在实验中。

因此，在中国传统文化的大体系中，科学精神也就与宗教哲学精神相通合一了。

亦可说：中国传统文化中的道德精神，实际也是一种科学精神。只是属于人文科学，不属于自然科学而已。

《中庸》云："尽己之性，可以尽人之性，尽人之性，可以尽物之性。"若说尽己之性是道德，尽人之性是社会科学，尽物之性是自然科学。则中国人理想，乃将从其道德学以贯通达成于社会科学，自然科学者。

近代西方人，多主张本于自然科学之精神与方法，以贯通达成到人文方面，然自然科学本用于对物，本于对物之学，以贯通达成于对人方面，其间终不能无病。唯对物对人则必有相通之理，而本末先后之间，则中国人理想，似更较妥当些。

正因中国人理想，重在本于对人之理以对物，故中国传统文化中，自然科学较不发达，而发达转向于艺术。

中国人之艺术与文学，均都充满了道德之精义，此后西方自然科学在中国生了根，亦当渗透进中国文化传统之道德精神，此事可无疑，此当为将来人类所最希冀之新科学，此事亦无疑。

中国传统文化中修身、齐家、治国、平天下的一贯理想，正因其对于自然科学方面之发展较逊，而使中国文化力量之表现，始终停滞在治国阶段，而未能再前进。然徒仗西方近代科学，纵极进步，亦难望于平天下，将来人类真望能达于平天下之理想，则必待近代科学与中国传统文化相结合，此实中国传统文化对将来人类莫大贡献之所在。

三

中国传统文化，虽是以人文精神为中心，但其终极理想，则尚有一天人合一之境界。

此一境界，乃可于个人之道德修养中达成之，乃可解脱于家国天下之种种牵制束缚而达成之。

个人能达此境界，则此个人已超脱于人群之固有境界，而上升到宇宙境界，或神的境界，或天的境界中。

但此个人则仍为不脱离人的境界而超越于人的境界者。

亦唯不脱离人的境界，乃始能超越于人的境界。

在此人群中，只求有一人能超越此境界，便证人人能超越此境界。

能超越此境界而达于天人合一之境，此始为大有德之人，中国传统则称之为圣人。

圣人乃人中之出类拔萃者。然正为圣人亦是人，故证人人皆可为圣人。

人人皆可为圣人，即是人人皆可凭其道德修养而上达于天人合一之境界。

具此境界，谓之德。循此修养，谓之道。

故德必然为同德，而道必然为大道。

中国传统文化之终极理想，乃使人人由此道，备此德，以达于大同太平。而人人心中又同有此天人合一之一境界，则人类社会成为一天国，成为一神世，成为一理想宇宙之缩影。

到此境界，虽仍为一人类社会，而实已超越了人类社会。亦唯仍是一人类社会，乃始能超越人类社会也。

此乃中国传统文化中近于哲学上一种最高宇宙论之具体实证，又近于是宗教上一种最高信仰之终极实现，又近于是科学上一种最高设计之试验制造完成。

但中国人心中，则并无此许多疆界分别。中国人则仅认为只由各个人之道德修养而可各自到达此境界。亦唯有由于各个人之道德修养而始可各自到达此境界者。

故谓中国传统文化，彻头彻尾，乃是一种人道精神，道德精神也。

四

最后要一谈中国传统文化中之人文修养，此乃中国文化一最要支撑点，所谓人文中心与道德精神，都得由此做起。

所由保持中国传统文化，与夫发扬中国传统文化者，主要胥在此。

《大学》云："为人君，止于仁，为人臣，止于敬，为人子，止于孝，为人父，止于慈，与国人交，止于信。"此乃中国人所讲人文修养之主要纲目。

所谓人文，则须兼知有家庭社会国家与天下。

要做人，得在人群中做，得在家庭社会国家乃至天下人中做。

要做人，必得单独个人各自去做，但此与个人主义不同。

此每一单独的个人，要做人，均得在人群集体中做，但此亦与社会集体主义不同。

要做人，又必须做一有德人，又须一身具诸德。

父慈子孝，君仁臣敬，亦非有上下阶级之不平等，此乃所谓理一分殊，易地则皆然。

慈孝仁敬信五德皆发源于人心，心同则理同，故分虽殊而理则一。亦可云德殊而心则一。

人心与生俱来，其大原出自天，故人文修养之终极造诣，则达于天人之合一。

人处家庭中，便可教慈教孝。处国家及人群任何一机构中，便可教仁教敬。人与人相交接，便可以教信。故中国传统文化精神，乃一切寄托在人生实务上，一切寄托在人生实务之道德修养上，一切寄托在教育意义上。

中国文化之终极理想，则全人生变为一孝慈仁敬信之人生，全社会变为一孝慈仁敬信之社会。天下则是一孝慈仁敬信之天下，宇宙亦如一孝慈仁敬信之宇宙。此唯人文中心道德精神之弥纶贯彻，乃始能达到此境界，完成此理想。

今天的中国，似乎已是礼乐衰微，仁道不兴。但礼失而求诸野，为仁由己，在家庭，在社会，依然仍有其文化大传统可寻。而其主要责任，则仍在现代中国的知识分子，能知得，能信得，能守得，能行得。道在迩而求诸远，孔子曰："未之思也，夫何远之有。"复兴中国，其道只近在眼前。

昔顾亭林先生有言，有亡国，有亡天下。天下兴亡，匹夫有责。苟非深切明白到中国传统文化之体系与精神，便不能明白到亭林先生所言天下兴亡匹夫有责的一番深情与至理。

孟子曰："待文王而后兴者，庶民也。豪杰之士，虽无文王犹兴。"今天的中国，则正贵有豪杰之士之兴起，来兴民，来兴国，来兴天下。

中国历史与中国民族性

个人生命的发展，未必全受理性的指示，也并不全为环境所限定。各个人成就的差异，常被指为由于"个性"之不同。各民族间历史进程的差别，大体上亦可把"民族性"的一观念来说明。

中国民族的历史，似乎遭遇到一个不可计量的损害。自始很少，乃至于绝无一个有同等文化地位的异民族来与比较，遂致养成中国民族一种自傲自大的心理，几乎以谓上天下地，唯我独尊。最近期的中国民族却不然了，他开始接触到优越的异族文化，逼得他不得不把几千年的旧心理彻底改换。然而近几年来的情形，似乎又是矫枉而过正吧。

我们现在无从再夜郎自大，我们不得不承认乃至于接受异族文化的长处。然而我们将来的种种，虽可虚心学步，但是我们以往的历史，则如铁一般地铸定，无法改变的了。一位有经验的教育家，他应该要知道一些被他指导的人的以往经过，以求认识其个性。我们纵使决心彻头彻尾学习他人，但对我们以往历史的了解，应该算不得顽固。

不幸而我们近来治历史的，似乎犯上了一种弊病。我们虽不能将以往的历史全部改过，换言之，即是不能叫我们的历史也来学他人，但是我们却似乎努力想把别人家对历史的看法和说法，移用到我们自己的历史上来。固然历史自有许多共通性，然而也不免有许多特异性。把别人家对历史的看法和说法来看我们自己的历史，来说我们自己的历史，总不免有看不准、说不通的所在。倘使抹杀了或不注意到我们自己的民族性，而把异民族、异文化的眼光或批评来绳切自己以往的历史，则虽不能改换我们的历史事实，而却已改换了我们历史事实的意味。这一种改换，似乎并不是我们的虚心好学，而却是一种误会与曲解。

前清末年谈政治的，莫不谓国体有君主、民主之别，政体有专制、立宪之分。此本西国学者针对他们自身历史实况而言。今移用之于我们的历史，以为我们自秦以来，有君主，无宪法，则我们以往政体必为"君主专制"无疑。当时用此鼓荡人心推翻清政府，未为无功。然若遂谓此说真得我国历史真相，则似犹有辨。姑举唐代政制为说。

唐代中央政府的最高机关，由中书、门下、尚书三省合成。尚书省有六部二十四司，分掌全国各项行政，庶务皆会决于都堂（尚书省的大厅），而令仆射总其成。然尚书省只负行政之责，无制命之权，宣旨出命则在中书。中书令、中书侍郎以下，有中书舍人，遇军国大事，舍人得各陈所见，谓之"五花判事"，然后宰相审定之。然中书虽掌敕旨，而门下省重有封驳之权，于宰相建白例许驳正。唐制宰相常于门下省议事，谓之"政事堂"。尚书仆射亦得加"同中书门下平章事"及"参知机务"等名出席。复有他官参掌者。此种制度虽于唐代亦屡有变更，然大体言之如此，岂得便谓之"君主专制"？

即以用人一端论，唐代有敕授、有旨授。敕授者，五品以上，宰臣商议奏可而除拜之。旨授者，六品以下，吏部铨材授职，然后上言，诏旨但画闻以从之，而不可否。其权不在尚书，则在宰相，并不由君主专制。韦贯之尝言："礼部侍郎重于宰相。"宪宗诘之，曰："侍郎是宰相除，安得重。"曰："然而为陛下柬宰相者，得无重乎。"是帝王任用宰相，亦有客观标准也。南朝宋营阳王景平元年，诏豫章太守蔡廓为吏部尚书。廓谓傅亮曰："选事若悉以见付，不论。不然，不能拜也。"亮以语录尚书徐羡之，羡之曰："黄散以下悉以委蔡，吾徒不复措怀。自此以上，故宜共参同异。"廓曰："我不能为干木署纸尾。"遂不拜。则晋宋以来吏部职权可想。

此不过偶举一例，聊见中国自秦以来之政治，虽无宪法，而君主政权，实有种种调节，并不能即谓"君主专制"。即以专制目之，此"专制"二字之内容，亦必以历史事实加以清楚之界限，并不能说此种政体即是黑暗。

所谓中国史上虽无宪法，而君主政权自有种种调节者，举要言之，如公开的考试制及客观的铨叙制等是也。这两种制度，一面使人民普遍得有参加政治的机会，而另一面则君主不能过分有好恶用人之特权。这是中国史上沿用得很久的两个制度。前清末年以至最近数十年内，国人醉心立宪、民主等等新名词，诟詈专制。然而革命以来，国民公意选举的新制度，因国情不合，一时并不能运用有效，而公开的考试与客观的铨叙，则不幸而一笔勾销，政局混乱，滥用私人，光明何在？所谓"打倒二千年专制黑暗政体"一语，以供当时革命党人作为口号之宣传则可，若援此认为事实来指导政治实际的改进，则颇嫌不足。

政体改革以后，继之以文化运动，于是又憧憬于西洋史上之所谓"文艺复兴"。但中国并没有宗教教会之束缚，因亦不能有像西洋史上所谓文艺复兴一般之姿态，因而国人以谓中国学术思想尚在中古时代，未走入近代路径。最近国内学术思想各方面，全都落后，此固无容讳言。然因此遂谓自秦以下一段长时期的学术思想史，正与欧洲中古期相当，似乎仍有未的。

中国只在西周乃至春秋一段贵族封建政治之下，宗庙的祝史曾统带了学术。然而孔、墨以下，百家并兴，早已与贵族宗教绝缘。秦人焚书，禁止民间自由讲学，独留朝廷博士官，直辖于太常（主宗庙祭祀的）之下，似乎像恢复了古代政治、宗教、学术合一的旧辙。然及汉武帝听董仲舒建议，改设五经博士，那时博士官的内容，已经一番极大的澄清，以前各种方术如占梦、求仙、长生等，皆得为博士之选。至是则博士渐渐变为研究古代政治、历史、教育各种学术的专门学者了。又为博士设弟子员，循此补郎补吏，遂使西汉政治从军功资选的局面下，转入文治的阶段。这是中国史上一个极大的转变，亦是一个极合理的转变。然而近代治史的反而骂汉武帝表章《六经》，使中国学术思想一同走入专制黑暗的路上去，此岂情实之谈乎？

　　此以制度言，请复以学术言。司马迁为太史，自称"文史卜祝星历之间，主上以倡优畜之"，此非愤语也。汉代太常属官，有太乐、太祝、太宰、太史、太卜、太医六令丞。太乐之下自有倡优，与太史、太祝诸官，同为宗庙祭祀所必需。当时人看史官，上言之则为卜祝，下言之则为倡优。而司马迁并不以此自限，发愤为《史记》，乃以孔子《春秋》自况。其书为国人稍治史学者所共读，其奇伟之见解，开明之眼光，即以最近西洋史学上的理论与著作相绳，此书恐还是要站在前线的，此处不用详论。即以其对当时朝廷帝王卿相以及种种政治事态，毫不掩饰坦白忠直的描写，其人之胆识气魄，可想而知。然而司马迁并不以《史记》获咎戾。此后汉廷虽说《史记》是一部"谤书"，却并不毁灭它，改动它，还让它自由地保存。班固继史迁作《汉书》，虽曾一度下狱，不久即许其继续工作，并命其家人续完。自从马、班以后，中国史究竟能从帝皇的宗庙里爬出来，而得站在一个比较上可说脱离帝王私人势力而独立存在的地位。

　　南北朝、隋唐时代，佛学盛极一时，历朝帝王卿相诚心皈依的不乏其人，然而寺院和佛经，并不曾统制中国人学术思想信仰的自由。元、明以下，以程朱经说取士，然而讲学的尽可讲陆、王，甚至以陆、王的思想做进八股，反驳程朱，亦同样可以为功令所录取而得仕进。中国学术思想史的演进，在这种状态下，自难有一种划时代的文艺复兴。

　　继文化运动之后而起的，便是社会革命的鼓荡了。因为要效法人家的社会革命，便也进而效法人家提倡社会革命的历史理论。说中国自秦以来，直迄今兹，依然是在"封建社会"的阶段里。"封建思想"和"封建势力"等等名词，好算最近最习见的名词了。若说目前军人割据的局面，是中了封建思想的遗毒，他们要想重树封建势力，此等话千真万确，最恰当没有。然若因此遂认中国史自秦以下始终未脱封建阶段，则恐未必。

依中国史的立场而论，秦汉以来，既有一个大一统的中央政府，直辖全国各郡县，并无世袭贵族分割土地，各自为政，即算封建制度之告终。若以社会经济而论，秦汉以下之所谓地主，亦全与封建贵族不同。汉代封君，仅能衣租食税，其封地及封户之统治权，国家另派官吏。直到最近，佃户欠租，田主亦须申送地方官法办。佃户与田主，不过是一种经济契约上的关系。中国自战国以来，井田制度既废，民间田亩许得自由买卖，土地兼并，其实只如近代西洋买机器办厂的所称为"资本家"一般。田地契约，即是资本，并不能因为田主佃户之存在，而竟说他们是"地主阶级"。要知在政治上、法律上，田主的田地，远不是秦以前贵族的采邑，何从说上封建？若谓只要没有近代大规模的工商企业组织，即是封建社会，正如说只要没有明定的宪法，便是专制；只要没有反抗宗教的呼声，便是中古思想一样的逻辑。

我们若用读西洋史的眼光来读中国史，不免要认中国史常是昏腾腾地老没有长进，看不到如火如荼般的斗争，看不到划界线的时期。然而中国史自有其和平合理的进展。古代的贵族、平民两阶级，到战国时渐渐地消融了。秦始皇并吞六国，混一海内，为中国有史以来第一个大皇帝，然而他竟听取李斯等异国游士的意见，不再封建，其子弟宗室与庶人同伍。

汉高祖得了天下，虽不免稍稍像要回复到封建的路上去，然而一得天下，即下令解兵归田，一面下诏求贤，愿与共天下，那种态度，究竟与古代贵族亲亲的分封世袭制不同。下诏求贤的习惯，到武帝时竟收到异样的结果。武帝听取了董仲舒的一番话，把博士官整理一番，开始从宗庙狭隘的意味里解放出来，成为一个政治上正式的咨询机关。又建设了国立大学的基础，开始有官吏的考选。公孙弘以东海的牧豕老，一旦为相封侯，打破自秦以来军功封侯拜相的变相贵族擅权制，而汉代渐次走上文治的道路。这些都是在古代史上值得郑重注意的事，而在当时却极和平极自然地一步一步地演进，绝没有几许惊心动魄的斗争的阵容和血迹可以看到。

一到东汉，官吏仕进之途，几乎全在地方太守的察举。这较之古代的血统分封制，固为进步，即是秦汉早期的由亲贵子弟以及贽技投奔的郎卫士进用制下，变到地方官选举吏民之材德，这不能不说是一种合理的演进。然而依然是一种和平的演进。只为察举制度推行一二百年的影响，把古代遗传下来的准贵族阶级的王室和亲贵之特权逐步削减，逐步消灭，而新兴的士族势力起而代之，这便是以下的所谓"门第"。门第在当时，较之古代封建贵族，尚为合理的。

曹魏以下，察举制废，便有一个九品中正制来替代。九品中正制虽不免为当世诟病，然而到底亦算得是一个有客观性的用人标准，限制了帝王卿相个人的特权。南北朝几百年天下，还赖这个制度来维持。从这个制度演变出来的是普遍公开竞考的科举制，自隋唐宋明以迄清末，古代封建贵族世卿渐变而为白衣举子的天下，这里边实在有一条进展的路。这一条进展的路，到底还算得上是合理的，而其进展则是和平的。

中国史上亦有大规模的社会下层掀起的斗争，不幸这种斗争往往是纷乱，是牺牲，而不是有意义的划界线的上进。秦末刘项之争是例外。从黄巾起引出了五百年的中衰，后来著名的如黄巢之乱，张献忠、李自成之乱，都只是混乱，是倒退。只有明初群盗，算是驱除了胡元，亦算得上一个上进的转变。唐代的隆盛，从北周以至隋室，种因在上层，不由混乱来。

不仅大规模的斗争引不起上进，甚至于过分激急的变动，亦往往招意外的失败。正如王莽与王安石，他们理想并不差，只为是过分激急的变动，要为历史打开一划界线的时期，而不幸都失败了。中国史似乎应该在和平而稳健的步伐里上进。

我因此想说一空洞的譬喻：中国史如一首诗，西洋史如一本剧。一本剧的各幕，都有其决然不同与惊心动魄的变换。诗则不然，他该在和谐的节奏中进到新的阶段，令人不可分划。所以诗代表了中国文学的最美处，而剧曲之在中国，到今还说不上文学的优美。西洋则甚至以作剧为文学家的圣境。

让我们暂时脱离民族而重回到个人的身上来，苏格拉底一杯毒药，耶稣一个十字架，而孔子则晚上做了一个梦，早上还是在门外扶杖逍遥，而还吟了一首歌。三位民族圣人的死去，景象如此其不同，所以中国史到底没有西洋史那般有力、刺激人，有惊心动魄的变换，而中国史到底是和谐而深厚。孔子说："吾十有五而志于学，三十而立，四十而不惑，五十而知天命，六十而耳顺，七十而从心所欲不逾矩。"孔子生命的进展，似乎可以象征中国史的逐步进展，无剧烈的转移与不和谐的跳跃或翻滚。似乎孔子"十五志学"的时候，已经朦胧地若觉若梦地直感到"七十从心所欲"的境界里去。这或是中国民族文化之沉着远到而不失其灵敏处。

国难深重已极，我并不想守旧顽固，故步自封。我们种种不如人，但愿国人大家迈步竞进。然而我们有志迈步前进，却不必定需先糟蹋了我们以往的历史。对于以往历史之误解与曲说，对于我们之决心向前，并不有多大帮助，或竟至于有意外的损害。倘能真切了解中国史，对于指导中国民族之前进，该不至于全无用处。我觉得"推翻二千年专制黑暗政体""打倒旧文化""全盘西化"等等口号与办法，以历史经验来说，不是鞭策我们前进的好办法。现在的事实，也已经逐渐告诉我们了。我觉得我们这一个时期的不能长进，或虽有些长进而不能如我们的期望，实因我们当前另有几许真实病痛未能拔除，却不必因此埋怨整个民族四千年来积累的文化，而想激起些与历史民族性不合的激急变动。这是我草此文之微意。

中国史上最近几个病源

一个国家和一个民族的历史，并不依着直线上进或后退。他往往常走成波浪式，有时上进，有时后退。要把两个民族或国家的历史互较并论，更显困难。我们找不到两个国家或民族的历史恰恰能成一种并行线的。有时这一边在上进，而另一边或正在后退。但是有时这一边后退，而另一边却正在上进。若横切任何一点，而来推论两边的全线，自然靠不住。

不幸现在讲历史的，似乎正在横切一点而加以推论。最近的中国史，无疑是走上后退的路，而且后退得很大。而西洋史在最近，则正是他们全线一段最灿烂的时期，对于以往形成一个极急剧的前进。然而历史并不是自始命定的，每一段的变化，有每一时期人的聪明与努力为其因素。正如个人的生命，有时健康有时病，各有其临时起居生活上的原因。历史由人创造，近代中国史的后退，自然是由近代的中国人种因。近代西洋史的激进，亦由近代的西洋人种因。若因最近中国不如西洋，而推论中国与西洋史的全部，好像西洋从希腊以下处处早已伏定了今日的因，而中国则自唐、虞、夏、商以来，亦处处栽的是今日的果。如此说来，中国以往历史,既已无从改变,从新另造,岂非中国只有永堕地狱,无路超升?

所以主张全盘西化,彻底改造中国旧文化,而甚至于主张废汉字,改用罗马拼音等,好像是一种积极的前进论,实是一种极端的悲观主义,若在中国自身已看不到生机,寻不出希望。我曾为此种思想设一浅譬,正如病人求医,医生说你由母胎出世,早已命定了今日的病,非将你以往生命改换成别一人的不可。天下无如此的医理,亦不该有如此的文化与政治指导。这只可说是一种戏论,一种绝端悲观的戏论。而他们自认为是最积极、最奋发的,以为唯此才有生路。

最近的中国,需要改革,并需要大改革,而此种改革自有需于虚心效法西洋,此层可无争议。但我们还应该注意,中国之需要改革,是中国自身内部问题,并不因接触到西洋而后才有此种需要。倘使西洋势力与中国不接触,中国依然闭关而治,然而自乾隆以下的清室政治,早就走上了绝路。川楚教乃至洪、杨之接踵继起,已十分暴露清室政治之腐败。道、咸以下,纵使没有外患,内乱绝不可免。难道没有西洋通商,满清政府还可依然统治,圣帝神孙,绵绵不绝吗?不幸而在此时期,又遇到有史以来未见之外患。中国政治机构,早当彻底改造,却因此不能彻底改造。一则因外患方深,内部自有顾忌。二则使中国一部分恶势力,得赖借外力而存在。病源不去,生机不复。在此状态下而高唱维新,高唱西化,西化维新纵算是一服延年益寿的最好大补剂,然而其人尚在病中,早服补剂,正以益病。

医者先当细心考察病源，病源既祛，再事培补。今在大病中急投补剂，其人所以犹得不死，正以其生机尚在，生命力犹可挣扎之故。若待其生机斲丧既尽，生命力日告衰缩，则虽有万金良药，亦无起死回生之望。今以西化维新不见速效，妄谓中国旧文化作梗，非一切铲除不为功，正是见病人不受补，乃欲并其生机而窒塞之。

所谓中国最近病源，举其首要者，厥为近三百年来之少数民族统治。自满洲人入主中国，一切措施，盗憎主人，全是猜防、压制、诱胁愚弄。稍读康、雍、乾三朝历史的，自可知道清朝政治对于中国文化之影响。然而康、雍、乾三朝犹得为中国近代史上一段小康时代者，其一是康、雍、乾三世自身，不失为几个英明能干的帝王，在其统治下，虽斲丧了中国民族永久的元气，然亦造出当时一时的荣华。其二是中国士大夫，惨遭明代亡国之痛，其从事兴复的运动虽归失败，而他们内心一番忏悔，却深深地存留下来。一面遇到少数民族英明君主的统制，一面也是智识阶级官僚分子自身转变，不肯过分贪奢堕落，勉强形成康、雍、乾三朝之吏治。

然而此种情形，并不可靠。满族自嘉、道以下，统治势力日趋腐化，而中国士大夫经清朝一百五十年的猜防、压制、诱胁、愚弄，故国之痛早已忘了。明末遗老的一段忏悔精神，事过情迁，渐淡渐失。所谓学问，只有考据训诂，在故纸堆中讨生涯，与国家、社会、人生渺不相干。偶涉及实际问题的，便易受清朝统治者之疑忌而得祸。做官的以狐媚狗偷为藏身，为得计。上层统治者及一般智识分子所谓士大夫的，他们全恶化腐化了，政治日败日坏，而社会发生摇动。若依照中国史惯例，川楚教乃至洪、杨之接踵继起，即是告诉我们清廷必覆，不久应该来一个澄清的局面。然而中国史已开始走上复杂的环境，世界棣通，使得中国的上层政治不能如其所应得的澄清，而造成中国近代史上一个障碍前进的势力，至今还存在。

二百四五十年的少数民族统治，对于中国文化上之束缚与迫害，时机一到，中国人民立刻觉醒。民族革命的潮流，是压不住的。然而难题连带而起，西洋的民治思想，同时传播到中国，使中国驱除清政府以后，不能如明太祖般再来一个皇帝。而中国民治的基础，则在二百年少数民族统治之下，不仅没有培养长进，而且正在背道而驰。一旦清廷退位，中国开始遇到的困难问题，便是逼得他去试验一个绝无准备、绝无基础的新政体，即民治政体，而无法在其中选择一条比较缓进的渐变的路。

日本的明治维新，在此点上，较之中国，他们获到很大的便宜。天皇一统，在日本的历史和民众观念中，并无十分剧变，而渐次走上宪政的路。中国要拥护清政府，让其存在，而满汉种族之见，在当时是骤然不能消融的。满族亲贵用事，民治终难告成。要中国民族奋发自救，除非先排除清政府。排除清政府后，不得不走上一个政体上急剧的变动，这是中国政治近年来一个极大的苦痛；而居然冒险地渡过了。然而中间如洪宪称帝、宣统复辟，几许曲折，消损了中国前进的元气不少。若是清政府在中国，并不有以往种族之见，文化之极端压迫，与其亲贵之狭隘把持，中国拥戴一个虚君，而推行宪法，或亦能如日本般顺利。

清政府在咸、同以后，其实质与以往本已大变。地方督抚的擅权自专，中央无力驾驭，早已造成割据的风气。政治虽腐败，然中国已处环球棣通的新局面之下，腐败的政府，亦得借外债，买军火，练新兵，使得革命的民众无力翻腾。中国的革命，虽是把清政府取消了，然而清政府所遗留下的督抚擅权、地方割据的情形，当时的革命军并不能将其彻底澄清，而且还利用其势力以期革命工作之顺遂进行。所以民国以来，武人弄权、地方割据的形势，转见增长。直到最近，引起不断的内战，斲丧中国社会之元气，障碍中国政治之进步。这是一个更显著的病源。若使自辛亥革命以来，至今廿六年，中央统一，各省全受中央统治，不在某派某系军人割据之下，试问中国最近情形，应该成何种样子？

武人割据，并非政治上一种不可排除的情形。正为政治没有一个中心力量，而武人割据始得延长其生命。在清末叶，政治的中心势力，早已逐步没落。革命军推翻清政府，当时所揭橥的是民主共和政治，而中国实在距离民治的阶段尚远。孙中山的党治训政的理论，并不为一般人所理解。而且革命党人，未必全宜于从事建设的政治工作。中国的政治，以其广土众民之故，譬如一大洪炉，当时的革命势力，只使旧政治分解，没有使旧政治势力全部下台。因而革命势力一旦在和平的处境下投入政治，正如洪炉点雪，经不住化了。下层民众，自然呈现不到政治层来。实际的中国政治，应该操在中层智识分子的手里。

而不幸当时的中层智识分子，在二百四五十年少数民族统治下，开始抬头，八股小楷的素养，升官发财的习气，一时是摆脱不尽的。外洋留学生，带回来的全是外国理论，并不切于当时的中国。平等、自由、民权诸新名词，生吞活剥。结果也等于八股小楷。其名则曰政党民权，其实则是结党争权。于是中层的智识分子，分途依附于地方武人割据势力之下，而互为利用。

辛亥革命的结果，并不是政权之解放与公开，而实是政权之溃决与失坠。这其间负最大责任的，应该是我们中层的智识分子。而此辈智识分子，亦只是清朝统治二百四十年后在骤然的政治中心大动摇的局面下应有之纷扰，并不能说是他们正式地代表了我们中国四五千年来文化的正统，而为其结晶。然而一批一批吸收西洋新思潮的志士，并不肯细心看一看中国自身的实病，于是继续政治革命而起的，遂有文化革命、社会革命，离体愈远，而实病仍在。

这一点，日本的明治维新，比较中国，又占上几许便宜。第一是日本的政权，从藩府到天皇，并不如中国一样地变动得激剧。第二是日本在藩府统治下的封建道德，如武士道的忠君、敬上、守信、立节，移之尊王攘夷，并无须大段破坏与改造。而中国士大夫经清朝二百四十年之猜防、压制、诱胁、愚弄，所谓士大夫立身处世之纲领节目，早已貌是神非。油滑、贪污、不负责任，久成清朝末年官场乃至儒林之风气。一旦政体改变，名为民主，实则全须士大夫从政者的良心自负责任。而中国的士大夫，久已无此素养。所以日本留学欧美的，回国后自有上规道的政府，可以束身贡献。中国留学生，出游欧美，回国后并无上规道的政府，只得改头换面，另谋出路。第三是日本小国寡民，数十个志士，其力足以转移一国的风气。而中国地大民众，政治机构，远非日本之比，病菌散布，新生机不易战胜。

根据上述，中国近数十年来的病源，只在其政治机构之不得不变，而一度激剧变动后，骤难走上规道。这是一个简单的病状，并不是全民族数千年文化本身有了致命伤。若说要唤起民众，实副民主政治之真精神，此是百年大计，而却非对症之良药。稍能真实观察中国社会实况的人，试问唤起民众，实行真实的民治，其事何可遽企？若谓"先富后教"，"衣食足而后知荣辱"，此对一般社会民众言则可，至于当官行政的，不能借此躲藏其罪过。而且政治不上规道，官方士习不彻底澄清，科学实业，也永远不能有坚固的基础。新中国的创兴，首要是在政治上规道。要望政治上规道，首要是在中央政权之统一，地方割据之取消，其枢纽则在全国政治中心势力之造成。而其负造成全国政治中心势力之大任者，并不能望之民众，亦不能求之军人，而在中层阶级智识分子对于国家责任观念之觉醒与努力。要望全国中层阶级智识分子对国家责任之觉醒与努力，应该有一个培养。这种培养的重任，即是国家的教育，与政府的纪纲。而不幸自清末以来，国家教育的最后最上的一级，全已付之欧美，而自己却不问不闻。受欧美教育的，是政治上乃至社会上第一流的人才。国家自身并无教育,政府又何从能有纪纲?政府的纪纲与国家的教育,应该站在同一个立场,而后此种纪纲,乃能有真实的威严。或者在无纪纲无教育之现况之下,而试欲拥护某一领袖,造成独裁,岂不仍是不诊病源、乱投医药之旧套?

幸而中国民族还不是不成器。在此数年国难严重、创巨痛深的状况之下,渐渐走上了统一的道路,政治已有一线光明。我希望一辈智识分子,不再要唱不切实际的高调,对症下药,在拥护统一、解消割据的过程中,急速谋中层智识分子之对国家民族责任之觉醒。好从这里建设起国家的教育,与政府的纪纲,来造成更稳固的政治中心势力。从此自得逐步获到科学实业之建设,乃至民主政治的实现。

近代西方在宗教科学哲学上之三大启示

近代西方人，此两百年来，在人类知识上，有三大揭示。第一首推哥白尼天体学说之创立，因此使人类获知我们所居住生息的地球，在整个宇宙中，其所占地位，是如何般渺小。第二是达尔文的进化论，因此使人类又知自己生命的来源，乃从最低级微生物，逐步演化而来。第三该轮到康德哲学里关于知识论之一部分，又使人类自知，所谓人为万物之灵，所谓天擅聪明者，实际其所知识，有一自然所与之限度。

此人类知识上之三大揭示，使近代人类，在其心灵上，发生了甚深微，甚伟大的变化，其势且将影响及于人类之全部文化，使走入一新方向。唯不幸此三大揭示，其主要意义，尚都是偏在消极方面者。复因其历时尚短，人类以往文化，传统已久，积累已深，急切间，此三大揭示之影响，尚难在正面建立上，有所成就。但此三大揭示中第一第二两项，已成为近代人类一种普通知识，其真确性再难推翻。第三项之严确程度，固不能与前两项相提并论，或可谓仍是一理论，未可认为一知识。然要之此项理论，亦已几乎成为近代人类所公认。循此理论推演，则人类自身所能有之理解与知识，一切为其自身天赋所限，则其所理解与知识之内容及价值，亦有一种边限可知。

若使近代人类，对此三大揭示果能有真切体认，深细了解，则以往人类传统旧文化，决然会引生出绝大变化。我们纵谓此两百年来之文化浪潮，直到今天，而发生了种种病态，使近代人心，逐渐陷入迷惘、苦痛，甚至激荡出大冲突，而几于有不可一日相安之势，其最大症结，即在此三大揭示之真实意义之仍未能普遍渗透进人类已有文化体系中之各关节各脉络，而发挥其所应发挥之力量，而在此三大揭示未披露前人类旧文化中一切旧观念旧习惯，犹多存留，未能配合于此三大揭示而改变，而适应，而才始有今日之种种现象。如此言之，亦未为过。

唯此义牵涉甚广，极难细论，姑举其主要显见者言之，首当及于宗教与科学之冲突。宗教信仰为支撑人类旧文化之主要一柱石，此事不烦再论。而哥、马新说所施于宗教信仰之打击，其事亦尽人共见。此两百年来，旧日宗教信仰，日趋淡薄，并生动摇，而又无一适当之代替作用兴起。今日一般人所谓人文科学追不上自然科学，而形成现代之文化脱节病，其实则是宗教信仰之日失其重要性，而我们所想望之人文科学，则尚不足以代替宗教之功能。

此两百年来，宗教信仰日衰，而科学兴趣则日盛。人类骤获哥、马新知，一时内心激动，其情势如攀高山，坠深崖，心灵骤失所倚，堕落未知底止。一时心理变态，遂若科学发明，可以使人类进窥宇宙之秘，并可使人类进为宇宙之主。一若人类凭仗科学,便可为所欲为,所向无不如志。细究其实,此乃人类一时慰情聊胜无之一种自我陶醉而已。重视了应用科学之物质发明,忽视了理论科学之事实昭示,此两百年来之经过,因于科学新发明之接踵迭起,物质进步,瞬息千里,然如最近爱因斯坦、罗素诸人为氢弹危害人类和平之宣言,岂不明白告人,人类科学新知识,已将驱迫人类自陷于毁灭之绝境,文化可以中断,世界将临末日,科学知识乃可恃而不尽可恃,科学发明乃可喜而不尽可喜,纯科学知识之单线前进,不足以解决人类文化问题,事实昭著,足资吾人之深长警惕。

今还就哥白尼以来之天文新知识言,宇宙如此其无限,地球如此其渺小。又还就达尔文以来之生物进化论之新知识言,人类又与禽兽昆虫草木,同一系列。在今天人类身上,不论生理乃及心理方面,其可与人类向所鄙视之禽兽比拟并论,归纳为类者,几至不胜指数。科学知识,既为近代人类所重视,而天文学生物学两项,在近代科学中,又占到较高可信任的地位。就此论之,则近代科学新知识,正该教人益趋于谦卑恭逊,而奈何因于在日常生活上,获得了些许新方便,遂遽尔妄自尊大,认为人类只要凭仗科学,便能为所欲为,无往而不如意,此种意态,我无以名之,只有名之为是近代人类心理之变态。

在古人,文化初启,记忆犹新,未尝不知人类与禽兽相差之不远,未尝不知人类本身地位与命运之卑微,因此酝酿出宗教,一面提高人类地位,使得与上帝相亲,如是始在其命运上有一安慰。一面又严厉管束人类之心情，使更趋谦抑，即如基督教，乃不许人以人类自己心情爱父母，而必教其以上帝之爱爱父母，又主人类原始罪恶之说，此皆明白对人类心情之不信任。而更教人以谦抑自处，而一自近代天文学生物学新知识相继揭露，一向为人类所依恃可信托之至善万能之上帝，创世界，造人类，主宰宇宙，安排命运，此一信仰，已在近代人类心中渐次隐退，近代人类在其心情上乃骤失倚靠，而其本身弱点，又急遽暴露。近代人类，乃始知人类命运，乃以其卑微劣弱之生命，自挣扎于此旷宇长宙渺不可知之无限变化中，而更无其身外之依靠。试问人类获此启示，当更如何小心翼翼，谨慎将事，而近代人类乃临深为高，因于有了几许科学上技术之新发现，因于能自己支配了几许眼前的物质，开辟了几许眼前生活之方便，而转认为宇宙由我作主，命运由我掌握，自己心情，可以尽量奔放，一任所之。近代人类，乃凭其在物理化学上之少许运用，而忘却了天文学、生物学上之绝大启示，关于人类本原所自的几项新知识之揭露，转以搁置一旁，而自诩为转进到了科学的新文化，其实在其科学知识之创获中，乃轻重倒置，绝未能善自珍重其重要者，而顾妄自骄夸于其所不重要者，此实近代文化病中一主要之症结。

由于近代新科学之发现，人类于自己理性，过分夸负，称之为理性之伟大。而不知人类心情弱点，乃与禽兽相殊不远。即就理性言，诚如康德知识论所指示，理性亦自有其先天之范畴，换言之，人类理性，乃有一种自然先定的格局。

人类唯限于能知，以获所知。至于宇宙间万理万事，是否尽已并包于我人类理性范畴之内，此一论题，即为人类理性所不能解决。以前宗教家，以全知全能归诸上帝，此尚不失为人类之一种聪明。近世人因有科学，乃不信有上帝，然科学亦何能证成人类本身之为全知全能乎，则人类理性之必然有其限度，实是更无疑义。而自康德以后之西方哲学家，无论其主张唯心或唯物，要之皆是凭人类理性所窥，而认为可以尽宇宙之秘奥，此皆无当于康德之所揭示。故近代人虽有哥白尼、达尔文、康德三大揭示，而实未能依于此三大揭示而领导人生趋向一更合理的途径。

无论为宗教、为科学、为哲学，此三者，皆有一共同精神，似乎皆求揭举一理性所窥，以悬为领导情感之标的，而对于人类情感本身，则似乎都采一种不信任不重视之态度。唯宗教真理，乃凭于先知直接自上帝获启示。此项真理，固可信任否，姑不论于近代科学对此之怀疑，即就现有世界各宗教彼此异同言，亦已难获定论。故近代西方，乃始有信教自由之一种新觉悟。此一自由，实可目为是近代人类在其文化进展上一大成绩。而近代西方之哲学界，乃觊觎于此自由获得以前之宗教尊严，转求以一家哲学代登此宝座。其人如黑格尔，如马克思，无不求以自己理性所窥，悬举为宇宙真理之全量，指定为人类大道之极趋，此种意态，若仅见之于言辨著述，为祸尚少。若真见之于事为措施，其为祸实烈。此事即可在目前取证。马克思唯物史观，认为是一种科学的历史观，而共产主义几乎成为一种新宗教。此即近代人类，不由科学得谦逊,而于科学得狂妄之最足警惕之一例。至于一切科学发明,彼辈皆谨守绳尺,仅在物理化学上探究,仅从技术方法上改造四围物质环境,求为人生谋幸福,近代文化,亦由此发大光辉,此事无可否认。然人类本身弱点,为向来宗教家所极端重视者,科学家则忽而不顾。于是乃有如最近原子弹、氢弹之发明,使世人相惊以为将使人类加速达于自取灭亡之途,此见科学哲学宗教之三者,实未能妥帖安排,为人类此后新文化,辟一康庄。

兹再综合言之,现世界人类所有各大宗教,既未能融汇合一,又与科学新发现多相抵牾,亦未能尽量消释,因此现有宗教势力,将不能独力担负此人类新文化开创之重任。而科学新知,则现代人类,方仅迷醉于其眼前实利,而于大理论方面,有关了解人类自身意义者,如天文学、生物学所揭示,乃未为现代人所细心领悟。却未能于积极方面酝生出新理智。至多在消极方面摇动了旧信仰。至于哲学、思辨,就以往成绩言,有所见,亦各有所蔽,又多各走极端,既不能如科学发现之成为人人首肯之一种知识,亦不能如宗教激励之成为人人感动之一种信仰,而仅为少许人之一种理性之试探,则其更不能独力担当此文化新生之重任,更属易知。则现代人类,如何脱出今日困境,而觅得开创此后新文化之一种指导力量,其势必须于现有宗教科学哲学之仅有成绩外,再有所寻觅,其事亦甚显。

窃谓今日人类所当首先努力之唯一工作,厥为先求认识了解人类之自身。此事依于近代科学之所昭示,人类乃与禽兽动物同一系列，由彼进化而来。则人类本身之一切情感，其实当受重视，绝不当转低于人类之有理性。盖人类理性之出现，正由于其有各种情感之在不断演进中而逐渐开展以成者。故人类理性，实建基于其情感之需矫正需领导而产生。则理性当还就情感，勿忘本来，始能善尽其职责。若昧此不顾，而先就理性来追求宇宙最高原理，求以理性来代替宗教信仰之上帝，而认其为全知全能，走上如近代哲学家所争辩之唯心唯物，欲以哲学思辨所得，奉为人类一切之规绳。其事亦乃如近代科学家之分门别类，向宇宙万物逐项追寻，而祈求获得一博大会通之最高真理。当知此等希望，皆已越出了人类理性之可能。若求从此向前，而先自蔑视了人类之本身情感，而期求由理性来悬空建立一最高真理以为一切情感之指导，则此项理性之发现，常易陷于不正确，陷于武断独裁，亦绝非指示人文前进之康庄大道，其事亦不烦于详论。当知人类情感，固是与禽兽动物在同一系列中演化而来，然人类情感，确亦有与其他禽兽动物相异处。此在中国儒家所谓人之与禽兽相异者几希，唯此一说法，最为平允的当。因人与禽兽固是同一系列，大体相似，而仍有其几希之相异。中国儒家举出仁义、忠恕、敬爱诸德，此皆属于情感方面，而与其他禽兽动物之相异几希处。此亦千真万确，无可否认。当知此乃事实，属于知识，非思辨，仅属理论，亦非启示，当属信仰。人类理性所贵，正贵其能实事求是，面对现实，即于此等人禽几希相异处善为指导，使人生有一共同可循之坦道，而循之益益向前。此始为人类文化前进一唯一之方向。

故主张以理性指导情感，此乃世界人类走向文化理想之一大同步骤，宗教、科学、哲学，皆在此方面努力。而即就人生自身现实，即就人类自身情感，而善为检别，善加指导，以求善尽其人类理性之可能职责之一项努力，则其事唯中国儒家思想，最能扣紧此中心，故能即在平实处见精微，而此种努力，则为古今并世各民族各派思想所勿逮。故中国儒家，乃非宗教、非哲学、非科学，而独有其另辟途径，以为人类文化向前指示一套真理之伟大成绩。

唯其人类理知自有限域，故唯中国儒家思想，最见为有恭逊谦抑之态度，而由此上达，在中国儒家思想中，实蕴藏有一种至崇高的宗教信仰，盖儒家乃主本于人以达天，不主先测天以律人。此其所以为谦抑。中国儒家思想亦可谓是一种哲学，然此项哲学，扣紧人生实际，不主从宇宙大全体而探寻其形上真理。换言之，中国儒家思想，乃面对人生现实，面对人类情感实况而运用其理智。非先忽视于现实与情感，而凭空运用理智来建立一真理，而就之以批判一切现实，与主宰一切情感者。故中国儒家思想，虽若与近代新科学取径不同，其实儒家重知识，其求知识又贵证验，不重玄思。此一态度，正是最谨严的科学态度，故中国儒家思想，至少可谓是创建一种人文科学之初步试探。抑且儒家既明认人与禽兽相异几希，故于人生实务，利用厚生，如《中庸》所谓"尽物性"，亦与科学实用精神相通。故求能磅礴会通于科学，循序上达于宗教，而自成一套哲学系统，而又不趋向于极端，常求中庸平实，以期人类知能之共同是认，此唯中国儒家思想有此内德。故若将中国儒家精义，会通之于近代西方宗教科学哲学之三分鼎立，不相统一之局面，而为之调和折衷，宜可为当前人类文化新趋展示一新向。

新三不朽论

今年（一九四九）适逢孔子二千五百年的诞辰。孔子的自然生命，虽在二千五百年之前，但孔子的精神生命、文化生命则至今尚在，抑将永远无极。就自然生命言，社会亦不是一个薄平面的。有几天几个月的婴孩，有八十九十的老人，同时并在。若你一检点你的精神生命，你有刹那现前的感觉，有十年二十年前的记忆，乃至远从千百年流传下来的观念信仰等，杂然并陈在你的脑际。这正如纵目平野，有朝生夕死的小草，有春荣冬萎的花卉，亦有几十年的树木，亦有几百年以上的老松与古柏。长长短短，同时进入你的眼帘。一个文化生命更其是如是，你若轻易地说孔子早已死去，你便是不懂得"精神生命"与"文化生命"的意义。

人孰不愿不死，神仙长生术的试探，现代科学家尚无此勇气与兴会来继续古人的幻想。但人类除却百年大齐的自然生命以外，实在可以有一个不朽的精神生命与文化生命，这也并不是如宗教家所想象的"灵魂不灭"。在孔子以前，中国人已有"立德、立功、立言"的三不朽说，这实在是人类祈求不朽的最合理的观念。孔子平日的行事与教训，可说直从他以前那种三不朽说递传演变而来。我们今天来纪念二千五百年前的孔子，我想莫如再把这一种人生不朽的理论来重新阐发一遍。

我在约四年以前，曾有一篇《灵魂与心》的文章，用意即在阐发中国人历古相传人生不朽论的精义。这篇文章，拟把前篇《灵魂与心》的文章中所未及之义，再加申述。本文取名《新三不朽论》，拟从西方欧洲人对于不朽的观念，以及佛教里面的不朽论，用来与中国人历古相传的三不朽论，经孔子乃及此下儒家所发挥完成的一番人生理论相互比较，以见世界哲人对此人生如何可以不朽的尽可能已有的几种想法与说法，来贡献于当前这样的乱世。大家正草草地过活，深苦于求生不得求死亦不得的当儿，这或许是我们来纪念孔子二千五百年诞辰的一个较有意义的题目吧！

让我们先从西方较古的希腊哲人柏拉图说起。柏拉图本亦信有一种灵魂轮回说，我已在那篇《灵魂与心》的文章中提到过，此处不拟详说。此文所要说的，则是柏拉图学说中那番最著名的关于观念的理论。

就常识言之，人生如朝露，世事如浮云，总没有历久不变的。若再深刻言之，世态永远不息地在变，而且顷刻顷刻地变，刹那刹那地变。前一形态消失，后一形态出现。即在它出现的顷刻，便已是它消失的顷刻。自然界万象如此，人生一切又何莫不如此。中国哲人庄周已说过："万物方生方死，方死方生。"这是说，在他生的当口，便是他死的当口。在他死的当口，便又是别一个生的当口。自然界万象乃至人生一切，莫不是刻刻生刻刻死。换言之，即是刻刻在变。变是一种相异无常。所谓相异无常者，即是说前一刻即异于后一刻。每一刻的存在，仅存在于这一刻。别一刻的存在，绝不与这一刻之存在相似。刻刻变异，即是刻刻无常。

这一个真理，无论古今中外，只要你稍稍认真，能用你的眼睛仔细一看，能用你的头脑仔细一想，此乃一种自现不争之真理。无人不会不了解，也无人不会不首肯。然而人生在此相异无常的世态中，却总想把捉到一个一如真常的境界。否则人类在此刻刻变时时变的情况中，实在将感到无法生存，无法过活。这并不是一种不近人情的哲学家之空谈。好在我们正生在这一个惊涛骇浪变幻不测的乱世，人人要感到后一分钟的世界，与后一分钟的我，极度摇荡，像时时有一个不可预知的变动紧逼相随。上述的一番哲理，更容易使我们领略，不烦细论。

柏拉图的观念论正是针对着这无可奈何的相异无常的世态而发。即如你眼前见一红色，你必将口里说或心下想，我见了一红色。其实红色是相异无常的，刻刻在变，息息相异。若认真说来，前一秒钟的红色，绝不与后一秒钟的红色相同。红色是无常的。说得明白一些，在这世上，可谓根本并无红色存在。当下存在的，当下即消失了。后一刹那之所见，并非即是前一刹那之所见。凡属存在的，全是无常。凡属无常的，即是不存在。人生无常，只有百年，百年后即不存在。此乃一种常识，并不的确。我们该说人生无常，只有刹那，刹那后即不存在。人生如此，世态亦如此。现在你说见一红色，你将感到红色确然存在，而此刻为你所见。如是你将设想别人同时也可见此红色。而且你在异时,仍可见此红色。其实在你同时,别人所见,绝不与你相同,而你异时所见,也绝不与你此时所见相同。若凡有所见一切不相同,即不该与以一个一同不异的名呼。现在你说此是红色,其实并非在你外面有此一红色,而是在你心里有此一观念,而名呼之曰红。

自从人类在其刹那相异顷刻无常的所见中,开始产生观念,总之曰"色",浑之曰"红"。于是把一个相异无常的实境,一转瞬变成一个一如真常的幻想。火的红、灯的红、太阳的红、桃花的红、血的红、女人嘴唇的红,先后所见,彼此所见,其实各见各不同,而你用一个同一的观念来会通为一,呼之曰红。这一个红(指观念言),是永不褪色的,永远存在的。红永远是红,红色将时时复活(其实是红的观念时时复活),时时再到我眼前,时时再上我心中,好像外面世界里真有一个红色之存在。

同样说到形。你说我见一方形。其实方形各各不同,此一方并非那一方。而在人心中自有一"方"之观念产生,遂觉世界上实有一个方之形永远存在,永不变形。唯其永远存在,所以时时能在人之眼前、心中再现。再现即是复活,复活即是永生,永生即是不朽。只要世界不灭,此红色,此方形,必然常存、必然复活、必然永生。实际则只是人心中自造的一观念。

形如是,色如是,人类之所谓种种真理,亦莫非如是。譬如说二加二等于四,此非形,亦非色,亦非专指某一堆的实物，而为超形色、超实物之一种真理。古如是、今如是，万万世之后仍将如是。东方如是，西方如是，凡有人类居处莫不如是。岂独如上云云，若使火星或他天体有生物，有算理，二加二仍是等于四。此谓真理，一如真常，不能说其顷刻无常，刹那相异。其实此种真理，亦出自人类心中之观念。若人类心中根本无此观念，则世间根本上亦并无此等真理存在。

如此牵连而下，势将涉及玄理，我们不妨就此勒住，再来说柏拉图的意见。柏拉图的观念论，并不像我上文之所述。柏拉图乃真认为有一观念世界在此现实世界之上，或说在此现实世界之先。此一观念世界，乃一真常不变者，因此亦为圆满无缺者。由此观念世界堕落下降，乃始有互异、无常、变幻、缺陷的现实界。柏拉图把由人类心中所产生的观念，倒装在自有宇宙万物、世态人生之前。这一理论，其真实与否，此处暂不讨论。唯有须特别一提之点，当知西方哲学界，直到今天，仍然主张物质世界之上或先另有一精神世界存在。此一精神世界不断在此物质世界里展衍开露。这一种说法与想法，实在远从柏拉图思想导源。此一派思想，普通都称之为"唯心论"。而即在唯物机械论一派，接近自然科学的哲学家们，也都想在此互异无常的现实世界之背后，来寻出一个一如真常、更不变动的真理，作为这一个互异无常、变幻不居的现实世界之本体的存在。"唯物论"虽若与"唯心论"主张不同，其实他们的思想根源，也可说还是与柏拉图的观念论血脉相通。

以上述说，只在柏拉图的观念论，以及近代西方的哲学科学思想，都有在此变动不居的现实世界里面找寻一个一如真常的不变本体之要求的动机。换言之，此是一种想望"不朽"的动机。唯此种不朽，纵使真实，也只是外面世界的不朽，却非人生本身的不朽。深入言之，则此种不朽，只是一种观念的不朽，或说是理智的不朽，却还与人生不朽隔一层。如是则仍与人生要求不朽的真动机隔一层，仍不足以满足人生之真要求。所以欧洲人无论在哲学界、科学界，都还不够满足人生，不得不别寻出路。

让我们转移目光，来一看他们的文学。西方文学有一特殊色彩，即是他们的文学，始终脱离不了男女恋爱的题材。男女恋爱在西方成为人生问题中一极严肃极认真的问题，这并不是偶然的。爱情正是人生在互异无常中屡屡重复出现的一件事。中国人也说："海枯石烂，此情不变。"人生在恋爱中，却真可尝到一种不朽的滋味。就如上文所说，观念的不朽，以及理智的不朽，都是一种形式的。所谓形式，是指其为抽象非具体的而言。非具体的，即是指其不包有任何内容的。如红的观念，只是一种形式，抽象而不具体的，不包任何内容的，并不专指着火之红、灯之红、太阳之红、血之红、女子嘴唇之红之任何一实体之红而言；乃始成为一观念，超出现实，而获有一如真常之地位。若一落入现实中，则任何一种红色，永远在变、时刻在变，又且永无再现之机会。永不再现，即是变幻不实，正是人生所求逃避与摆脱的。男女之爱，无论其如何真挚，如何纯洁，却必有一对象。有对象即有内容，即落具体，对象消失，即爱情变成悲剧。

东方人则较着重于夫妇之爱，较不着重于男女之爱。这里边有一分别。男女之爱，不能无对象，无内容。夫妇之爱，则比较超对象，超内容，而渐接近一种形式化。只要是夫妇，则瞎眼也该爱，缺嘴也该爱，形式的是空洞的，因而可以少变。因而可以是一如真常。如是言之，夫妇之爱，已由爱情转入了道德。西方哲人像康德，主张道德是一种先天性的，道德的最高境界，应该到圣人复起无以易此的地步。这便是说，无论何人处此境界，他的所作所为，必定像我今日般，没有变异。这犹如二加二等于四，这即是一如真常。这即是说，只要我的处境复活，我的那套行为也必然复活，再无更动。此即是一种不朽。而此种不朽，仍然属于形式的，仍然是一种理智的不朽。像康德般的讲道德，势将如东方人之讲夫妇之爱。理性的容易是形式的，形式的容易是空洞的、冷静的。人生之真要求，仍不能在此上得到满足。

让我们再转移目光，来看西方之宗教。斯宾诺莎在男女恋爱上失败了，却转移精神到对上帝的爱情上面去。男女之爱不能没有一个特殊对象，因此，即落具体。一落具体，即不能真常一如。不能真常一如，即陷于变幻不实。宗教的爱是爱人类，正如红色，如方形，是一个观念。观念可以不落具体，可以一如真常。只要人类不灭，则此种爱即复活，能复活即是永生。耶稣在十字架，即是此种人类爱之最高象征。只要人类不灭，耶稣在十字架的那番心情，必然会复活，必然会再现。所以耶稣在十字架，便是人生之真实不朽，即是永生之最好的模样。

然而人类的观念，一样容易陷入形式、陷入空洞。男女之爱并不是男的爱女，女的爱男。他之所爱，一定有一个可爱的具体条件。男的或爱女之风流，女的或爱男之英俊。有条件才能生动。爱人类是无条件的。耶稣十字架两旁的窃盗，也在耶稣之爱中，世界上凡属人类，全在耶稣之爱中。何以人该有此无条件的爱，这便须有一理由。形式的总容易是理性的。耶稣教认为人人是上帝之子，所以人人尽该爱。正如上述东方人道德观念，他是我的妻或夫，所以瞎眼也该爱，缺嘴也该爱。既是理性的，则容易是冷静的，其中道理，不难自明。

在这上面，我们可以说明，何以欧洲人在哲学上、科学上都不能满足人生之真实要求，而必有待于宗教与文学，而宗教与文学又是一样地不能满足人生之真实要求，而互相有待。耶教高唱博爱精神，而每易流入不容忍，甚至于互相残杀，如宗教革命时期之所表现，正因其是一种偏形式、偏理性的倾向。其实西方耶教与西方哲学、科学还是同根连理，一鼻孔出气。而西方人的男女恋爱，永远得成为他们人生偏枯之一服大温补剂。要之则为人类对人生不朽之一种内心的深邃要求，则四者同于一根。

现在再说一些佛教的理论。小乘宗的灵魂不灭论，也已在我《灵魂与心》的那篇文章里说过。现在要说的，是大乘佛教中所提出的涅槃理论。

"涅槃"是一种心理境界，是人心的一种寂灭境界。上文说过，世态人生，刹那地在变，顷刻不住，瞬息无常。此一种现象，也都在人类的心之觉识上认取，所以佛教常说："三界唯心，万法唯识。"人生最感痛苦者，即是那瞬息的变，瞬息的不住与无常。欧洲人用理性来克灭这一种不住与无常。佛教则不用理性而改用"观照"。世间更无刹那的理性，只有永恒的理性。愈是永恒，愈见其为理性，刹那的绝不成为理性。而佛教正在教人捉取此刹那。刹那刹那相异，刹那刹那不住，若你果能在此刹那上观照，则上文已说过，刹那存在，同时则是刹那消失，消失存在，同此一刹那。因此刹那观照，并无内容可言。既无内容，自无同异可论。既无同异，亦无消失存在可辨。不住即住，住即住此不住。无常即常，常即常此无常。此之谓"寂灭"。寂灭只是在观照上不起波澜，不生变化，永永如此。此即是涅槃境界，并非取消形式，而实为一种绝对的纯形式。欧洲方面的形式是理性的，而佛教的形式则为一种非理性的，理性即可谓形式的无内容之内容，今从形式中排除理性，所以称之为绝对的纯形式。

佛家对此绝对的纯形式之观照，有时由体言，称之为"识"；有时由用言，称之为"念"，亦有时称之为"见"。你在刹那顷必有所见。你若称此见为红，或称此所见为太阳之红，此即赋所见以内容。此即是你之观念，亦即是你的理性。此在你所见上已起了一波澜，已将你此刹那所见，与前一刹那所见勾搭连合，由你理性组织之，而始有此红的观念在你心上浮现。其实前一刹那早已消失，何得与此一刹那勾搭连合。而且此一刹那亦已在此一刹那顷消失不复存在，更何从说此一刹那你有所见，而且所见又是红色，又并是太阳之红呢？然而此一刹那实有所见，此一刹那顷之消失，即是此一刹那顷之存在。所以说"色即是空，空即是色"。色如是，声亦如是，形亦如是。人生一切尽如是，生亦如是，死亦如是。若专就见而论，即是见性不灭。若统就识而论，即是佛性不灭。人人具有此识，所以人人具有此佛性。所异者，佛能使此性寂灭，而众生不能。正因众生有理性，佛则并此理性而空。然亦只是空此理性，并非并见与识而一切空。若并见与识而一切空，则是枯木死灰，成了无形式的，而非纯形式的了。佛家之纯形式的观性，即是佛家之最高理性。佛家之最刹那的观照，即是佛家之最永恒的真常。

现在再明浅申释：你若见所见为色，便与见形互异。你若见所见为红色，便与见绿色互异。如是则使你堕入无常的烦恼中。你若只是此当下现前之一见，莫思前，莫想后，不加识别，不加思维，则此一见，本性空寂，并无内容。当知你认为是所见之内容者，并非真属所见之内容，而是将你以前另外之一见，勉强涂附，而始见其有内容。无内容而有此见，乃为纯形式之见。亘古亘今，只要有一众生有一见，将无不与此见相同。见与见之所由不同，乃由于人在见上加进了内容。此之谓"我见"。内容尽属我见，有内容便相异，有相异便有生灭无常之苦。无内容便无相异，无相异始能一如真常。如是人便到达了涅槃境界，此是满足了人生不朽的要求。我将名此种不朽为"寂灭的不朽"，以示别于欧洲人"理性的不朽"。

理性在欧洲人，常视为用来满足人生欲望的最佳工具。数理是最形式的，最理性的，然而同时也是最功用的。火之红，可以燃。灯之红，可以照。太阳之红，可以煦。女子嘴唇之红，可以吻。一切的名呼识别，一切的观念与理性，其背后都有某种人生欲望为之驱遣调排而始成立。即有生理上某种欲望之要求与满足，始产生心理上之某种识别与记忆。因此一切观念，一切理性，并不与外面事物之真相相符合，却只求与自己内心的欲望要求（即我见）相符合。一切观照内容，全由观照者自心之欲望而填入。然而欲望将永远不得终极的满足。一欲望满足了，另一欲望即随之而起。佛家的人生观，即在根本扫净一切欲。人欲净尽后之观照，始能达到纯形式的境地，始能符合于当下现前事物之真相。我们对佛家理论，同样不想从此再往深处叙述。

即就上文所论，可见佛家必然地将由宗教的转变而为哲学的，又由哲学的转变而为人生日常心智之操习与修养方面去。但佛家这一种心智之操习与修养，将永远走不上欧洲方面科学的途径。而佛家对于男女爱情，势必彻底排除，始能到达他们所理想的观照境界。至于佛家对于全人类的人生问题，既是如此关切，他希望人们完全由他所指示的路向而到达人生不朽境界，那便算是佛家的大慈大悲了。

兹再将上述印欧两方对于人生不朽论之大义重加申说如

次：自然生命是无法不朽的。所能不朽者只在精神生命与文化生命。而所谓不朽，则只是求其能在人生中再现。一番再现，即是一番复活。而所谓再现，则只是形式的，而非实质的。人生的某项形式，若能在人生中普遍再现，恒常再现，这即是一种人生之广大与悠久。就实质论，刹那变灭，互异无常，只有超实质的形式，始能普遍再现，永恒复活。人类的精神作用与文化功绩，便在其能超实质而趋向于形式化。然而形式必附带有内容，附带有实质。精神生命与文化生命必依着于自然生命，而始有其切实之存在。因此形式乃超实质的，而同时又必为包涵有实质的。形式价值之高下，即由其所包涵之实质量之多少而为判。因此精神生命与文化生命之价值高下，亦一视其所包涵的自然生命之实质容量之多少而为判。

人生现象中，最能普遍再现、永恒再现者，莫如人与人间之相互的爱。其偏倾于实质方面者，莫真挚于男女之爱。其偏倾于形式方面者，莫伟大于全人类之爱。然因男女之爱所包涵之实质内容量太重，常使其不能超脱内容而跻于理想的形式化。全人类之爱，则又因其所包涵之实质内容量太轻，往往易于陷入形式化，而漏却了真实的内容。男女之爱，形成一种文学的人生；全人类之爱，形成一种宗教的人生。各有其不朽的价值，而亦各有其偏弊。

孔子的人生教训，亦注重在一种全人类之爱，此即孔子之所谓"仁"。唯耶教之全人类的爱，必通过上帝或上帝之心而始有其可能。上帝或上帝之心，则只是一观念，只是一理性。换言之，即只是一形式。耶教的弊病，往往容易在上帝或上帝心之形式中，转把实际的自然人生漏掉。因此欧洲人不得不把男女之爱来填补此缺洞。然而男女之爱，又嫌对自然人生之实质上的愿望与要求太浓厚，不免要损碍了精神人生之纯洁的形式化。孔子的全人类爱，并不须一上帝作中介，并不要透过上帝之心而始到达全人类爱之境域。孔子亦不过分提高男女爱之价值，孔子只在自然人生中，指点出一个亲子之爱来过渡到全人类爱。亲子之爱所包涵的自然人生之实质量，并不见其轻减于男女之爱，而实更为一形式性者。

男女之爱，可以自由挑选对象，在爱的对象上附有自然人生种种实际条件。此诸条件，则尽属自然人生种种具体的欲望与要求所形成。亲子之爱，在基本上不再有条件，不再有另外具体欲望之羼入。男女之爱的对象，可以自由转换。转换的动机，则起于自然人生中某种另外的欲望。亲子之爱的对象，将不可能自由转换。亲永恒为亲，子永恒为子。亲子间的爱情，出于自然。亲子之爱，乃以自然纯洁之爱为基础，为出发点，而容许其增入某种相互间之欲望者。男女之爱，则往往由某种相互间之欲望为基础，为出发点，而始达到于爱之领域者。

耶教认上帝为天父，此乃象征于自然人生中的亲子之爱而转换到另一种形式，才始到达其全人类爱之境域。儒家思想则只主"老吾老以及人之老，幼吾幼以及人之幼"，即由自然人生中的亲子之爱，直接推广，直接引申，而达到全人类爱之境域。故耶教之人生不朽，必由自然生命中超脱逸出，而始到达于精神生命。此种超自然的精神生命，以其过分用力摆弃自然生命，而容易有害于文化生命之发展。孔子教义则即在自然生命中获得其精神生命，故于文化生命之进展可无妨碍。

欧洲耶教人生中，不免要有一番"文艺复兴"的运动。此种运动，简率述说，则为一种由上帝灵魂之爱转向于男女肉体之爱之一种运动。自有此种运动，乃始有近代欧洲之新文化。然而男女之爱，又不免偏倾于自然人生之实质方面，容易陷入变幻消失之苦恼。于是遂有机械唯物论一类极端理性的主张，以及重新创建上帝心的近代哲学界之一番努力。孔子教义始终未曾超脱自然人生，而已到达精神人生之境界。即由自然生命为基层，而向上建筑其精神生命之园地。故在中国实不须有、亦不能有像欧洲般的一种文艺复兴。中国人对男女之爱之价值观，常常轻于夫妇之爱，而又以夫妇之爱隶属于亲子之爱。在中国人观念中，对于男女之爱，实不需如佛教教义之彻底铲灭，亦不需如欧洲思想在文艺复兴以后之过分抬高。中国人观念中之男女之爱，仍有其存在，而仅次于夫妇之爱，而夫妇之爱又次于亲子之爱。所以有此分层，则为顾全到达于全人类之爱而不得不然。

如是则易于使人认为孔子教义为全属一种道德性者。然孔子与儒家思想中之道德观，仍复与西方近代哲人如康德的道德观有分别。康德之道德观，乃想象有一个超越自然生命以上之精神界，发出一种先天必然的命令，而始于自然人生中有道德的意识。孔子教义，则即在自然人生的基础上，建造道德人生而完成精神生命之领域。故欧洲人之文化观，常见为精神生命战胜自然生命之一种产物；而中国人之文化观，则为即从自然生命中创造出精神生命而形成。换言之，欧洲人的精神生命，乃超先于自然生命之上、之外；而中国人的精神生命，则植根于自然生命之中，而逐次发展完成。故由孔子教义论人生不朽，实即不朽于自然生命之里，而非必须超脱自然生命、摆弃自然生命，或克制战胜自然生命，而始有其不朽。科学在孔子教义里，也有其地位，而亦将为次级性者，不能如在欧洲与宗教相对立。此为孔子教义中之人生不朽观，所由与印欧双方绝大不同之相异点。

然则孔子教义，实为一种形式与内容并重、抽象与具体兼顾、自然与精神交融的一种教义。故在孔子教义中，理性的价值不得不减轻，而仍有其地位。功利的观点不得不降低，而仍有其存在。道中庸而极高明，人人在亲子之爱、夫妇之爱里面，可以领略到人类的一如真常的爱的情景与滋味。人生之最真切处为情，而情的最真常处为爱。爱必在人生中普遍再现，永恒复活。只有领略到人生的爱的情味者，始有其不朽之存在。

爱必然是具体的，有实质的，有内容有对象的。而同时又得不害其是抽象的，形式的，无内容与对象的。我爱父母，只因他是我的父母；我爱子女，只因他是我的子女，更不在父母子女之外另加条件，另加具体内容，必具某种条件某种实质之父母子女，而始有我之爱。此种爱则加进了我之欲望，而附带有理性与功利的观点者。男女之爱，常不易脱出此种具体条件与具体内容，故男女之爱终必带有一种理性，终必带有一种欲望与功利观点。只有亲子之爱，中国之所谓"天伦"，乃始纯粹属于自然人生之支配。而即就此自然人生中，自然创造出精神生命。人类文化进展，即由此植基，由此导源。

故孔子教义，专以"孝弟"为"仁"之本。必在此本源上，乃始许有理性之运用与功利观之活动。理性与功利观全属次级性者，不能先由理性乃始引导出爱，西方宗教人生里的上帝信仰，则是先由理性而导出人类之爱者。亦不许先由功利观点乃始导出人类之爱；西方文学人生中的男女恋爱，实是先由功利观点乃始导出人类之爱者。此处可见中国人心中所认之理性与功利，与欧洲人心中所认之理性与功利之相异。故在孔子教义中，上帝信仰与自由恋爱皆不重要。而亦非必然将铲除其地位与价值。

有人怀疑孔子高提亲子之爱，将不免有时要违逆人类的理性。其实宗教人生中之上帝信仰，虽必经人类理性之洗炼而成，又何尝不有时违逆了人类的理性？文学人生中的男女恋爱，虽经由人类的功利观点与欲望要求而发展，又何尝不常常与人以苦痛与束缚？但在人之理性上，可以不能信有上帝之存在。在人之功利立场上，可以永远找不到一恋爱之对象。（若在男女异性爱之自然疆域中，便无失却对象之虞，可见自由恋爱已超越自然人生而进入精神人生中。而此种精神人生，则实为挟有功利观点者，唯此处"功利"一语乃广义用之。）而在自然人生中，则自然必赋予一亲子之爱之自然心境而无人不可得。（孔子偏讲孝，不偏讲慈，亦为此故。人人必得有父母，却不必人人可得有子女。）

故在中国人生中，人人尽可得此一份不朽人生之经验。而在欧洲人生中，虽人人可见有一不朽之外界存在，而不必人人尽可得此一份人生不朽之经验。在佛教人生中，人人若经一番心境界之操习与修养，应可人人尽获一份人生不朽之经验。然佛教教义，乃在排斥自然生命而始获有此种精神生命之经验，乃亦由此精神生命而复将取消文化生命之展衍者。孔子教义则即在自然生命中教人获得精神生命，而复由此精神生命走上文化生命的悠久前程。

孔子这一种不朽论，我们可以称之为"人文的不朽论"，亦可称之为"性情的不朽论"。孔子讲爱，即在自然生命的性情上讲，即就自然生命中之性情上建立起精神生命与文化生命。今天的世界，全在极度动乱中。尤其是今天的中国，更在极度动乱中。人生草草，今日不知有明日，今日也不能回想到昨日。哪里说得上性情？哪里说得上文化？然而刹那存在，即是刹那变灭，世态人生的本质，早就如此。人生之可贵，正为能在此无住不常的变动中找出一个一如真常的境界来，好让人安身立命。我们在今天那样动乱的世界、动乱的中国，来讲一些不朽人生的真理，来讲一些仁与爱的不朽真理。尤其在今天的中国，仇恨、斗争、残忍、杀伐的气氛弥漫着，民族文化到了存亡绝续之际，来纪念孔子二千五百年的诞辰，来讲孔子的人性文化的不朽真理，我想也该是颇有趣味、颇有关系的。

学与人

欲求了解一民族之文化，当先了解此一民族之人生，即此民族中人之所以为生者，而更要则在了解其所学。若使人而无学，则其生常在自然原始阶段，将无文化可言。

今试举中国与西方为例，而先提出一问题。究是为了"人"而始有"学"，抑是"学"可以外于"人"而存在，为了寻究此"学"而始须"人"之努力从事？换言之，究是由学来完成人，抑是由人来完成学？再换言之，一切学是否为人之主观而引起，抑有其客观自存之地位？由于对此问题之答案相异，而遂引起双方文化之莫大相异。请继此略作申论。

其实此两答案，亦若各有理据。苟非人，如何得完成学，苟非学，亦如何得完成人。而且此两面，亦是相互会通。由人来完成学，由学来完成人，如一条线，由这头到那头，亦可由那头到这头。循环相通，彼此如一，极难说谁是而谁非，或谁先而谁后。然而在此共同道路上，或从这头起，或从那头起，各自向前，可以愈走愈远。回头来看，可像各走一线，渺不相涉。而且距离日远，难于会合。

西方人似乎很早便看重到各种学问之分类，似乎认为每一项学问,都有其客观之存在,与其各自的终极境界,而有待于人之分别探讨。因此学与学间,分疆分道,而待人以各不同的方法,各走各路,而形成为各种学问之专家,如哲学家、文学家、艺术家、宗教家、自然科学家等皆是。如此,则是由人来完成了学。当然,此诸学,亦同样可于社会大群有其各不同之贡献。但深一层言之,则是学为主而人为从。各种学问,各有其客观之存在,即外于人而存在。而人之努力,则只为发现此学蕴奥之一工具。此一趋势,直到近代,愈演愈烈,循至为了学而失却了人。因每一人只附属于每一学,而又是附着于每一学之分枝小节上。皓首腐心,循至除却其所学,乃不见其人之存在。学问上的分工愈细,而从事于学的人,则奔驰日远,隔别日疏,甚至人与人不相知。会通合一在其学,而不在其人。而人之从事此学者,又多不知此学之会通合一究何在。若有知者,乃属少数中之尤少数。故使学愈大而人愈小。人之地位,乃为其所学所淹浸而吞灭。

中国观念则不同。中国人似乎很早便认为学只为人而有。一切学之主要功用在完成人。人的本身则别有其存在。此一存在,则自有其理想与目的。即是说,人必该成为如何样的一个人。而其从事于学,则只为追求此理想、到达此目的之一种手段与工具。因此,在中国观念中,重在为人分类,如圣人贤人,大人君子,善人恶人,智者愚人,非常人与庸俗小人等。而一切学问之分科分类,则转属第二层次而忽略轻视了。

在中国观念中，好像一切学之共同出发点是人，其共同归宿点仍是人。人是主体中心，由此主体中心之种种需求而展演开放出种种学，学本非外于人而存在。种种学既无其独立客观之存在，故无为之严格分类之必要。换言之，人为主而学为从。每一学之背后必有人，人之重要远胜于其学。治学者，贵能从学之后面来认识人，再来完成其自我。待其既完成了一人，自会由其人展演出一套学。因于各人才性不同，所生时代、所遭环境又不同，于是其所展演完成之学亦不同。而主要尤在学者之所志，与其及身当世之习俗与风尚。故孟子曰"知人论世"，亦即所以论学。要之学只包括在人事内，不能超出于人事外。

姑举孔子为例。孔子博学而无所成名。极难说孔子是一思想家或哲学家，亦不当说孔子是一政治家或教育家。孔子心中只想学做一人，而后世亦只称孔子为"圣人"。孔门之学分四科，曰德行、言语、政事、文学。政事中又分理财、治军等；言语乃谓国际外交之应对辞令，此皆指实际行事言；文学乃实际行事之以往经验之种种记录；德行则包括此三者，而能会通合一。所谓"君子不器"，不偏陷于以一专长自限，而尤要在"用之则行，舍之则藏"，不汲汲于求表现。如闵子骞、仲弓，皆曾在政治上小有所试。而闵子曰："如有复我者，则我必在汶上矣。"可证其人格之完美与杰出。而颜子尤为德行之选。要之在学之上更有人。颜子曰："如有所立卓尔，虽欲从之，没由也已。"此指孔子其人，不指孔子之学。颜回深知于此，故孔子尤称颜回为

"好学"。

孟子曰："乃吾所愿，则学孔子。"而又曰："禹、稷、颜回同道，易地则皆然。"皆然者，同为一理想的大圣与大贤。做人是第一事，做了人始能处世，始能成学。颜回若易处禹、稷之地位，颜回亦必有一番表现，非谓颜回亦必成一水利专家与农业家。禹、稷若易处颜回之地位，则亦将一箪食、一瓢饮、在陋巷，此皆指其为人言，不指其成学言。

屈原在后世，被称为一文学家。然屈原当生心中，并不想成一文学家。屈原关心君国，有所愤郁，偶尔发泄，遂形成一种绝上乘之文学作品。若屈原在孔门，既兼言语、政事、文学之三科，而亦上跻于德行之一科。若必以后世所谓文学家相绳，则屈原弟子宋玉，庶乎近之。因宋玉只知学屈原之为文，不知学屈原之为人也。

更下如司马迁，亦不能仅说其是一史学家。司马迁之史学，亦如屈原之文学，乃其人生过程中之一种流露。在司马迁《史记》之后面，更当知有司马迁其人。其作为《史记》，乃学孔子之作《春秋》。然司马迁心中，主要在学孔子，不在学孔子《春秋》之一书。故曰："高山仰止，景行行止，虽不能至，心向往之。"不知司马迁，而徒读其《史记》，是未为能善读《史记》者。

根于上述，皆证中国传统，重人更过于重学，学不外人而存在。故所重在为人之品格分类，不重在为学术分类。直至刘向、刘歆父子之《七略》，及班固《汉书·艺文志》，亦仅为书籍分类，而称之曰"王官学"与"百家言"。百家中分儒家、墨家。凡此皆仍从人事分，不在分学之内容。魏晋以下，始有经、史、子、集四部，然所分仍是书之体裁，非关学之内容。就书论，此书可归入经，此书可归入史。若就著书人论，则其人自可分类，却不能专就其所著之书分。

此一层，可再就后世举例说之。如北宋学者欧阳修，其人究是一文学家，抑史学家，或经学家，或思想家，或政治家，此殊难分。彼之著书，可分别归入经、史、子、集四部。彼之为学，则确然成其为欧阳子之学；而其为人，则确然是一贤人与学者，如是而已。若必目欧阳修为一文学家，在彼心中，必所不受。彼时时提到仅知从事为文之不当与无价值。若必谓欧阳修为学从韩愈入，则欧阳修心中所重，乃韩愈其人，非仅属韩愈之文。韩愈自称："好古之文，乃好古之道也。"是岂仅好于文者。故曰："并世无孔子，则不当在弟子之列。"此亦自重其为人，非自重其为文也。韩愈极称孟子，而曰孟子"大醇而小疵"。孟子拒杨墨，韩愈辟佛老。其学皆归于人事。韩愈之为文，亦仅是韩愈人生过程中之一种流露。中国人向来论文，莫不如此。故曰："流落人间者，泰山一毫芒。"韩愈、欧阳修之为人，是一泰山。其所为文，则泰山一毫芒耳。非知此，则不足成为中国传统中一具有最高理想与最高价值之文学家。

文学必从人生来，非第一等人，即不得为第一等文。李白之逊于杜甫，柳宗元之逊于韩愈，皆在此。故专攻文学，不得成一文学家；专攻史学，不得成一史学家。治学必重其为人，此是中国人观念。

下及清代，有人把学问分为义理、考据、辞章三大类，亦有人增入经济一项，为四大类。其实此种分法，仍不是就学之内容分。考据应是考其义理，辞章则是义理之发挥，经济乃义理之实际措施，则不啻谓一切学问，皆以义理作中心。而义理则属做人之道，仍是重人过于重学之见解。

欲求了解中国文化，当先求了解中国人，而更须了解中国人之学。唯其中国人之学，主要在如何培养一理想完整之人格。故在中国文化体系中，乃不发展出宗教，因宗教功能，已在中国传统观念的"学"之范围以内。而自然科学之发展，在中国文化体系中亦受限制。如天文、数学、医药、农事等，在中国传统观念中，终属一才一技，虽人群社会有此需要，然于教育一完人之理想上，则属较次之阶层。孔子曰："古之学者为己，今之学者为人。"所学在技，皆是为人。技而进乎道，乃是为己。如禹之治水，稷之治稼，则是技而进乎道者。即如文学、史学等，可以分门别类成为专家之业者，皆非所急，圣贤之学，不在此枝节上着力。如陶潜、杜甫之于诗，司马迁、欧阳修之于史，亦庶几乎技而进乎道矣。故陶潜于诗称隐逸，杜甫于诗称诗圣，而司马迁与欧阳修皆不得专以史学目之。

古希腊人言："智识即权力。"中国传统亦无此想法。权力当在人与人相通之知、仁、勇三德上，当为自忠恕孝弟向上所达之理想完美人格上。唯大人、君子、圣贤中人，乃为于人群社会中有真力量，绝不限在智识一端，而"权力"

二字亦非所宜用，人与人相通在"道义"，人与人相制乃需权力。而法律与财富，亦不为中国传统观念之所重。此之谓中国传统文化中之人文主义。中国传统中一切之学，皆从此出。不了解中国文化，即无以了解中国人之学。而不深通于中国人之学，亦无以深通于中国传统文化之大体系，及其意义价值之所在。今欲如何接受西方新学，以为中国文化释回增美，此是近代中国学人一大责任。若分别学与人为二，仅知从事传入西方之所学，而昧失了中国自己所以为人之道，则人之不存，学于何有。若人与学而尽求西化，则民族亦将不保。此虽非急切所可骤睹，而事有必至，则尤值吾当代学人之警惕也。

人生三讲

谈人生

(一)

天地间最尊严者是人。最值宝贵者是人之生命与生活，即人生。

但人沉浸在此人生大海中，却不识此人生大海之深广，甚至不识此人生大海之实相。

聊举两例为譬：

两人出门奔驰，一是逃人，一是追者。

两人同饮酒肆，一为欢乐，一为愁苦。

此两人之生活，外形相似而内心迥异。

今试问人生究应重外，抑重内？究应以形为主，抑以心为主？中国古书《列子》中有一寓言：

一王者夜夜梦作苦工，劳倦不堪。一工人夜夜梦为王者，其乐津津。此王者愿与此工人互换生活，但此工人拒不接受。

当知日间此王者所享受，只是肉体的、物质的，在生活之外面。其夜间梦境虽虚，却是内心的或说是心灵的。此属生活之内里。感受深切，像是虚假，却更真实。

肉体只是人的生命的一套机械或一副工具，因此肉体生活，其实只是人生一凭借。或说是一层外皮。心始是人生之主，心始是我之真吾。心生活才始是我们的真生活。

（二）

今问心究何在？

前人指人身内之心脏为心，今人指人身内之脑细胞为心。其实心脏之与脑细胞，同属人身肉体之一部分，并不是我上说为人生之主、为我之真吾的心之所在。

心究竟何在，到今仍为人生一大谜，许多人并不能解答此一谜。

若我们真要觅心所在，应该从实际人生中去寻觅。所幸求觅此心者即是此心，当下现在，人人可以不言而喻。

孟子说："人有鸡犬放，则知求之，有放心而不知求。"此一说，至今仍见其真实。

但只要你知求，此心即在。

因此，孟子所说的"求放心"，实是人生一件大事，但却非人生一件难事。只须一提醒，大可不烦多说。

（三）

在宋人小说中有一故事说：

一人出门远行，以其家托一友，以三年为期，许其友就此家宅自由作主。一切经济收入,尽交此友自由使用。此友量度此家宅,觉有两缺点:一是缺少一花园。一是茅厕太不讲究。遂刻意修建改造。三年后,其人返,其友为其家宅兴造了一所花园,改建了一间茅厕,恰抵完成,而心力俱瘁。在此三年中,却未过到一天安逸与享受,爽然自失地离开此家宅。

此故事言浅意深,可知人生不外有三态:

一、如此友人,不知为谁辛苦为谁忙,到头一场空。一是沉溺于物质生活中,醉生梦死,心为形役,到头不知把己心放何处。此两态,全是孟子所谓之"放心"。

除此两态外,应有第三态,教人能把心恰放在好处。

如何把此心恰放在好处,此是人生唯一大道理,亦是人生唯一大学问,有待我们各人在各自的实际人生中去参究、去体悟。

(四)

临了,让我再讲宋人另一小说故事:

一解差押送一和尚,同在途中,有一晚,和尚设法灌醉了那解差,私自易服脱逃,待解差醒来,身上穿了僧衣,头上戴了僧帽,一时糊涂,大叫说:和尚犹在此,而我(解差)却走失了。

此一故事,同样指点出人生一真理。

今天的世界,大家为着物质生活而忙迫,大家尽心一意去奉侍此肉体,因此一切生活只都妆点在外皮上,更不知有人心真生活所在，我姑名此时代为"我走失了"的时代。

这世界中，到处见有一个个的人，其实都是以外形肉体为主，在其生活中，却觅不到一个真吾，即是为人生之主的心，这可说是心走失了，或说是我走失了。

在此茫茫人生大海中，兴风作浪、发号施令的，全为着有关于外面物质方面的，而人之真心却丝毫作不得主。

作为我之真吾之心，实际上早都堕落而为奴，为物质生活之奴。更可悲的，连此奴之存在这一层，也已为人们所遗忘。

人之生活，都只见了物质，却不见有心。

有志救世的唯一最紧要的，只该先求回此心，把它来放一恰好处。要使人人知有一真吾，人人有一真主人公，安居在自己家宅内，先把自己家门以内安排妥帖，自己得救了，再来整理外面，如此始是正办。

我上面所讲，或许太抽象，但具体的一切，正待我们在各人之实际生活中去证认，这贵在我们之能反身内求。

（五）

中国文化传统讲人生道理，最主要的便是讲这一层。

诸位若了解得此大意，再来细读中国各时代各派重要思想之著述，都可迎刃而解。

诸位若听此讲演，觉得有意义，要更进一步来探求此中一切更深道理，自然会更重视中国文化传统之内蕴。

谈人格平等

昔人问孟子："天下乌乎定？"曰："定于一。""孰能一之？"曰："不嗜杀人者能一之。"

今天西方帝国主义殖民政策正在退潮，世界日趋于分离，谁也不能来一天下。

但天下总须定，乌乎定？曰：定于人类之平等。

依照中国人理想：一家人平等谓之家齐，一国人平等谓之国治，天下人平等谓之天下平。

但人类有许多事实上问题，根本不可能平等。

论功业，功业不可能平等。一个政府，同时不能有两元首。一个军队，同时不能有两统帅。同一机会，为此一人占了，那一人即无望。机会有限，建功立业，只属少数人有份。

论财富，同样不可能平等。在千万贫人中产出一富人。所谓平财富，只是一理想，到头所能平者极有限。而且平财富，易于叫大家穷，难于叫大家富。

不仅功业财富不可能有平等，即体力强弱、智力高下，天地生人早就不平等。

但人总是人，大家是人，人与人间理该平等。

近代西方人所倡之平等，只在法律上。有法律上之平等，同时有机会上之自由，平流竞进。法律以外之不平等，尽多存在。

依照中国人理想，人类平等乃指"人格平等"言。

所谓人格，乃指人之所以为人之内在价值言。故一提到人格，则不论地位贵贱，不论财富高下。法律只是消极的。不犯法，不一定有人格。机会只是世俗的。没机会，也不一定没人格。

人格只辨有无，可以不分等次，更亦不要竞争。

此人有人格，便是人，或说是好人。此人无人格，便不是人，或说是坏人。

好人有人格，此事人人能做。孟子说："人皆可以为尧舜。"

南朝时高僧竺道生说："人皆有佛性，故人人皆得成佛。"

明代大儒王阳明说："圣人只争成色，不争分量。"

这一理论，演出"满街都是圣人"之说。因此说端茶童子也可以是圣人。

阳明困在龙场驿时曾说过："若使圣人来做我，更有如何好做法？"端茶童子也可说：若使孔子来代我端茶，他更有如何好端法？不论地位高低，不论财富多少，人生职业中，端茶总还是人做的事。仰不愧，俯不怍，八字着脚，虽不识一字，也可堂堂地做个人。此一端茶童子，正可如此自安自慰。

然而这只是理论如此，而事实上则并不然，毛病则正出在人之功利观点上。

人人想立功业，人人想获财利，功业财利未可必得，而各人把自己人格先看轻先丢了。

王阳明《传习录》卷二中有一篇《答顾东桥书》，其末后一大段所谓"拔本塞源"之论，正是发挥了此道理。

今天的世界，则正是一个不折不扣百分之百的功利世界。人人只就功利着眼，试问人如何能平，又如何能不争？尽相争而仍不能平，则这世界又如何能和，如何能安？

故欲救当前世界病痛，莫如提倡中国文化传统中所重视的人格理想。

老子曾说："六亲不和有孝慈，国家昏乱出忠臣。"此话本亦不错。

我们从另一角度看，也可说在尽不合理想之时代，尽不合理想之社会里面，仍可有合理想之人格出现。纵使外面一切失败，功业失败了，财富失败了，甚至法律无可帮忙，一切机会全没有了，但光明、伟大、充实、圆满的人格，一样可以由他完成。

中华民族的传统文化何以能维持四五千年，历经危难而仍屹然长在？正为不断有此等人格在衰乱中、在黑暗里出现。

中华民族的传统文化，不仅能长时期维持不绝，而且还能不断地向外扩展，向里充实，也正为有此等人格，不断在衰乱中、在黑暗里向中国四围散布，而中国文化亦因而随之向外，在衰乱中、在黑暗里不断向内充实，而中国文化亦因而随之充实。

陆象山曾说："东海有圣人出，此心同，此理同；南海有圣人出，此心同，此理同；西海、北海有圣人出，此心同，此理同。"

中国人的文化理想,即上面所说"人格平等"的文化理想,大可推行于全世界、全人群,使四海之内、四海之外,不断有合理想的人格、最高人格,即"圣人"之出现。循至于人人都是圣人,人人在其人格上获得平等,到那时,便是世界大同,天下太平。

到那时的人类,才能有真安定,有大安定。

而且在人格平等之理论基础上,并不曾抹杀功业,又不曾抹杀财富,更不曾抹杀法律与机会。何能说此理论便是不合时宜,这只待于我们自己之努力呀!

谈学问

学问浩如烟海。

人之于学问,只能如鼹鼠之饮河,各求满腹而止。

但学问的大范围,我们亦不可不知。

学问可从其对象分四大类:

一对"天",一对"物",一对"人",一对"己"。

此世界,此宇宙,必有一更高绝大之主宰,而为人类智力之所不能窥测而知者;世界各大宗教则皆从此一信仰上建立。虽则世界各大宗教说法各不同,要之人类对此至高、绝大、不可知之主宰,则必应懂得有"谦逊心",有"敬畏心"。

此为人类对天之学所应共有之态度。

在中国文化传统里面并无自创之宗教,但其培植人之谦逊心与敬畏心,论其成绩,则绝不差于世界任何一大宗教之所能。

在此一不可知之最高主宰之下，人与万物并处。人应懂得万物所各具之性能。积极方面，可资人类之利用；消极方面，亦可知有所戒备。近三四百年来，西方自然科学，突飞猛进，使人类对物之学有辉煌之成就。但同时产生了两流弊：

一是把对天与对物的界线泯灭了。

因于对物有成就，而自信过甚，误认为只凭人类自己智慧，便可主宰天地，管领万物。认为宇宙间至高无上者即是人类，不再认在人类之上尚有一更高而不可知之主宰存在。于是把人类对天之谦逊心、敬畏心都消失了。循至骄矜自满、狂妄自大，把自己当作至高无上、有己无对，当前人类此一心理，即可贻祸无穷。

二是把对物与对人的界线泯灭了。

对物之学，本为人类福利而起，但少数国家，凭其成就，来欺侮同类，压迫他人。近三四百年来，西方人之帝国主义与其殖民政策亦与其自然科学之进步并驾齐驱。使自然科学仅利于少数人，而反为多数人之害。

又因人类太注重于对物，在其心理习惯上，亦渐把人同样当作物看。循至人对人冷酷无情，只知利用，没有恕道，将使这世界全变成功利的，机械的。无情无义，人道沦丧。

此为人类对物之学之误用。

人类处身于天地万物中，而每一人又必处身于人群中。因此对天、对物之学以外，又有对人之学。

对人之学与对天、对物之学不同。其主要特征在学者与其所学之对象为同类。对人之学，最主要中心乃学"为人之道"，即人与人相处之道。

中国文化传统，在此方面，讲究得最透彻。

中国人分人与人相处之道为五伦：一父子，二兄弟，三夫妇，四君臣，五朋友。

君臣一伦，近代社会似乎没有了。其实就中国传统观念言，"君者群也"，我处在此团体之内，此一团体即是我之君。又"君者尹也"，一团体必有一代表主管人，此团体中之一代表主管亦即是我君。

如此言之，国家即是君，国家之元首亦是君。推而言之，一公司是君，此一公司之总经理亦是君。只要我处在此国家或此公司之下，也即应有君臣一伦之存在。其他四伦不待言。

要讲对人之学，必从此五伦始。因其是最具体的、面对面的人与人相处。从此最具体的面对面地来教人与人相处之道，则首应知有同情，有恕道。

中国儒家称此人与人相处之道为"仁道"，仁道即是"人道"。若不从人与人相处之道即仁道上立本，而凭空来讲国家天下事，将会使人无同情，无恕道。人与人间全变成权谋术数与威力财力之运用，不仁之极，而人道遂大坏。

今日世界大病，正在要把对物之学移用来对人。一切对人之学，皆主张运用自然科学的方法，而轻视了"仁道"与"恕道"。把"人"与"物"同等看，自会酿成人类之大灾害。

故要讲对人之学，主要又应先讲对"己"之学。

己与人同类，不懂得己，如何懂得己以外之人。不懂得对待自己，如何懂得对待别人。

只要把自己为例，平等来对待别人，便有所谓仁道与恕道。懂得了具体的面对面的对人之道，才始能懂得抽象的对待大群之道，如治国、平天下、政治学、经济学等。

总而言之，对人之学即是为人之道，而为人之道则自为己之道始。因此对己之学，乃是对人之学之基本与中心。

关于这一层，只有在中国文化传统里阐发得最深切，教人实践的方法最周到。

在中国古书《中庸》里有一段话说："尽己之性而后可以尽人之性，尽人之性而后可以尽物之性，尽物之性而后可以赞天地之化育。"

这可说是对上述四类学问，即对己、对人、对物、对天之学，在中国文化传统理想中所定下的一种先后缓急之序。

有人说中国传统文化，反宗教、反科学、反社会大群，只顾到自己一身，那真是无的放矢之谈，请诸位莫为此等妄说自限自误。这是我此一讲演之最低期望，进一步则待诸位大家自己努力。

人生四阶层

世界是一所大学校。人生是一项大学问。每人自初生便被送进这所学校，到死始离去。有许多人并未得在此学校毕业，只如告长假休学。

孔子曰："朝闻道，夕死可矣。"所谓"道"，即指人生大道言。所谓"闻道"，则算在此学校毕业了。

历史上能提出人生大道来教人的，太有限了。孔子、释迦、耶稣、穆罕默德，只此数人。

今天所讲，乃我个人一种暂时的想法，聊以提供大家讨论。

我认为人生可分为职业、闲暇、理想与道德之四阶层。

"职业人生"，也可称为工作人生，或服务人生，或规律人生等。

"职业"涵义古今不同。中国古人认为人莫不有职有业，如为父有父职，为子有子职。有职即有业，慈是父业，孝是子业。近代社会一切以经济为指导中心，故以偏于生产谋利者为职业。此观念甚有病，将来仍应有改变。

今专就目前现状言，则人生第一大事，首在求得一谋生活命之职业。故我列职业人生为人生之第一阶层。

第二编　人生四阶层

人生第二阶层，可称为"闲暇人生"，亦可称为消遣人生，或自由人生，或艺术人生等。

就目前现状言，职业工作，亦只占人生活动中一部分。此外，有其业余闲暇的时间。闲暇时间可由人自由支配使用。

此项自由闲暇人生，至少与职业工作人生，有其平等之重要性。

而且，生活之享受与乐趣，多半寄托在自由闲暇中，不在职业工作上。

更重要的，是人品之高下贵贱，亦多半判定在其自由闲暇的生活方面，而并不专在其职业工作方面。

而且，每一人之职业工作之进退成败，有时亦视其人之闲暇自由活动而定。

更深言之，人类文化之演进动力，亦常在自由闲暇中，远胜过其在职业工作中。从来历史上大人物、大事业，亦都在自由闲暇中产生，很少在职业工作上产生。

因此，每一人固然急需于争取其一份职业与工作，但既得之后，则更应注意争取，并善为运用其业余之闲暇。

就每一社会言，除却为其社会中各分子发展职业工作外，亦更应注意保留其各分子之业余闲暇与自由，而设法诱导其善为利用。

但正因此项闲暇，属于各人之自由，故更应多留余地，好让各人好好自为调度；而不应由社会来作强制规定。如何调度使用此闲暇，乃一项极精微之人生艺术，故我又特称之

203

为"艺术人生"。

工作人生是粗浅的,艺术人生始是精微的。工作人生是共通的,艺术人生始是个别的。惜乎人们不知注重此艺术人生之一阶层,此乃人生一大憾事。

第三是"理想人生",亦可称为创造人生,或精神人生,或未来人生等。

上述两项人生,职业的与闲暇的,其实还都是眼前现实的。人生若长陷在眼前现实中,便易起厌倦,成堕落。欲救此弊,须在现实人生外,另有超现实的理想人生。上述职业与闲暇两人生,其本身也应接受理想人生之指导。

现实人生多属物质的,理想人生则是精神的。现实人生即在眼前,是具体而肯定的。理想人生则展望到将来,并不具体,并不肯定,而多留着各人心情上之自由想象,与自由创造之余地。唯其能超现实,有创造,人生始不断有进步,不生厌倦与堕落。

而且,有了自由而没有理想,这样的自由是空洞的、贫乏的。换言之,此项自由实是要不得。又若有了眼前现实,没有未来展望,此一现实亦是浅薄、短命的,仅如昙花一现,易变易动,实是靠不住。

因此,有了第一、第二人生,必须更有第三人生,即理想的人生。

但理想有属于个人的,有属于团体、社会或民族与时代的。最理想的理想,是合此五者而为一。

当前的自由社会,所短在缺乏理想。职业多以牟利为目的，业余自由多以消遣为目的，只有实利主义与享乐主义，都属于眼前具体方面，谈不到除此以外更高的人生理想。

就眼前论眼前，不凭借阶级斗争的共产主义，似乎是人生的一项理想，因其使人人得职业。但纵使是不凭阶级斗争的共产主义，仍是一个团体理想或社会理想。

真合理想的理想，应该可以多多益善，可以并行不悖，可以相得益彰。

我们要从旧现实中产生新理想。新理想产生，旧现实自可改观。不必定要推翻旧现实，始可创生新理想。

以上只说明了人生不能仅有自由而无理想。无理想的自由，只是一种不充实的假自由。

因此，第二人生之后，必继之以第三人生。

第四人生是"道德人生"，或可称之为真理人生。此乃一种理想与现实，自由与规律，同时兼顾并重的人生。

上述的人生前三阶层，一职业的，二自由的，三理想的，此三者是历阶而上、层累而升的。

人类社会必先有了基本职业，始有自由可言。有了自由，乃始有理想可言。

在理想人生中，依然仍有职业与自由。其实所谓理想人生者，只是赋予职业人生及自由人生以一项新的理想。而非在职业人生与自由人生之外，又另有一项所谓理想的人生，超然独立与孑然存在。

但上述三项人生，有一共同限制，即必须其人生为道德的。亦有一共同目标，亦即是必须其人生为道德的。

所谓道德乃是人生真理。合于人生真理的，始是道德的。无职业非人生真理，不自由非人生真理，无理想也非人生真理。因此，道德人生亦只在此三者之内，而不在此三者之外。

唯此三阶层之人生，则必须以道德人生为宗主、为归宿。

职业不可不道德，自由不可不道德，理想也同样不可不道德。

兹再略言理想与道德之不同。

理想可以超现实，甚至不现实；但道德则须与现实相一致，道德应即在现实中。

理想可以人各不同，道德则必具共同性，务使人人可以易地而皆然。

理想有成有败，有能实现与不能实现。道德则有成无败，不实现的不得称道德。

理想可以随时而变，道德则外形变而实质不变。道德永远是道德。真理永远是真理。

人生四大教主，如孔子、释迦、耶稣、穆罕默德，他们的人生理想，或各有不同；但其从道德出发，以道德为归宿，则并无异致。

因此，我举道德人生在理想人生之上，而奉之为人生四阶层之最高一阶层。

上述人生是一项大学问。在此人生四阶层中亦各有学问。

有关第一阶层中的学问，最低浅、最狭窄，可以人人各习一业，乃至互不相通。有关第二阶层中的学问，较广大，较融通，其所占地位，实较高于第一阶层者。第三、第四阶层中之学问更如此。

有关第三阶层中之学问，较之第二阶层中者，更广大、更灵空，遂使人误认为其中无学问。

人们常认为：谋一职业不可无学问，但处闲暇，则可以无学问。至论理想，则更可无学问。想到哪里，便成为理想。当知闲暇的人生，正如名画之空白处，画中山川人物之灵气，即在此空白处胎息往来。"小人闲居为不善"，皆因其欠缺处闲暇的学问。

唯其不知理想亦应有学问，不知理想亦从学问中来，故遂至不能有理想，却只有空想与幻想。空幻则即是虚无。虚无主义的人生，则绝非理想的人生。

有关第四阶层中之学问，较之第三阶层中者，更落实，更灵空。人们更不知道德亦由学问来，遂误认学问自学问，道德是道德。好像学问是自我追求的，道德只是在外约束而来的。其实道德更应从学问中来，乃是人生学问中一项最高最大的学问。

此后人类应能注意着重于创造有关第二、第三、第四三阶层人生中之各种学问，则人生始能有更进之前途。

如目前之学问，可见于各处大学中之所讲究，则最多皆是偏重第一阶层者。人生之种种动荡与种种苦难，其种因皆在此。

中国文化之大特点，则正在于知有人生第一阶层之学问以外，更知更重于人生第二、三、四各阶层之学问。

第三编

中国文化之潜力与新生

什么是文化？简单地说来可以分为两点：一、文化就是人的生活。人的生活大同小异，衣食住行虽有差别，但均同属于文化，此就物质生活言。就精神方面而论，信仰、宗教、爱好、文学与艺术等，也一样属于文化。二、文化也可说就是民族的生命。如我们是中国人，就是中国民族，因为我们的生活方式差不多，而且古今如此。所以民族文化可以说就是民族生命，没有文化就没有生命。

谈到生命，就要联想到生命的力量。生命力量有强弱，以个人论，活到七十八十，就是生命力强，寿短或多病便是生命力弱。世界各民族的文化，生命力最强者为中国文化。埃及、巴比伦、希腊、罗马的都成古代文化，今已不存在。英法与我相较，如我的明清两代。美国、意大利则为清朝乾嘉年代。他们好像十余、廿余岁的青年，中国则如八十、九十的老年人，而仍能与强壮的青年相竞赛于今日之时代，此老年人自可称为了不起。

讲到文化的力量，可说有两种：其一乃表现于外者，另一为潜藏在内者。中国文化是潜藏在内的。就人的生命言，人会有疾病，有疾病则须请医诊断，医生对病人体质诊断，皆认体质强者可以抵抗疾病，弱者不能。一个民族生命力的判断也要请医生，判断民族生命的医生就是历史。中国历史上曾经历过若干次重大疾病，五胡、南北朝、晚唐、五代、元、清及近代帝国主义等。在这些时期，中国民族患了重病，政治腐败，社会动乱。可是经过一两百年，中国仍旧是中国，中国文化始终是中国文化。以抗日战争言，我们在科学、经济上都远不如日本，但是八年抗战，中国仍然存在。中国所以能抗日，乃中国文化的潜力使然。一般人但认为是"祖宗积德"。表现于外的力量也许是很大，但一遭打击生了病，便一无办法。如埃及金字塔是埃及古代文化的表现，仅供人观看，实在是他们的祖宗未积德。

中国古代文化可说是尧舜的文化，便是孝与让的文化。"孝""让"是一种最高的道德力量，平时虽不定看得到，在国家多难危急之秋便自然表现出来。

以上所论是中国文化的潜力，以下要讨论中国文化的新生。经过魏晋南北朝而有唐，是为新生；又经过五代十国而有宋，又是新生；再经元朝到明，又是新生；更经清朝二百余年，及西方帝国主义侵略至于民国，又是新生。为什么我们信仰我国文化会新生呢？因有中国文化伟大的潜力在其后。

晚近西方有一种文化悲观论流行于德、英、法、美。在第一次世界大战后,德国有一个中学教员斯宾格勒写了一本书《西方的没落》,西方人都公认此书为了不起的著作。他认为文化一如人的生命,有生老病死。在历史上,埃及、巴比伦、希腊、罗马的文化已死去,所有的文化亦皆有一死。也有人认为中国文化已死,有人说中国文化在秦时已死去,唐朝的文化是另一种。这种论调是以西方观点来看中国,因西方文化是表现于外的,但中国文化是潜藏在内的。以经济为例,西方人会使钱,以是形成资本主义,中国人有钱却收藏起来不用。因为中国人重"积",所谓"厚积薄发"。

但是近代中国文化之病何在呢?政治腐败,智识分子浅薄。近代中国之病在此,中国老百姓却是世界第一等的良民,他们没有病。智识分子,生逢乱世,洁身自好求退隐,与下层社会相结合,文化将由是而新生。西方人的病与中国不同,西方人不知有退隐,其病在下层。哥伦布发现美洲大陆,而当日之西葡帝国已不复存在,其病正在社会。

西方社会讲"富"与"强",中国社会讲"足"与"安"。西方讲富而不足,讲强而不安。中国讲安足在人心,知足自心安。富与强表现于外,足与安在人心,知足心安乃生自信。

在中国历史上,文化有了病,智识分子走的路有两条:一是向上或向下走,另一条是自中心向四面走。南北朝时,中国智识分子,向南则渡江,朝东北则至辽东,往西北则至西凉。他日复归中原,文化新生开始。又如在南唐五代,智识分子向长江走，及至宋初，再复归中原，文化又告新生。今日中国智识分子，当然应对中国文化负起一部分责任来。

前些天我曾看到一本小书，名称是《近代历史哲学》，这是一本选集，是选译英、法、美、德等历史家的著作。这一辈历史家，都是斯宾格勒以后的文化悲观论者，他们一致都认为西方文化已无出路。但我是一个文化乐观论者，我信仰中国文化一定再新生，譬如一株树开花结果，果实落到地上成为新种子，自然又会成长为树木。重要的是对中国文化要抱持信心。没有信心就没有希望，就无法生活。但仅有信心犹不足，还须得做两种工作。

第一种工作是向外学习别人。今天我们谈文化新生，并非要关门拒绝别人的文化，唯有学习人之所长，始有助于我文化之新生。第二种工作是向内向下教人。一百年来我国智识分子中一部分犯了学人皮毛，而又忘却自己教人责任的毛病。以是，在我们不得不向人学习，而学习外人之时，应勿忘本，勿忘教下层社会的人民，一改过去若干智识分子的毛病。如果智识分子能做到向人学习，向内向下教导时，中国文化自然会新生。

孔教之伟大

大家知道，在全世界人类历史上，出现了四个大教主，释迦牟尼、耶稣、穆罕默德和中国的孔子。从他们的降生时间论，耶稣与穆罕默德降生较迟，到今尚不满两千年，而释迦和孔子则降生在两千五百年以前。尤其是孔子，在两千年前，中国秦汉时代，已有两千万以上的中国人信奉他。到今天，有超过四亿五千万的中国人信奉他。因此我们可以说，这四大教主中，信奉孔子教义的，时间特别长，人数也特别多，我们也可说孔子教义对世界人类的贡献也特别大。

释迦、耶稣与穆罕默德三人，都是所谓宗教主，宗教必然带有一种不容忍性，因此信奉耶教的民族，同时便不再能信回教，信奉回教的民族，也同时不能再信奉耶教。耶、回两教远从创始以来直到现在，不断有冲突。

佛教创始在印度，但自印度婆罗门教复兴，佛教即衰微，乃至不再存在了。

只有中国，是一个信奉孔子教义的社会，但在东汉时，印度佛教传入，即在中国社会盛大流行。就以后的历史说，佛教是中国的，不再是印度的。

中国从唐以后，回教也流行了。明清以来，耶教又流行了。直到今天耶、释、回三教,同时流行在中国。

我们虽说信教自由,但在全世界民族间,只有中国,因其是一个信奉孔子教义的社会,耶、释、回三教也可同时存在、同时流行。这是孔子教义的伟大处。

再换一方面说,耶、释、回三教,都有他们特殊的传教士,又有他们特设的礼拜堂,并有他们种种特定的崇拜的礼节和仪式。只有孔子教义,不要特殊的传教徒,也不要特设的礼拜堂,又不要一切特定的崇拜礼节和仪式。但孔子教义一样能深入人心和广泛地宣扬。这又是孔子教义之另一伟大处。

再换一方面说,耶、释、回三教主要都是讲人死以后的事,教人如何进天堂,如何得涅槃。独有孔子教义只重在生前教人如何做人,如何做成一理想的人,教人如何处世,如何做成一理想的社会和理想的世界。因此我们说:耶、释、回三教是出世的,而孔子教义则是入世的。

因此耶、释、回三教在社会上,都需要他们一种特殊的地位。佛教入中国,即有"沙门不拜王者"的理论,这是说,做了和尚,便不须依照世俗礼节来拜敬帝王。而在欧洲中古时期,罗马教皇的地位,远超过一切贵族之上。直到今天,罗马教廷依然还在,依然有它超国际的地位。由于各宗教均需要在社会上有一种特殊的地位,因而也需要一种特殊的组织。只有信奉孔子教义的,在社会上不需要特殊的地位,孔子教义只教人在社会上做一普通的平常人,因而孔子教义也不需要一个特殊的组织。但孔子教义,终于和耶、释、回三教同样普遍地流行，永久地存在。这是孔子教义之又一伟大处。

我们再说到孔子的家世。孔子远祖是殷代的帝王，到西周时代，是宋国的贵族，又后迁到鲁国，出生孔子。因此孔子出生以前，已有一千年以上的家谱，绵延不断，在中国历史上明白可考。至于孔子以后，直到今天，传了两千五百年，共七十七代，孔子一家的家谱，依然是绵延不断，明白可考。

全世界各民族，只有我们中国的大圣人孔子一家，绵延了三千五百年以上，而且是明白可考的，那不是人类社会中的一个奇迹吗？也只有在中国社会里，可以寻出这样一个三千五百年绵延不绝的家庭，这是中国社会特别伟大之一点，也即是孔子教义之又一伟大处。

再换一方面说，孔子教义因其是入世的，所以他注重在教人如何修身、齐家、治国、平天下，因而孔子的教义，同时像是个人主义的，又像是家族主义的，又像是国家主义的，而同时又像是世界主义的。信奉孔子的教义，可以教我们做成一理想的个人，同时有一个理想的家庭，又同时有一个理想的国家，又同时有一个理想的世界。孔子的教义是从教人做大圣大贤，达到世界大同与天下太平的境界。我们若做成大圣大贤，等于生前即到了天堂。我们若到达世界大同和天下太平，等于人类社会即是一个极乐世界。因此孔子教义，是把释迦、耶稣和穆罕默德三人所想望于吾们之死后的，即在吾们生前到达了。这是孔子教义之又一伟大处。

孔子教义之伟大，一层一层地说下去，一时也说不尽。但孔子教义是极平常的，人人信奉，人人可做到。只是教人如何做一个人，做一个理想的平常人，这是孔子教义最伟大所在。我们既生为中国人，长成在信奉孔子教义的中国社会里，我们应该负一个宣扬孔子教义于世界的大责任。

儒学与师道

一

我今天以同一文化传统，同一职业背景，而来为大家提出此一题。

中华文化传统，最主要的中心是"儒学"。

儒学最主要的中心，乃是学"为人之道"。

唐韩愈《师说》谓："师者，所以传道授业解惑也。"授业解惑，固亦师道所宜尽，但其最主要中心，则为传此学为人之道。

学为人之道而达于最高境界者称"圣人"。

圣人为百世师。

孔子则称为"至圣先师"。

凡学儒学，其主要目标，即在学为人，学为圣贤，而其道即是师道。

孔子学不厌、教不倦，教学相长，学此道同时亦即可以为人师。

故中国历史上每一大儒，则无不是大师。

二

我曾有一次与日本某教授讨论到中国文化对日之影响。

某教授告诉我,日本人风俗,父母骂其子女,常有"汝不算是人"之语。此语举世各民族皆无,独中国有之,此即是日本所受中国文化之影响。

我谓即小可以见大,此语中正涵有极深极大之意义。

中国人说人,即见"天下一家、人类平等"之义。如称中国人、日本人、欧美人、非洲人、马来人等,人则总是人,其间更无区别。

但人类虽属平等,而人之中则自有等级可分。最高是圣人,最低则不算人。

中国古人说:"人为万物之灵。"因其能受教育,能有修养,能从文化传统中陶冶,能知为人之道。

孟子说:"人之异于禽兽者几希。"可知一自然人,则与禽兽生物,仅有几希之分别。

孟子又说:"无恻隐之心,非人也。无羞恶、辞让、是非之心,非人也。"

后代中国人,乃有"不为圣贤,便为禽兽"之说。此乃中国文化中有特殊意义之一项大理论。中国父母骂其子女不算是人,即从此一大理论。

因有此一理论,遂见出师道之重要。

三

师道之重要，即在传授此道，解释发挥此项大理论，教人实践此为人之道。最低限度，不要沦为不算人。

中国古人又说："经师易得，人师难求。"

中国古经籍，主要所讲，本即是此项大理论，即讲究此为人之道，凡修、齐、治、平皆属之。

但仅能讲授经籍，能口说，不能躬行，此只得称"经师"。须能以身作则，由自身来实践，来代表此项大理论，即此项为人之道者，始得称"人师"。人师是师道之最高标准。

人师能以身作则，能行不言之教，此即所谓"师表"或"师范"。

为人师表，这是一了不起的人。

四

近代中国，儒学衰微，此一文化传统中之特有精神与其特有理论，日见消失，几至不复存在。

做教师只是一职业，谋些薪水来活命养家。而且薪水收入较其他职业为微薄，故为教师则常见为是穷窘、寒酸的。其所传授与人者，亦只是些有关各项职业上之知识与技能，不复再教人以为人之道。

但各项职业之后面，则仍然有人存在。既为人，即必然有其为人之道。

如从事政治，政治是其职业，但从事此项职业者，其起码条件必须是一人。

从事工商业，其起码条件，也应是一人。

从事教育工作，其起码条件，即教师本身也该是一人。

此项理论，本极浅显。

所谓是一人者，即指其能知为人之道，能守为人之道言。

若从事政治，只懂做官，不懂做人，则其政事必乱。

从事工商业，只知经营业务，不知为人之道，则其工商业亦必败。

从事教育，身为人师，其自身并不知、亦不守为人之道，试问向彼受教者，何从而能知、能守此为人之道？如此则必教坏了向彼受教之子弟与青年。

五

今天人类社会，问题愈趋于复杂与纷乱。其主要原因，即在大家不讲究为人之道。

若要讲究为人之道，则同此人类，即应同此道。无古今，无中外，既是同此人，同此道，则人类文化，应可成为一大传统、大和谐。中国古人所谓"道一风同"，此社会自能上轨道，世界自能转趋和平大同之一境。

其主要责任，则应由为师者来担任。试问，此一责任何等重大。

故中国古人又说"尊师重道"，又说"师严而道尊"。

此道即是上面所说的为人之道。

为人师则应与此道能合一不分，为师者即是此道之活榜样。故重此道则必尊其师，其师获得有尊严，其道才始得有尊严。

今天的社会，许多人不知有此道，因此也不要求为师者来任此道。我们当教师的，也多不知有此道，因此也更不想由我自身来任此道。

如是则教师一项职业，终至成为穷无所至，不得已而勉强为之的一职业。

为世界人类着想，为我们教师自身着想，此风非变不可。

请由我们当教师业中之少数有志者能起来提倡，一振起之。一面请由我们自己努力于此为人之道，一面将此理论随分宣扬。否则师道将更为扫地，而人类斯文亦将随之而扫地。

此乃今天世界人类一共同的大问题，而在我们一向以儒学为文化传统中心的，似乎更应奋发来求尽此责任。

东方人的责任

今天的世界,是一个骚乱的世界,又是一个变动的世界。

世界处处在骚乱,世界处处在变动。

究竟此种骚乱与变动,将走向何处去,谁也不知道。

今天的世界,已变成了今天不知明天。这不是说得太过分,实在世界已有此趋势。

所以,我们生在今天的世界里,应懂得两个大道理:

一是"自救之道"。

又一是"救人之道"。

不能自救,如何能救人?所以第一先该懂得自救,其次才能救人。

其实一切都得自救,所谓救人,也不过把自救之道教他,让他也能自救。

今天的世界,主要有两种人,一是东方人,一是西方人。

今天不仅东方人要自救,西方人也要自救。

东方人不懂得自救,谁也救不了东方人。西方人不懂得自救,谁也救不得西方人。

东方人、西方人不懂得自救,不但救不了东方人与西方人,而且会牵连毁灭其他人。

为何要把东方人和西方人分开来说？因东西双方历史不同，文化不同，人的个性也不同。

东西双方，各有长处，也各有短处。

譬如赛跑运动，东方人长于长距离跑，西方人长于短距离跑。

如中国有五千多年历史，韩国有三千年历史，日本有二千年历史，所以说东方人长于长跑。

法国、英国的历史，不到一千年，美国只有二百年到四百年，苏俄不到一百年。

在短时期中看，好像他们胜过了东方；但从长时期看，实在是东方胜过了西方。

短距离跑和长距离跑不同，其事易知。但为何东方人长于长距离跑，西方人长于短距离跑，其中道理却很难讲。

我现在再举一件比较容易讲的来加以说明。

东方人比较看重"做人"更重于"做事"，西方人则比较看重"做事"更重于"做人"。

当然人必须做事，事必须由人来做。两者不能严格做一个分别。

但在东方人看来，没有做过大事业的，也可是一好人，而且可以算是一个上上等的好人。

做了大事业，并不算得是一好人，或许是一坏人，而且可以算是一个下下等的最坏的人。

孔子只是一个教育家，并没有做什么惊天动地的大事业，但中国尊之为第一位的大圣人，两千五百年来为中国人所共同崇奉。

秦始皇帝并吞六国，统一天下，为中国历史上第一个最伟大的大皇帝，但此下的中国人并不看重他，而且算他是个极坏的坏人。

又如富人与穷人，由中国人看来都一样。富人中也有好人，也有坏人；穷人中也有坏人，也有好人。

做人要争一个好坏，不在乎争一个贫富。

所以若照东方人道理，世界上将不会有帝国主义与资本主义之出现。

帝国主义与资本主义，可以在短时期中凭他们的富强来欺侮压迫人；这是在短距离跑可以胜人，但其事不可久。

东方人不着重这一套，只求大家都做一好人，不争强，不争富。在短时期中或许会吃亏，但长时期中，只有东方人这一套，可大可久，可赢得一趟长距离赛跑之胜利。

再换言之，西方人比较看重"功利"，东方人比较看重"道义"，这是东西双方文化上一大区别。

今天我们东方人自救之道，首先便该重新振兴起我们一向所看重的道义。

如此，不仅可以自救，同时也可救人。

若我们自己蔑弃了自己东方人的道义，专来模仿学习西方人的那一套功利，争富争强，势必更增加骚乱，其事不可久。

不仅不能救人，并亦不能自救。世界人类长此骚动下去，恐怕将会同归于尽。这将真会如耶稣预言的：世界末日将会降临！

五十年来中国之时代病

中国有着五千年传统不断的历史与文化,这真是举世莫匹,中国人堪以自傲的。但近五十年来的中国,却只有挫败、屈辱、退婴、不长进。较以并世列强,只有自惭自恧,几使中国人有不敢仰面对人之感。或者因此五十年来中国之不长进,怀疑到中国五千年的传统历史与传统文化,认其不过尔尔,或者根本无何价值,否则何以结局走上近五十年来的现状。但我可以反问,果使中国传统五千年全如此五十年来一般的现状,全只有挫败、屈辱、退婴、不长进,中国早应失其存在,又何来有此五千年的传统?

在我简单的看法,传统五千年,是中国人的生命,一切都象征着中国生命之健全与旺盛。最近五十年,则只是生命过程中之一时病状。尽健全、尽旺盛的生命,有时也该有病。病的对治正是生命的挣扎。没有为着五十年的病痛,便要根本埋冤到他五千年的生命本身之理。埋冤生命本身,只有自杀,自杀绝非病的对治。为着近五十年来现状,而一口骂倒传统五千年,只是急躁,只是浅见。但我们同样不该仗着传统五千年漫骂现状。一个病人到底是病人,你不该斥责他不好好吃饭,不好好工作,不好好运动与娱乐。幸而那病人没有听你斥责，否则亦便无异自促其死。我们应该仔细一诊他的病征与病源，好让我们对症下药。

甲午之役的中国，早已为蕞尔日本打得一败涂地。可见中国的病况，不自五十年代始，早在五十年前已是病象暴著了。但我却认为近五十年来的中国，有其新的征候，有其特殊的病情，较之五十年前判然不同。

五十年来的中国病，让我暂从康有为与清德宗的一番心情说起。康有为开始活跃于近五十年来之中国政治界与中国思想界。他开始一本本匆促地写成他的《波兰瓜分记》与《印度灭亡记》而献之清德宗。清德宗灯下披读，心情激越，至于涕泗横流。于是君臣相应而有当时之所谓新政。据梁启超《戊戌政变记》所载，当时清德宗所颁新政谕旨，在短短不过三个月的时期中，便有一百数十件之多。梁氏誉之为古今中外未始前见之盛事。然而我们从历史的经验看来，亦没有像这样急促忙迫的心理，而可以投大遗艰、收旋乾转坤之效者。在当时的康有为，早已唱着"全变""速变"的口号，以为不如此，中国便将为印度、波兰之续。在当时中国人的心里，中国早已自侪于印度、波兰之列，最多亦不过如土耳其。变法只以救亡，更不敢再有所奢望。清德宗不过是感受此种意见之一人。

日暮而途穷，倒行而逆施，戊戌政变以匆促急迫之心情发动，亦以匆促而急迫之心情失败。从此以下的中国，瓜分灭亡，流为一时之口头禅。梁启超特地写了一篇《中国不亡论》，算是鼓励振作了当时不少全国惶惑颓废的心神。迨至"五四"运动的前后,又有所谓"中国不亡,是无天理"的话,在当时居然成为大家首肯、认为含有至理的名言。

当九一八事变突起,我那时正在国立北京大学教书。九一八清晨,北平报纸披露此项消息,正值星期日,学校方面还没有什么举动。翌晨星期一,我从西直门附近坐车到北大红楼上课,一路便见到一队队大学生、中学生与小学生,手里扬着旗帜,口里呼着口号,继续不绝,而沿街壁上也已贴满了种种标语。我叫车夫缓缓徐行,好让我一路听他们的口号和看他们的标语。迨到北大课堂,我的一班学生却照常仍来上课。他们说:今天不用讲什么,愿我对此突起的沈阳事变发表一些意见。我当时便说:"此事正在发端,我同你们一样受着甚深刻的刺激,但我此时却感无话可说。而我所要说的,则是今天一路四十分钟内所听见、看见的一般学生们的口号和标语,这是北平智识青年对此事极自然的心情反应之流露,我禁不住要说几句话。"当时大家便渴望要听我的意见。

我说:"我一路所见所闻,北平学生界的口号与标语,最奇怪的,是他们不约而同的一致的情绪与态度。让我挑选一句话作为代表,譬如说:'宁作刀下鬼,不为亡国奴。'这十个字已足十分代表出我一路所听、所看标语与口号之总意见与总态度。我觉得偌大一件事,在北平青年智识界中,其精神上的反应,只是一种消极的、悲凉的、反面的、退一步的情绪与心境,我没看见或听见一些属于积极、奋发、正面、进一步的。换辞言之,我似乎只看见青年们理智地在利害上打算,却没有看见青年们热血的、感情上的奋发。外面是慷慨激昂,里面却是凄凉惨淡。理智不准确,因而情绪也不健全。沈阳是中国的土地,日本何得无端攫取?中国青年似乎不觉其可愤慨或可羞耻,中国青年似乎不认其为一种侮辱与轻蔑,而只认其为一种危险与压迫。这是我们智识青年平日心境与情绪之自然表白。此非小事,实在值得我们深刻地反省。这明白是一个大事件之开始,正有待于我们之出力搏斗。而不料在此事情端倪刚露的时候,便已有一种亡国的阴影浮上了你们的心头。

"若说你们自心内感并不如此,在你们,一定感到非用此等痛哭流涕极而言之的辞句,非用终极亡国的刺激,将不足以唤起社会鞭策国人求其一致奋发。然而大家试想:若有一个人仅为避免饿死而振作,试问此等振作,前程何在?一个国家仅为避免亡国而奋起,试问此等奋起,其前程又何在?我们现在且就以往中国历史的经验言之,像此沈阳事变般的遭遇,或是更艰险更重大的,在中国以往,早不知经历了若干次。尽多惊风骇浪,无害于中国之屹然长存,何致便痛哭流涕要说亡国将临。万一日本到达一相当阶段而自己停止了,明白表示他并不急急要亡中国,万一而中国人自己感觉到目下的情势尚不到亡国的境地,那时的智识青年是否便心平气和消沉下来呢?"

我的一番话不幸而言中,九一八以后数年间的北方青年,据我所知,到底是消沉了。七七事变之后,我追随学校到长沙南岳。在廿六年十二月的一天，在南岳圣经学校的一片草地上，北京大学的学生开了一个北大成立三十九周年的纪念会，同时作为一个送别会，因有好几个学生要出发到前方去，要出发到西北延安去。当时大家的心里，似乎全都在说：首都沦陷了，亡国的厄运，真快要降临到我们的头上了，我们再不能安心留此读书了。我那时禁不住又在这草场上说了一些话。我的意思并不反对青年们决意上前线去从军，只反对他们对国家前途的那种消极悲凉、专在反面退一步的看法，我只要解除他们那种急躁的浅见。我说："战事正在展开，国家前途不是就此完了。青年报国有他无限的前程，安心留后方读书，并不是没有意义。若谓国家沦亡迫在眉睫，而茫然上前线去（'茫然'二字是那日一位同学用的话），一旦看到国家并不真是沦亡迫在眉睫的时候，那时又不免要自生悔心，自生动摇。我们应该把握住自己，正使国家真个亡了，我们还有我们努力的方向。"

在南京沦陷到武汉沦陷的一段期间，一辈大学青年之情绪紧张，我们与青年长日相处的人，今日一反想，依然如在目前。至少在我心中，是留下了一种极深刻的影像。然而一到武汉沦陷之后，似乎智识青年们的情绪便渐渐变了。大家渐渐看到中国还不至于亡国，而且渐渐地大家认为中国已确有了最后胜利的把握了。但是在此期间，全国智识青年的情绪与心境，却亦未见其活跃，未见其欢忻与鼓舞，未见其对新的将来有所抱负与期待。让我郑重说一句，这几年的中国青年，似乎转而又消沉了。这不是沉着，实在是消沉。本来刺激我们、鞭策我们的只是一些消极、悲凉、反面而退一步的想象，我们并没有积极的、快乐的、正面的、进一步的雄心与热情。现在反面的鞭策与刺激渐渐消失，正面的鼓舞与期待尚未开始，我们的意境自然是只有消沉。

以上的一番话，我并不着意在指摘青年，只求借此指出近五十年来中国的时代病，而把智识青年们作为当前的实例。亡国与饿死两重阴影，常是压迫在我们的心头。进一步则为出身救国，退一步则为安心找职业谋生。这已是近五十年来病态中国下之标准人物，已是站在中国社会的最前线，值得我们的称扬与礼敬。上面述说的智识青年，便是榜样。没有雄心，没有热情，没有勇气向积极正面作进一步乐观的盼望。对国家前途只求其不灭亡，不瓜分，不为印度、波兰之续。根本没有想到龙飞鹰扬，称霸称雄。

这一个国家自卑的情绪，影响到个人的人生方面，亦按比例地自卑自贱。近五十年来的中国人，无论在政治、学术、军事、工业，一切人生的各方面与各部门，实在够不上说有雄心、有热情。他们亦如对国事般，只求做到适可而止。他们似乎用的自我批评的理智的成分太多了，而自我尊重的情感的成分则太嫌稀薄了。他们并不想做第一等人与第一等事。至少在世界的场围里面，他们是谦让不遑的。救亡与谋生，是这一时代最高的想望。模仿与钞袭，是这一时代最高的理论。从此一种自卑心理上面直塌下去，便招致了中国目前种种的病态。

一个老太太戟手指面地教训他的儿子，说你再不奋发为人，你便只有流为乞丐，转为饿殍。这样的教训，在他儿子的眼前只有漆黑，在他儿子的心头只有冰冷。漆黑与冰冷中间，培养不出光明与热烈。一个人常常惦念到失业与饿死，他到底将不免于失业与饿死，否则也不过仅免于失业与饿死而止。人世间的一切光明与热烈，早已没有他的份。近五十年来之中国，常要惦念到印度灭亡与波兰瓜分，康南海之大声疾呼，与清德宗之涕泗横流，这是五十年来中国病上加病之新征候。这五十年来病上加病的中国，至少可以告诉我们一个真理：抹杀了你自己，便不配再有出路。抹杀了你自己而再求挣扎，全是白费力。抹杀你自己，便只有消极悲观。从反面退一步着想，全是冰冷与漆黑，没有光明，没有热烈。最后的结果，只有直塌下去，要再确立你自己，便只有转身向你自己的本身找求。这是唯一积极正面、可乐观而进步的一条路。

幸而数十年的病魔纠缠，到底掩塞不住数千年生命大源之澎湃与洋溢。正在此五十年代病上加病的中国，内部新生命之健康力量早已逐步地好转与前进。孙中山先生倡导的三民主义与辛亥革命，这是一个元气淋漓的，这是唯一的能从积极、正面、乐观而进一步的方向来指导中国前途的。直到目前的对日抗战，这并不仅仅是一个救亡图存，这是一个寓有甚深革命性的抗战，对于世界场围有其甚深之革命性。这是从三民主义与辛亥革命的内部精神里直接流贯而来，这是从中国传统五千年生命本源里面产生的新力量，这是自我确立，不是自我抹杀。这才是复兴中国一大火种。

星星之火可以燎原，久病的中国，漆黑冰冷的中国，快有他的光明与热烈。我们只希望将此火种在每一个中国人的心头燃烧起来。

如何研究中国史

一

因对中国史的观点不同，而所谓"如何研究中国史"的见解亦复相异。鄙意研究中国史的第一立场，应在中国史的自身内里去找求，不应站在别一个立场，来衡量中国史。

设一浅譬：如有一网球家与足球家，两人兴趣不同，成绩亦殊。今为网球家作传，自应着眼于其网球技术之进展上，而与为足球家作传的应有节目，断难肖似。近人好以西洋史学家讲论西洋史的节目来移用到中国史上，则殆如以足球家传中之节目移用于网球家也。

所谓从中国史自身内里找求者，今请先设一极似空洞而实为客观的目标，即研究中国史应先注意到中国史在哪几方面是变动了。所谓变动，即是历史上划时代的特性，前一时代与后一时代绝然相异处。从此等相异处可以看出历史之变态与动向，再从此等变态动向里论求其系进步抑退步。窃谓如此研究，乍看虽似空洞，结果必较合客观之真相。故我谓研究中国史，应在中国史的自身内里找求，更应在中国史前后的变动处找求。

二

若从上述意见，我觉中国史之进步，似乎不重在社会经济方面，而重在其政治制度方面。若论经济状态，中国社会似乎大体上是停滞在农业自给的情况之下，由秦汉直到最近，二千多年，只有一治一乱，治则家给人足，乱则民穷财尽，老走一循环的路子，看不出中国史在此方面有几多绝可注意之变动与进步。然从政治制度方面看，则实在有其层累的演进。

三

中国史政治制度上的演进，由鄙意看之，约略可分为三阶段：

一、由封建到统一。

二、由军人政府到士人政府。

三、由士族门第到科举竞选。

秦汉统一，是中国史上第一大进步。自此以下，直至今兹，统一是中国史的常态，分裂和割据是中国史的变态。近人常好说中国至今还未脱封建社会的性质，此种理论和看法，只好说是西洋史学家的理论和看法，中国史学家向来只认秦汉以前为封建时代，统一政府的产生，便是诸侯封建之消灭。自政治组织上看，实是中国史上一极大转变，亦可说是中国史上一绝大进步。

西周以来，依照宗法血统而为封建，那时社会显分两阶级，一贵族，一平民，然其界线至战国即渐趋毁灭。秦人尚首功（其实当时东方各国亦有此制），军人跃起而为新贵。至汉代定制，非刘氏不得王，非有功不得侯，而所谓有功者，大体只是军功。（此看《史记·诸功臣侯表》即知）而且当时皇帝以下的丞相，照惯例非封侯阶级不能担当。故汉初政府，一面固可说是一个平民政府，其实亦是一个军人政府也。直到汉武帝用董仲舒、公孙弘，设立五经博士，又为博士置弟子员，每年考课，得补郎吏，又定地方守相逐年察举属吏之制度，而公孙弘径以士人为丞相封侯，打破汉代以前非封侯不拜相、非立军功不封侯之惯例，此为汉代政制上一大转变。直至汉宣以下，朝廷大臣，几乎全属儒生，非通经即不能拜相，即拜相亦不安其位而即去，军人政府渐渐转移为士人政府。从此以下，组织中国政府之主要分子，即以属于士人者为常态，以属于军人者为变态，至以宗族组织政府如西周封建制度者，则再难出现。此可谓是中国史上之第二大转变，亦不妨谓是中国史上之第二大进步。

东汉以下士人逐渐得势，以累世之传经而变为累世之公卿，遂渐次造成一种新阶级，即历史上所谓门阀是也。门阀在政治上之地位，虽不能父子世袭，而迹近父子世袭，政治地位落到几乎限定的几个氏族手里，几乎可以说是古代贵族之变相的复活。然而其势并不久，隋唐以下，遂变为公开竞选之考试制度。此种制度，虽历代均有改进，而大体未变，直至清末，有千年以上的历史。由士族门第转到科举竞选，可以说是中国史上之第三大转变，亦可说是中国史上之第三大进步。

四

何以上述三种转变，我要说他为三种进步呢？因为此种转变，实在不能不说是一种合理的转变。合理的转变，自可称之谓进步也。何以称其为合理的转变？窃谓由此三步之转变，可以看出中国史上一种共有之趋向，即可说是中国史上一种不断的进步。其趋向是何？简言之，曰：王室与政府逐步分离，平民与政府逐步接近也。请先论王室与政府关系之转变。

五

西周封建，宗庙血统的亲疏，即是政府官位的高下。那时王室与政府，可谓二而一、一而二，朕即国家，殆无分别，整个天下便是姬姓、姜姓的天下。

秦始皇虽说统一中国，然而自宰相以下与嬴姓家庭即无关系。秦始皇确是中国有史以来第一个大皇帝，但秦始皇的家族，较之周武王、周成王的家族，在政治上的地位相去远了。何者？武王、成王的子弟莫不分土封国，秦则除皇帝外，其家属无异于庶人也。秦始皇得天下，本来多靠东方游士的力量，秦始皇得天下后，至多亦只能夺下吕不韦的政权交付与李斯等手里，不能径把天下私诸一家。

汉承秦弊，封建与郡县并行，非刘氏不得王，非有功不得侯，姓刘的政权与附会姓刘的一辈军人朋分。然而不久同姓王继异姓王而尽，封侯世袭的功臣，在政治上的地位也逐渐低落。到汉武帝以后，便渐渐有一个政府的势力常和王室抗衡。当时的所谓内朝与外朝，即是从这个局势下产生。东汉的外戚和宦官，只是代表王室势力之一面，名士党人，则是代表另一个势力，而在政府里逐渐得势。东汉末年，可以说是王室势力一落千丈，士族门第则从东汉的名士和党人的集团里培养出来。所以魏晋南北朝，外戚宦官不再当路，王朝虽屡屡变换，政府还可一线相承。从这一点看，魏晋南北朝在大体上还是走在王室和政府逐渐分离的路上。

隋唐以下，政府和王室之界线益见清明，除皇帝外，皇帝的家属及其私人，照例在政府的组织上并不能有任何地位和特权。所以隋唐以下，公开考试，士人以白衣为公卿，并无门第大族，而王室之权，转变较古代为减削。这不能不说是政治组织上的进步。

以上说的是王室与政府逐渐分离的一点，下面再说平民与政府逐渐接近之一点。

六

照理，中国史自秦汉以下，变成一个极大的统一政府，和以前小国寡民、列土分封时不同，人民的地位应该和政府格外隔离了。而实际却不然。

秦汉以下，平民参政的门路逐次开展，平民参政的权益逐次确定。自两汉的察举制到魏晋的九品中正，自魏晋的九品中正制到隋唐以下的进士科举。总之是平民参政的机会逐渐加增与扩大，普遍到全国各地，在一个公开的规制之下，合标准的即可加入政府为其一员。而王室家族及其私人，转有种种限制，使其不能在政府里得到势力和权位。不注意到这一层，即绝对不能了解中国史。

七

让我们再从此推开一步，看一看中国史上的农民商人和兵士。春秋封建时代，贵族武装起来，农民则受其统治。到战国，贵族阶级堕落，武装渐渐懈弛，而农民却渐渐地因贵族的需要而武装起来，又因军功而走上政治的高层。直到秦汉，兵役依然为农民所人人不可避免的一件事，然而农民亦只有从军，始有走上政治层的希望。

及武帝改制以后，政制逐渐转变，农民和兵役亦渐次分离，从唐代的府兵制直到宋代的雇兵制，当兵渐渐成为一种志愿的职业，而与农民分离。农民可以毕生乃至累代不见兵革，随其一家生计状态之上升而渐渐学习文学参加考试以图上进。至于商人，因中国地大物博，得天独厚，自秦汉以下，既走上统一的路，国外贸易几乎不感需要。至于国内，则因政制的关系，所谓"遗金满籝不如传子一经"，自东汉时已然。理想的政治，始终是所谓"不患寡而患不均"，所以重农抑商。商人受到种种限制，只要稍有生计，自然而然地走上文学经书的路上去。故《史记》《汉书》里记下的货殖、游侠诸色人物，渐渐在社会里融化而全变成儒林、文苑、独行、隐逸诸门，社会上的心思气力，大部分不去用在经商和从军上，而只用来讲究经义文学。这其间，政治与社会互为影响，因中国之环境，而渐次造成中国的社会政治和历史文化之传统之特殊性。

八

我上面所讲，虽嫌空洞，而大体已指出中国史之特征。所以中国从来虽无近代的交通、严明的法律、庞大的军队，与夫一种特殊阶级的势力，而自秦汉以下，居然能统治这样大的土地，这样多的人口，而不断地扩大，与永久地绵延。

若使中国社会不受别一种文化的侵迫，中国社会自身仍自有其进境，其趋向则大体如上述，王室与政府逐渐脱离，平民与政治逐渐接近，不讲富强而唯求和平，于文学、哲学、艺术、伦理诸方面亦追随前进，而中国民族逐次扩大。四围的民族，只要能接受中国这一套文化的，自然也能走上中国民族所走的路子，而与中国民族相安于无事，如朝鲜、安南等即其明例。

所以看中国史，并没有如西洋史一般如火如荼的宗教战争、掠夺海外殖民地的战争、革命大流血、阶级斗争等等，而自有其生命与进程，并非二千年如睡狮，只在朦胧打瞌睡也。

九

我根据上述意见，希望有志研究中国史的，多注意于其历代政制的演变上。但我们要研究政治制度，不可不连带注意到其背后的政治理想，我们要研究某一时代的政治理想，又不得不牵连注意到其时一般学术思想之大体。所以我希望有志研究中国史的，应多注意于中国历代学术思想之演变。与制度学术有关系的，我又希望能多注意于历代人物的活动。学术、制度、人物三者相互为用，可以支配一时代的历史。

十

治史虽在知往，然真能知往，自能察来。中国的前途，在我理想上，应该在中国史的演进的自身过程中自己得救。我不能信全盘西化的话，因为中国的生命不能全部脱离以往的历史而彻底更生。我认为照上面所述，中国最近将来，其果能得救与否，责任仍是在一辈社会的中层知识分子，即是历史上一脉相传的所谓士人身上。中国的将来，要望他们先觉醒，能负责，慢慢唤起民众。所谓阶级斗争等等的话，似乎与以往历史及现在实况相去皆远。只因清朝末年行省督抚擅权的局面不能革除，直至今日，中央统一的政权还未巩固。只因八股的病害而把推行一千年来的考试制度一手勾销，遂使近二十年来政府用人绝无客观的标准。如此之类，只求中国政治能改革近代之实病而走上轨道，则科学建设自有希望，到其时中国自有出路。乃知中国以往文化，并不是全部要不得，并不是定要全部毁灭以往文化始得更生也。

历史与时代

一

历史是永恒的，时代是刹那的。由刹那积成永恒，在永恒中包涵了刹那。

历史是一个"常"，时代是一个"变"。由积变中见有常，在历史的常之中包涵了各时代之变。历史由积变而成，若时代终有不变，则不见有历史。然历史也不仅有变，若仅有变而变中更无一不变之常，亦不见有历史。故历史有变亦有常，有常亦有变。常与变同时而俱存，一相而两显。而史学则为一种"由变见常，由常识变"之学。单看历史中某一个时代之变，不仅不见常，亦不见有变，所见只是一现实。现实固无不变，若专就其变处看，则时代短暂成刹那，而现实恍惚成幻灭。故专凭历史中某一时代之变，将无法认识历史之常。唯有在积各时代之变而形成的历史之常的中间，却可以叫人明了各时代之变之内在意义乃及其所以然。

因此我们该从历史来了解时代，不该从时代来估量历史。

让我们具体地说：若你单凭最近四十年来中国时代之变，你绝无从判断四千年来之中国历史。但你在四千年来中国历史之不断演变中，却可帮助你了解最近四十年的新中国。

同样的理由，你不该单凭一百年或两百年来的世界演变来推测从头的世界史，但你可从整部的世界史之不断演变中，来更明了最近一百年或两百年的新时代。

二

何以说不该凭时代来估量历史呢？

无变不成历史，治史学者首贵识有变。然变的因素则极复杂、极错综，从多方面错综复杂的相互关系中引生出各时代种种之变。变之来临，因其极复杂、极错综，由多方面的关系所促成，遂不易为囿于某一时代之某一方面、某一角度之短暂与偏狭的理解所把捉，于是遂只有求助于史学。

历史由积变而成，在此积变中自成条贯，自有系统。此种积变中之条贯与系统，用近代人术语说，当即称之为"文化"。文化乃超时代而存在者。时代是现实的，而超时代者则是精神的。精神并不能脱离现实而存在，但亦不为现实所拘缚。精神乃贯串于现实之中，包络于现实之外，超越于各时代现实之不断之变之上，深浸于各时代现实之不断之变之里，而见其有一种条贯与系统，无以名之，姑名之曰"精神"。此一时代之现实，可以大异于前一时代之现实，而此一时代之精神，则仍将无以大异于前一时代之精神。故现实乃刹那性者，而精神则是永恒性者。凡属历史，必具有某种精神之存在。

由于历史精神之潜存力量，而始有历史上时代精神之出现；由于有新的时代精神，而始有历史上真的时代之变。由于积累各时代之变之内在精神之自有其条贯与系统，而我们指称之为是文化。

我们该从历史来认识此种文化精神之内在潜力。一切时代之变，其背后则必有此种文化精神之内在潜力在操纵，在主宰。

三

斯宾诺莎说："人类应以永恒的目光来观察过去之世变。"此言诚是。然试问此永恒目光，何由得之？斯宾诺莎乃一泛神论者。彼之所谓永恒，殆归属于上帝，于神。吾侪之所谓永恒，则将归属于人类，归属于人类之历史与文化。

吾侪当转换斯宾诺莎的口气的语法，我侪当谓："人类应从过去世变中来寻求，来获得其永恒的眼光。"

永恒是一种真理，永恒是一种精神，永恒亦是一种力量。此种真理与精神与力量，引生出种种时代之变；而此种真理与精神与力量，则不源于上帝与神，而源于人类历史所积累形成之文化潜力。

时代变了，时代的现实变了，历史将随而变，但以往的历史则不可变。由必不可变的以往历史，进入必不可不变的时代现实，而于是有新时代，有新历史，有新精神，有新力量。

若仅有一不可不变之时代现实，而更无一不可变的历史精神，则人生将只有刹那，不复有永恒。刹那刹那变灭，将只见为虚幻,不见为真实;只见有转化,不见有生长;只见有命运,不见有人生。

人生脱离不了命运,但命运不就是人生。因命运变幻无常,而人生则始终一贯。

命运积累不成为历史。必于命运中投进生命之努力,而始有历史。所谓历史精神者,即由此一贯的生命力量投进不断变幻的命运中而造成。

因此,历史是奋斗的,历史是前进的。然若昧却历史的潜存力量,忽视了历史的传统精神,即历史积变中的条贯与系统,则时代现实永远是一个变,将不见有奋斗,不见有前进,不见有力量,不见有永恒。此种变则必然是刹那的,是幻灭的,至多则是一种自然的变,而不是人类历史之变。

四

小孩新生,他只知有现实,不知有历史。堕瓦击头,放声大哭,成为他当前莫大的刺激与打击。年事日长,经验日增,历史的认识亦渐增强,对于堕瓦击头一类偶然意外的事变,将绝不如幼年时之易受激动。他自知如何来应付。

婴孩的生命,局限于一分一秒之现实刺激。少年生命是逐步增长了,他将以日计,不复以分秒计。一日之得失忧乐,超越了他从前一分一秒之得失忧乐。成年人以年计。在历史文化中生活的人,将以时代计。一百年几十年的得失忧乐,代替了他以前一年一日一分一秒之得失忧乐。

没有历史文化意识的人生,是婴孩的人生,是未成年的人生。他的得失忧乐将限于当前，限于现实，他将永远为命运所支配。在急剧转变的时代中，他将无法获得其奋斗向前所应有之潜力。此种潜力，则必于历史文化之陶冶中获取。

五

在历史上有所谓革命的大时代。但一切革命，全都是凭借历史潜存力量来革时代现实之命，全都是凭借历史永恒真理来革时代环境之命。断没有凭借时代现实，转回头来可以革历史文化的潜存力量与永恒真理之命者。只有永恒可以转变刹那，刹那转变不过永恒。离去永恒之刹那，则是幻灭。离去历史的时代，亦同样是幻灭。

时代现实在长时期的历史转变中，只是一刹那。不要把我们的心灵局限于当前刹那之感受中，我们该从历史的永恒中汲取我们的信心与勇气。当前的不调和，有待我们来解决。当前的坑堑，有待我们来跨越。当前的祸难，有待我们来克服。我们在历史上的任务，是把刹那消融到永恒中去。刹那融进永恒，才有此刹那之存在，否则刹那只是刹那，只是幻灭而已。时代须融进入历史，始有此时代之存在，否则时代只是时代，时代亦只是幻灭而已。

你千万莫谓凭借当前的时代，可以推翻以往的历史。人人有一个当时的时代，若时代可以推翻历史，以往的历史，早经推翻，不待到我们的一时代。

每一时代，只能延续历史，在历史的不断进程中，继续加入创新与完成的工作。对以往历史模糊与轻蔑的时代，那必是一黑暗悲凉的时代。刻意要对以往历史革命的时代，那必是一狂妄与痛苦的时代。

革命的真对象是时代，不是历史。革命的真力量，从历史文化的潜存传统来，不从时代当前违反历史的短暂现实中来。那是历史真理，亦是革命真理。

六

因此，时代革命是真革命，历史力量是真力量。只有运用真力量，才能完成真革命。

对历史革命，是一种不可能的伪革命，限于某一时代的力量，是一种短暂而不可恃的假力量，运用不可恃的假力量，来求完成一种不可能的伪革命，将见其无往而不败。

唯物辩证法，着眼当前现实，来否定历史传统，如此则历史将不因时代而持续，历史将转为时代所否定。

时代否定了历史，将成为一种短命的时代。刹那否定了永恒，将成为一种无意义的刹那。否定以前，即无异幻灭了现在。否定复否定，幻灭复幻灭，积不出一永恒来。

历史的永恒中，可以包含革命与否定。把历史作为革命对象，把历史当作否定的前阶段，将连革命与否定亦不存在。

一切存在者始得是历史，一切存在必得在历史中存在，始是真存在。

我们应该有勇气来接受对时代革命之真要求，但我们不该接受对历史革命的伪观念。

无限与具足

论美学者，率主有无限之美，有具足之美，窃意人生亦具此两型。大体西方人想象，人生乃属无限，而中国人想象，人生则见为具足。时间与生命之关系最密切，请论双方对时间观念之区别以为证。

西方人想象时间殆如一直线，自无限不可知之过去，跨越现在，而达无限不可知之将来。其回溯过去，自人类历史上穷生物学、地质学而至天文学，过去无限终达不可知之境界。其顺推将来，亦自人类历史迄于地球冷却，生物灭息，乃至于太阳热力消失，而天体渺茫，终不知将来之何所届。故过去一无限不可知，将来又一无限不可知，人之生涯，则在此无限不可知之历程中，放射其电光石火之微明。庄生有言："我生也有涯，而知也无涯。以有涯随无涯，殆矣！已而为知者，殆而已矣。"窃谓此义亦可反言曰："吾知也有涯，而生也无涯，唯其以有涯随无涯之终止于殆则一也。"

虽然，于此有一问题焉：若曰过去无限不可知，既知其无限矣，何得谓不可知？既谓其不可知，又乌从而知其为无限乎？其于未来也亦然。抑且过去不可知，未来不可知，又乌从而判别此不可知者之为一为二乎？

中国人对时间之想象则异于是。过去不可知，未来不可知，同为不可知，则会归于一域，复何分过去与未来？故中国人之想象时间，乃一球体而非线状。兹图之如下：

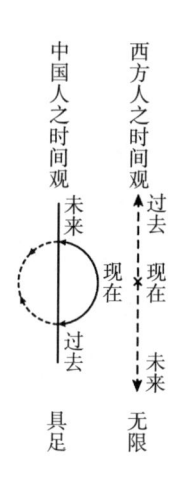

中国人之时间观　未来　现在　过去　具足

西方人之时间观　过去　现在　未来　无限

人生既为一球体，其生命之可知部分，乃此球体之浮显于人类知识线以上者；其生命之不可知部分，则此球体之沉隐于人之知识线以下者。其在知识线以上者，中国人称之曰阳；在知识线以下者，中国人称之曰阴。阴阳本属一体，其分别则在人之知与不知而已。大易称之曰阴阳，老庄则称之曰有无，曰："天地万物生于有，有生于无，天地万物复归于无。"此所谓有无者，乃指人之有知无知言。现在，人之所知；过去未来，则人之所不知，不知者无名，既属不知，则亦不可以名言陈说也。夫既不知而无名矣，又乌从而辨其为过去与未来乎，又乌从而辨其为过去之不知与未来之不知乎？故在中国人思想中，乃无过去、未来、现在三世之别。

在中国人思想中，则仅曰"一阴一阳之为道"，又曰"通乎昼夜之道而知"，又曰"善我生者所以善我死"，曰"死生有无为一体"，如是而已。故在中国人思想中，则三世合一，更无轮回，亦无超脱，故曰此乃一种现前具足之人生观也。儒家哲学则注重其浮显之阳面，故大易首乾而曰"天行健，君子以自强不息"，此乃一种尚动的哲学，乃一种生之哲学，亦可谓是尚神的哲学也。道家则注意其沉隐之阴面，故六十四卦以坤为首，而题名曰"归藏"，归藏者，即归根复命之意，是乃一种尚静的哲学，亦可谓是一种死的哲学，即尚鬼的哲学也。尚神者主于引生变动，尚鬼者主于归藏安息，此儒道两家之异点，然其为一种现前具足之人生观则一也。

既为一种现前具足之人生观，则较之无限向前之人生，其一动一静之别，判然自显。故深而言之，凡属中国人之人生观，皆一种尚静的人生观也。《论语》兼言仁知，而曰"仁者静，知者动"，仁者乃人心之根极，深根宁极，则仁体自显。《中庸》则曰"明与诚"，明属动，诚属静，明诚循环相生，此即天人合一，一阴一阳，动静互为其根之说也。故动静之分别，由后来宋儒之理论言之，则人心所意识者莫非动，而所体会者则莫非静。动属表象，静乃根极，即流行即本体，是则即动即静，动静一如，流行属于生界，本体属于化界，而生死仍属一体，故以成其为现前具足也。若自道家言之，则为一气之流转，此种流转，亦可曰"天运"，亦可曰"物化"，在儒家则称之曰"命"，生生化化皆一气之流转，此种流转，永无宁息，浮显者转而沉隐，沉隐者转而浮显，如一大圆球，自绕一轴而永远转动，此轴系何？曰即人之知识线是也。其浮显于人类知识线之上面者，则为生为有，其沉隐于人类知识线之下面者，则为死为无。死生有无，循环无端，其实则属一体，此非现前具足而何？

自佛教入中国，而中国人开始接触一种无限向前之新人生观。凡佛教所言，六道三世之轮回永无休止，此即一种无限向前之人生也。然中国人不之悦，转而曰生死即涅槃，烦恼即菩提，此则一阴一阳，近于中国现前具足之人生论，故中国人特喜之，而禅宗为教外别传，遂大盛于中国，此由无限之美转而为具足之美也。故曰"不思前不思后，乃父母未生前本来面目"，又曰"前后际断，一念无生"，此皆现前具足，截断过去未来，而以当下一念为人生之归极，此当下之一念，即人生之浮现于知识线以上之阳面部分之紧凑的一刹那也。又曰"一念无生，念念不住"，是即以此现前可知之一念，融入沉隐于知识线以下之人生阴面之无限继起的万念而合为一体，一即一切，一切即一，有知无知，合为一体，动静不分，仍是一种现前具足，然而已融汇儒、道、释而一之，与大易之健，《中庸》之明已不同，与道家之必归藏于人生之阴面，专向于一种死的哲学者亦不同，禅宗之人生，实欲抹去此知识线，而混沦擒捉此人生之大圆球于一握之间者也。是亦一种现前具足之人生也。

历史会重演吗

历史会重演吗？这是近代人常爱提起的一问题。从粗浅的一面看，历史是人造的，新人换旧人，这一代的人，早不是前一代的人。而且这一刻的我，也早不是前一刻的我。人的生命一去不留，再不复返，历史哪能重演？秦始皇死了，再不会有一个秦始皇，汉武帝死了，再不会出一个汉武帝。

但我们若从深处细处看，历史是永存不灭的。譬如是前一时期的生命，依然保留在后一时期的生命中，有它影响与作用。生命虽是一去不返，但同时又是永存不灭。我们必得同时把握此两种意义，才能明了得历史的真相。

试举台湾为例。日本人占据台湾经过了五十年之久，台湾重归祖国，日本人占据台湾，已变成历史陈迹了。但若不明白日本人五十年占据台湾的历史，亦将不会明白今天台湾之现况。今天的台湾，有许多是日本人占据台湾五十年来历史的陈迹。例如房屋建筑、道路交通、农田水利、工矿实业、教育措施、社会风俗、人情习惯、观念思想，处处是日本人占据五十年来的历史，同时即是今天台湾的现况。可见历史即是现实，现实即是历史。不懂得历史，将不懂得现实。不懂得现实，亦将不懂得历史。

再举一浅例。天天看报纸，每一条新闻，都是最近当前的现况，但同时也就有以往的历史，这两者不可划开。试把你所知道的一切以往历史全部忘却，譬如是一位火星中的旅客，初次漫游到这地球来，纵能认识新闻纸上的每一个字，纵能了解新闻纸上每一句的文法条例，亦将完全不明白那些新闻是在讲什么，所讲的内容，究竟有什么意义。

同此设想，你若在清晨醒来，生命依然活着，记忆却全部遗忘了，你将不认识你的父母、妻室、子女，将不知道这是你的家庭，连你的名字也忘了，以往的一切全不记忆，你将不知你自己究竟是一个什么。走出大门，将不知道在如何一个社会中，将不懂得什么是你的国家，什么是你的世界。换言之，你将不懂得什么是你的生命。

我们若懂得这一个道理，可见历史便是生命，生命便是历史。失去以往历史的知识，便是失去了现实当前生命的知识。生命好像天天往新的路上跑，永远向前。但生命却是挟带着旧的一切而新生，挟带着一些过去而向未来。若把旧的一切全抛了，那是死灭，死灭并不就是新。若把过去一切全抹杀了，那是虚无，虚无并不就是新。把历史一笔勾销，即无异把生命斩截了，哪里能勾销了历史而希望得一个新生命之理？

日本人把台湾回交中国，便把他们五十年来占据台湾的历史同时也全移交与中国了。中国人接收台湾，便把日本人五十年来占据台湾的历史也全部接收了。不接收这一段历史，无法接收台湾；要接收台湾，便得把它以往历史全部接收。唯其历史永存不灭，所以历史才不可能重演。若我们能把日本人占据台湾五十年来的历史拒绝承认，一笔勾销了，我们自可重演前清光绪乙未年《马关条约》割让台湾以前之旧历史，但那岂不是笑话？岂不是梦呓？

可怜我们这一代的中国人，连这一些浅显易明的道理也糊涂了。只想向新，便把旧的全丢了。只想向前，恨不得把以往的一刀两断。我们要担当复兴中国，要把中国创造成一个崭新的新中国，却先把中国旧历史全忘了。譬如你想刻意把你创造出一个新生命，便先决心把你的旧生命从全部意识中驱逐净尽，那非变白痴，非变疯狂，又能变成个什么呢？

今天的中国人，知道中国以往历史的太少了。一个家庭中，无端跑来许多生客，男的女的、老的小的，一堆堆，七张八嘴，他们全无历史关系，却想组织新家庭，那是断不可能的事。即使临时勉强组织成，也绝非理想幸福的家庭。这是人人易知的。现在是好好一个家庭，父母不承认子女，子女不承认父母，丈夫不承认妻子，妻子不承认丈夫，把以往家庭历史全推翻，那是一个白痴集团，一个疯狂集团，绝不可能成为一个理想幸福的新家庭。

家如此，国更如此。难道在人人脑中把国家旧历史毁灭，把国家旧历史改换，便能随心所欲创造出一个新国家吗？

新国家一定从旧历史中产生，正如新生命一定从旧记忆中建立一般。你必须了解得现在，才能希望到将来。但你求了解现在,千万不该忽略了过去。否则这一代早已不是前一代,历史又断不会重演,死人早都死了,我们好好活着的人,来理会以往几十百年死人的事干什么?岂不是历史知识该从人类知识中连根拔去吗?

物与心与历史

只要在人文圈子之内的,一切由心决定了物,不可能由物来决定心。

让我举几个浅显的例:如衣服,若使人无求温暖心、求轻软心、求华丽庄严雅观心,天地间纵有麻、丝、棉、毛,也不会有衣服。衣服之质料、式样、颜色,一切由人心之欲望、智慧、趣味,改造自然物而来。

又如建筑,若使人无求安居心、无求舒适心、无宗教心、无艺术心,天地间纵有泥土、木石,也不会有房屋。房屋由人心而创出,房屋必求能副人心之所欲。人心决定了建筑,建筑不能决定人心,泥土木石更不能。

举目田野,山川林树,美哉乎自然。然试设想,洪荒以来,便有此自然否?此一切自然,均经人心陶冶,均受文化支配,均为人心所决定。若使人心无欲望、无智慧、无趣味,一任自然,则自然全将改观。

如上所述,心决定了物,非物决定了心。而此所谓心,亦非刹那现前之心。刹那现前之心,如禽兽、如婴孩、如草昧混沌,虽有心,但决定不了物。能决定物的心,乃历史心、乃文化心,乃人心之经过长久时期所积累演进而成之心。今日之人之心，乃由禽兽、婴孩、草昧混沌，经阅长时期历史文化之陶冶之演进。其所欲望，已非禽兽婴孩时之欲望。其智慧，其趣味，亦非草昧混沌中人之智慧与趣味。

人心境界愈高，人心能力愈大，其控制决定物的程度亦愈深，此之谓文化。文化史是一部人心演进史。抹杀人心，将无历史，无文化。马克思唯物史观，谓物质决定了一切，生产工具决定了一切。石刀石斧亦由人心而决定，电气原子能亦由人心而创出。唯物不能有历史，唯物不能成文化。

一百年前的马克思，蛰居伦敦一小屋中，他所注意研讨的，是当时的《工厂法》，是当时工厂出品之市场价格与工人劳力之关系，在经济学上，自成其一偏之见，若论人类文化演进之大原则、大条理，则马氏所见实未为允。

马克思的唯物辩证法导源于黑格尔的唯心辩证法，黑格尔又导源于康德，康德哲学则从西方中古时期之神学演出。宗教神学，举世一切，创造自上帝，回归到上帝。世界末日审判，则人类历史全部否定。宗教已抹杀了人心，故有文艺复兴由灵返肉。但人类之肉体心，若不经历史文化之陶冶之演进，则依然是禽兽、婴孩、草昧混沌、刹那现前心。

近代西方心理学其对象正为禽兽、婴孩、草昧混沌、刹那现前心，故以生理阐心理，以物理探心理，以禽兽婴孩心之发展比较来讲人类心理，而忽略了人类由历史文化所演出的悠久高尚的心境界与心能力。把一切高尚悠久归诸上帝，以偏克偏，由灵返肉，却不料转落到唯物的路子上。

唯灵的是神学，唯物的是科学，只有唯史唯人文的才能坐落在人心上，成为真正的心学。

近代西方行为派的心理学，主从人的行为来看心，路途较准，但人的行为，也不该单由当身肉体看，也不该单由刹那现前看，当从一切历史文物之演进上看。如上举衣服、建筑、自然林野风景，全是人之行为，人之心境界与心能力之表现。若从此看人心，始可见到人类之历史心与文化心。

历史心与文化心，中国人向来称之曰性。这是中国传统文化中所特有的看法，也是中国传统文化中所特有之创见。共产主义违反人性，更重要的是它违反了人类的历史心与文化心。

西方人根据上帝，根据宗教神学来反对马克思，中国人应该根据人性根据历史文化来反对马克思。中国人讲人性的正宗是孟子性善论，是世界唯一独有的中国文化结晶，是世界唯一独有的为中国人所发明的人文真理。

天地之大德曰生，人生之最高真理曰仁曰爱。了解得仁与爱，始是了解得人之历史心与文化心，始是了解得人性，始是了解得中国传统文化之真精神。由此来看马克思的唯物史观与阶级斗争，真是如土委地，谡然而解了。

自然人生与历史人生

人生可以分着两大部分，一部分是"自然人生"，另一部分则是"历史人生"。

"自然人生"，指六尺之躯，百年之生命言，亦可说是"物质的人生"。这一人生最真实，但同时亦最虚幻。饿，真实感到饿；饱，真实感到饱。痛，真实感到痛；痒，真实感到痒。所以说最真实。但饿可以变成饱，一时饱了，前时的饿全消失，全不存在了。有了后一时的饱，便没有了前一时的饿。若说后一时的饱是真实的，前一时的饿便变成不真实，变成虚幻。而且后一时的饱，还是要变，变成又后一时之饿。若使又后一时之饿是真实，那前一时之饱又变成不真实。自然人生永远在变，变到最后，逃不了一死。死了，一切完了，一切不真实，一切虚幻，一切感不到。生前的饿与饱，痛与痒，种种好像是真实的，死了全不真实，全成虚幻。人生一切平等，平等在有一死。大家一样是死。种种差别全成无差别，种种得失全成无得失，种种苦乐全成无苦乐，种种计较全成无计较。

人生譬如做梦，不可捉摸，不可认真。醒了，全完了。人生譬如演戏，袍笏登场，锣鼓喧天，有贵有贱，有歌有哭。戏完了，锣鼓停了，袍笏卸了，贵贱歌哭全不是那回事。若使是上帝创造人类，为何把人如此作弄，如此调遣？我们实在忍不住过这样的人生，于是有所谓"真理的人生"在人心中浮现。这一种真理的人生，便是"宗教的人生"。宗教人生之最大真理，认定真实人生不在生前，而在死后。但死后早已非人，早已无生，把真实人生移到死后去，这是宗教真理。宗教真理，似乎既不自然，又不真实。它所想象而追望的，在非人界，在无生界。我们是要尘世的人生，不要这非人的无生的天国。

人生逃不了自然，但终于跳出了自然，那便是"历史的人生"。自然人生免不了变灭，会全成虚幻。只有保留在历史上的那一部分人生，不再变灭，才是真实不虚，才是最真理的人生。

人死了，一切完了，还有什么保留在历史上的呢？我们再进一步问，什么才叫做历史呢？难道文字记载，便算得历史吗？若是文字记载便算得历史，难道人的生命可以在文字记载中保留吗？难道人能在文字记载中生活吗？这显然不是。文字记载并不是历史，历史是人事之本身，文字记载只记载了那些人事。人死了，人事并不死，依然存在。只因人事存在，所以有历史。

什么叫做人事呢？我问你，此刻在做些什么事，你不能说我在做饱的事或饿的事。饱与饿只是自然，非人事。你也不能说你在做生或做死。当知生与死，也只是自然，非人事。活并非你在做，正如死并非由你做一般。饱并非你在做，正如饿并非由你做一般。非你做的事，和你不相干。我问你此刻在做些什么事，你告诉我在吃饭。那对了，吃才始是人事。人非吃不饱，非吃不活，但饱与活不是你的事，吃才是你的事。禽兽动物也懂吃，但只不自觉，人之吃是自觉的，有计划的。这一种自觉与计划，才始是精神之开始，才始是文化之开始，也才始是历史之开始。

神农与后稷，才始当得是历史人物了。他自觉地在想吃，他有计划地在谋如何吃。他生前做了些事，死了，他的自然人生完了，但他的事业并没死，并没完。自觉地想吃，有计划地谋算如何吃，这些事，只要有人类，会永远存在，永远有人在自觉地想吃，有计划地谋算如何吃。人类的历史，也可说是一部自觉地想吃，有计划地谋算如何吃的历史。历史不灭，这一部分的人生便不灭。只有不灭的，才是真实的。若使神农、后稷再生，他看见人人尽在自觉地想吃，人人尽在有计划地谋算如何吃，神农、后稷必然快慰地想或说：你们此刻在想的与做的，正如我当年所想与所做。那岂不是你们此刻活着，正如我活着一般吗？你与我的自然人生、物质人生是变了，但你与我的精神人生、文化人生则并未变。

吃是人生一大事，但并非人生唯一一大事。吃了能饱，能活，但饱了仍必饿，活着仍必死，到头仍必一场空。人生第二大事在传种接代。趁未死前，生下新人，我死了，他可继续活下。雌雄交配，禽兽动物也懂得，但禽兽动物仍是不自觉地在做那些事，到人类始能自觉地做，有计划地做。于是有男女之爱，有婚姻之礼，有夫妇的制度，有父母子女的关系，于是遂有了家庭组织。家庭组织是文化人生，是精神人生，并非自然物质人生。若专为自然物质人生打算，有雌雄交配已够了，何必画蛇添足，在男女交媾之外增添上一段爱情，形成一番礼节与一套制度呢？当知雌雄交合是自然，非人事。男女相爱继之以夫妇好合，才是人事，是精神文化的开始。

伏羲与周公，因此也做了历史人物。因他们做了人生一大事，在自觉地讲爱，有计划地讲礼。此后的人生，永远要自觉地讲爱，有计划地讲礼。若使伏羲、周公复生，他看见后世人，都在组织家庭，都在认真像样地做夫妇，做父母，伏羲、周公自必很快慰地想与说：你们想做的，正是当年我所想做，你们活着，正如我活着一般。伏羲、周公的自然人生物质人生是完了，但伏羲与周公的精神人生与文化人生依然存在。

孟子说："食色性也。"《礼记》上说："饮食男女，人之大欲存焉。"但吃与男女，属自然，算不得人事。从吃上产生出种种智与为，从男女配合上产生出种种爱与礼，从耕稼畜牧上产生出种种劳动与作业，在夫妇婚配上产生出种种组织与制度。人类文化，人类历史，全从此两大欲、两大自然上产出。人类的精神生活，也全从此两大根苗上培植。孔子生平，只讲得一个道理，即仁与智交融，仁与礼相协的道理。教你如何吃得饱，教你如何男女配合得满足无憾，教大家如何活，教大家如何在死以前赶快叫新人来替你活。孟子便把孔子这番道理再细发挥，再大扩充。若使孔子复生，看见孟子在想在说,孔子必大快慰,他必想与说:你活着正如我活着一般。我的自然的身体是死了,我的人文的精神依然存在。存在在那里,存在在人世间,存在在人事上,此即存在在历史上,此即孔子、孟子的历史生命,所以孔子、孟子也变成了历史人物。

人类文化,愈演愈进步;人类精神,愈后愈发皇;人类的历史,也愈变愈复杂。但推本穷源,只从这几个大本源上来。我们说到这里,更将一说真的自然人生与假的自然人生之分别,以及真的历史人生与假的历史人生之分别。

自然人生须与历史人生相配合,才是真的自然人生。若自然人生接不上历史人生,那只是一种假的自然人生,那只是禽生与兽生,还是自然,但说不上是人生。因人生必然是历史的。换言之,必然是事业的。饿与饱,生与死,此是自然,但非事业,是禽兽,但非人生。

如何说有真的历史人生与假的历史人生呢?从前东晋时桓温有一句话,他说:"大丈夫不能流芳百世,亦当遗臭万年。"他好像认为只要名字记载上历史,无论是香或臭,总是历史人物了。那是他的错误。当知只有流芳,才是真的历史人物,遗臭的算不得是历史人物,只是假的历史人物。何以呢?我在上文已说过,事业不灭,才是历史生命。被发扬、被继续的是历史,被打倒、被推翻的不是历史,只是在历史上的一点黑影。历史是生命的,是继续向前的。不能继续向前便不是生命,便不是历史。若是历史上只是些不能继续向前的事,那便是无生命的历史,便是假历史,假历史终必消失，终必成为无历史。

桓温在东晋时，起先有志北伐，想要恢复中原，复兴华夏，换言之，他想流芳百世。若他一意这样做，无论事业成败，他永远是一历史人物。他后来所志不遂，便改变态度，想篡位，想自己当皇帝，换言之，他是在想遗臭万年了。他这一想法，无论没有成，纵成了，他依然算不得是一历史人物。

让我举近代史作例。孙中山先生是真的历史人物，因他具有历史的生命。何以说他具有历史的生命呢？因以后人还得继续孙先生的想法与做法。这便是他的生命已变成了历史的生命。至于袁世凯便不是一个真的历史人物了，他的想法与做法，后人不仅不继续，而且还要打倒、推翻它。他的生命，不能成为历史的生命，他即非真的历史人物了。若使他的生命也成了历史生命，那历史也将会短命，甚至无生命，所以袁世凯绝非历史人物。同样道理，岳飞是历史人物，秦桧算不得历史人物。单单名字记载上历史，不就是历史人物呀！

把名字记载上历史，并非即具有历史生命，即便当不得真的历史人物。反过来说，有很多人，他确具有历史生命，只没把他名字记载上历史，但他依然还是一历史人物。明白得、信仰得这一个道理的人，才是具有文化生命、精神生命的人。若一个民族中，抱有这种信仰，具有这种智识的人多，便是这一民族之文化精神发展到最高度，而他们的历史，在那时，必然是十分灿烂光明，而他们的人生，在那时，也必然是十分庄严快乐。

我们把握到这一个道理，才能来读历史，才能来讲人生。

中国历史教学

一

谈到历史教学，应能双方兼顾，一是历史本质，一是初学历史者对历史之了解力，如是，始能收历史教学之功效。

历史本是各时代的人事纪录，因此讲授历史，可分三阶层递次升进。一以事件为中心；二以人物为中心；三以时代为中心。此三阶层，乃一切历史之底层基础。学者必先了解此三基层，才能了解历史之最深意义。

第一阶层的教法，讲历史如说故事。学者对此最易发生兴趣。如读《三国演义》，读者心中必会先知道有诸葛亮舌战群儒、借东风、火烧赤壁，以及失街亭、空城计、斩马谡等种种故事。如读《水浒传》，读者心中必会先知道有林冲火烧草料场、武松景阳冈打虎、醉打蒋门神、宋江浔阳江酒楼题诗等种种故事。历史一如小说，若历史故事全不知道，他如何能知道得历史。

第二阶层的教法，便进了一层，事件以人物为主脑。读了《三国演义》，读者心中渐渐知道有董卓、袁绍、曹操、刘备、诸葛亮、周瑜、司马懿等诸色人物。此等人物，逐渐在读者心中，鲜明活跃。必待了解了此等人物，才始更能了解此等人物所干的事。但更应注意者，我们是先由他们所干的事来了解他们的人。若于他们所干的事全不知，也将无法了解他们那些人。

第三阶层的教法，便又进了一层。我们由这些人、这些事，获得综合影像，而了解到那一个时代。如读《三国演义》，到赤壁之战，读者心中必会舒一口气，觉得紧张局面过去了，时运有转变了。读到关羽走麦城，失荆州，便觉前面一片黑影，希望消失了。读到五丈原诸葛亮病终，便觉时代没落，一切都完了。此是时代了解。

综合了对于历史事件之知识，抽象出人物了解；综合了一切事与人之知识，抽象出时代了解；这是对于获得历史知识所必须遵循之步骤。继此以往，才始可能有更多更深之了解，但必需有上述三阶层为之作基础。

二

如此教历史，自能使学者感到兴趣。虽若卑之无甚高论，但就历史教学之功能上言，却已可有甚大效验。首先可使学历史而养成他懂事，其次使他知人，又次使他知有时代，有世运，开拓心胸，使学历史者在不知不觉中接触了人生之大局面。

解事不易，知人更不易，论世尤更不易。若教历史，能使学者成一晓事之人，进而能知人，能论世，历史教学之功能，到此境界，已可无憾。

晓事，先使知成败得失；知人，先使知贤奸忠佞；论世，先使知盛衰治乱。此等皆是大纲大节，既具体，又客观，有时代公评，有历史定案，使我们在大体上不得不接受，不得不承认。

近代中国人讲历史，却易犯有许多毛病。试拉杂数说。有一种毛病，是忽略历史本身而泛滥地放纵到其他方面去。如讲汉代史，把汉代的大事件、大人物、时代之大转变等，尚未交代清楚，却广泛地讲述汉代经学、汉代文学、汉代艺术等。当知学术史、思想史、文学史、艺术史，皆涉专史范围。学者不仅当知历史，并当通文学，才能讲文学史；通艺术，才能讲艺术史。如读《三国演义》，读者自能知道曹操之为人，却不易懂得曹操之文学造诣；读者自能知道诸葛亮之为人，却不易懂得诸葛亮之学术立场。

三

又一种毛病，好笼统抽象搬弄许多历史上的专门名词来阐说，却使学者先堕入五里雾中。如讲魏晋南北朝史，学者于王导、谢安之为何等人物，曾干过何等事业，在他当时曾发生了何等影响，全不知道，却专对他们来讲述王谢门第。试问初学历史的如何能接受，如何能了解？

更大的毛病，却是专把现代流行的一些新名词来讲旧历史，如封建社会、专制政治等。犹忆二十余年前，我曾到北平师范大学去讲秦汉史。据说那学期师大开此课，已有两教授，一开讲，学生便质问秦代开始究竟是封建社会结束了，抑正在开始。此一问题，把两位教授困住了，相继愤而辞职，遂中途强邀我去承乏。我一开讲，先要求学生，且听我讲过秦代历史之大概，再来讨论此问题。待我讲述了几堂，结果学生也不再提出此问题了，大家愿意照我所讲的次序讲下去。譬如你讲《水浒传》，听众自情愿你把梁山泊的人物故事，不断讲下去，却不情愿凭空来讨论《水浒传》当时的社会形态乃及政治背景等。待你把《水浒传》的人物故事讲完了，他明了了此等实情，自易使他自己去推想和阐悟当时的社会形态和政治背景。

另一种毛病，即是讲历史总喜欢讲背景，如所谓历史背景、时代背景、社会背景、政治背景、思想背景等。当知讲背景，必须提出一主体。必依附于此主体，才始有背景可言。一切背景，仍须从此主体显出。若我们不明了孔子其人，如何先来讲孔子之背景？空有了一切背景，仍显不出这一个主体来。必先有了这一个主体，才能依此主体来描绘其一应的背景。

四

更有一种毛病，近人讲历史，一开口总喜欢讲文化。其实文化那一题目，是很难讲的。从前人学历史，必先读正史中之本纪与列传，才进而读志与书；必先读《资治通鉴》，才转读到《文献通考》。类如政治制度、社会经济等项目，比较属于专门史范围，并不如普通史之易于了解。如若文化史，更是新兴的一种研究，更专门、更抽象、更复杂、更综合，初学历史的，如何能接受与消化。

让我简括地说一句，一个不晓事、不知人、不识时的初学，绝难和他来高谈学术系统、思想派别、文学流变、艺术境界、社会形态、政治组织、时代背景、文化精神等种种复杂错综的观念，种种专门抽象的理论。若我们先后轻重倒置，如此来讲历史，最多只增多了学者们的意见，却并未给予学者以知识。

五

历史的教学和历史的研究不同。我不反对研究历史的人在此诸方面作专门高深的研究，但在教初学历史的人，应使先知道一点普通历史，却不该广泛牵涉到这些复杂而高深的题目上去。其实此两事，不仅并行而不悖，抑且相得而益彰。教历史的，修养愈高，深入浅出，学历史的自能心领神会，循序渐进，忽不知其已然闯进了历史复杂高深的境地。

让我们千万莫认为晓事、识人、知时，是些平常容易的事。在我们自己没有确实自信的研究所得，在我们没有深知灼见、独特造诣以前，让我们且把历史上以往大事件、大人物、时代治乱盛衰之大转变，依照着以往时代公评、历史定案，忠实地传授些知识给学生。学生得此基础知识，自能循序渐进。至少在晓事、知人、论世的教育功能上，已有莫大贡献了。纵使我们自己对历史有一番特创的新见，也不该倾囊倒筐而出之，我们该为初学历史的人设身处地，俯就于他来循循善诱才是呀！

六

或疑如此教历史,是否会使历史教学与时代潮流相隔绝?我想,历史教学的功能,若真能达到使学者有晓事、知人、论世之修养,此则绝不会与时代潮流隔绝。或疑如此教历史,是否会使历史只有些故事、人物与时代,而陷于散漫无系统?我想,凡讲述历史故事与人物之选择,指陈时代之转变,在教者心中本该有一个系统作底,也绝不会散漫无系统。一切主要的任务,还是落在教者自身对历史之认识与修养上。要之,就历史教学论,则总必就于上述之三基层作中心,则是无可怀疑的。

从西方大学教育来看西方文化

诸位先生：今天我本要讲的题目是"对西方文化及其大学教育之观感"。我想这个题目太大，不好讲；所以改讲"从西方大学教育来看西方文化"。

我们在讨论文化问题时，应具两种心理上的条件：一是"平等"，一是"客观"。我们对于一切文化皆应有平等观与如实观。我们应知世界上各种存在着之文化必各有其价值，不然如何得以存在？我们第一步应懂得承认它应有的价值，第二步是来认识它，其价值何在？究竟是一些什么价值？此方为我们应有之态度。

任何一文化有长处，亦必有短处。在我们求认识、讨论某一文化时，首应认识其长处；不必多注意或挑剔其短处。世界各文化当互将长处调融发挥，如此方可有一新文化出现。即使要批评某一文化之短处，亦应自其长处去批评。例如：批评一音乐家，应自音乐上去批评，不应批评他不善于运动。其次两种文化相较，必有异同。我们应注意其相异处，不必太注意其相同处。

我们研究或讨论文化问题，应具此二条件，然后方能希望有新文化出现。不应主观地认为人家的不好，自己的才好；但是反过来像我们五四时代之认为人家都好，自己都不好，则荒唐之至。

我今天特别侧重讲西方的大学，并由之来看西方文化。

讲到西方大学，我们不得不承认西方大学之伟大。此可分两点来讲：一是其历史之长，一是其规模之大。

像美国的耶鲁与哈佛，英国的剑桥与牛津，它们的历史皆较其国家政府为长。美国耶鲁大学建校已有二百六十余年，哈佛更超过了三百年，但美国开国却尚未及二百年。英国之牛津、剑桥，则在西方中古时期即已建立。此乃我们应注意之第一点。

第二点是西方大学规模之大。如上举四大学，皆以其学校为中心，而成一"大学城"。其大学本身即成为一很像样的城市了，此外乃附带于此大学而存在者。这种情形在我们社会上不容易看到。此亦可算为欧美大学之特点。

如此历史悠久、规模宏大之大学校，却都是私立的，在他们背后，并无政府或公家在支持。他们开始时，仅是少数几个人，附带着少数学生，那是小规模的一个小团体。此少数创办人，亦并不是有名的伟大人物，只是抱有某些理想的一些普通人。先是成立了一个个不同的"学院"（college），后来才合并在一起，称作"大学"。university一字之本义，即是将一切合成为一个。此等大学在开始时是私人的，后来可称为团体的，乃是私与私间相结合而成为一集团。西方大学开始都是私立的，是社会中一社团。而此一社团，其事业可维持下来一二百年，甚至五六百年。不仅不破败，抑且更进展。这是一件了不得的事。此种社团，其活动维持较诸国家政府尤为久远。国家政府变了，而大学仍然继续存在。此种情形，只要我们一读英美国家历史即可知。这一点，我们平时不注意，只看到如此一个像样的大学，却不问其如何地来的。

其次我们应知者，厥为西方大学开始时乃是宗教的。略读西洋史的人，皆可知此一事实。中古时西方之修道院、礼拜堂与大学，乃三个性质极相近的。西方人之所谓"教育"，乃从教堂中分出。英国牛津、剑桥，每一学院即有一礼拜堂，礼拜堂是此学院之中心，附近四周围着许多建筑。直至今日，仍保留着他们几百年前的古旧原貌，并无多大变化。我最近至牛津时，校方因英女皇要来参观，而其校舍建筑石砌的墙壁皆因年久，表面已呈剥蚀状，他们乃始将其石墙外面之风化层加以刮磨，重加粉饰。牛津、剑桥中人，每以其所保有历史悠久之古老建筑为荣。现牛津城设了一汽车厂，遂将此大学城一半变为工业城，牛津教授们觉得甚为讨厌。又在增建新学院时，校方有两派意见争论着：一派坚持保存古貌，一派主张参用新式，彼此争持不下。美国耶鲁大学之建筑，亦都是中古式的。其新建筑尚未到一百年，但亦模仿古老式样。西方人看重古老气氛与其旧的传统，特别在大学中表现尤显。

我在哈佛时，居住在该校之贵宾室。那是一个二层楼、八间房之小型建筑。他们说：此屋极有历史价值。贵宾签名簿上，极多世界上著名人物。此建筑最近曾依原样，从街道那边迁到街道这边,耗资甚巨,而仍完全保留其古朴的式样,毫无改变。若使拆旧建新,至少可省一半经费,且可更是摩登好看些。在西方,人们甚注意历史传统,至少在大学方面是如此;但中国今日则只知新的有价值,旧的全不要,正可成一极端对比。美国大学中尊重历史传统,又可于下述一事看出:哈佛为了遵守学校原来规定,至今不准男女同校。乃于大学内另办一女校,以变通办法来收纳女生,此种情形亦可谓是甚可笑的。我们应知西方大学,乃自宗教开始,故于大学传统上,有其宗教精神。其后方渐发展成为今日之大学。近代中国大学自开始时即与西方大学不同,故无法讲历史传统。

西方大学,第一有其悠久的历史,第二由私人自由结合而来。由于后者,故欧美大学皆保有一自由传统。一自由之集团,不依附于政府,不依附于社会任何一部门,乃独立于政府及社会各社团之外,而自成一社团。

另一方面,西方大学,是极重职业的。读西方教育史,可知西方大学在初期时最要有:神学、哲学、法学、医学等科。前二者可在教堂中服役,后二者可以走出教堂作谋生用。青年们进入大学时,先有一宗教信仰;走出大学后,又有一专门职业,职业则必将是专门化的。"教授"的英文是 professor,是指专家的、职业性的,亦是一信仰的。为一信仰发言,或宣誓、决定,亦名为 profession。故西方接受大学教育之青年,乃是一有信仰、有职业者。关于此信仰与职业之知识与技能之传授人,即称为 professor。一般青年人跟从聚居，遂成为college，后遂逐渐合并成为一大学。自此处，吾人亦可了解西方文化之某种特点所在。

西方大学中，因其规模宏大，致使一人进入大学，乃至无法了解此一整个的大学。某一人骤然走进大学，其首先注意者，厥为此大学之建筑；其次所看到者，乃其里面之设备。如规模宏大之图书馆、博物馆、科学馆、实验室、体育馆等。凡此种种，皆极像样。观其学校之建筑与设备，便可知此一事业绝非能于一短时期内建成。但诸位须知，彼等仅是一集团，集团中人常在变换，而此事业却不断在进步。无一人能完全懂得此学校，但此学校各院科系俱全，能不断在各方面发展。此绝非一人之事，亦非一人之计划可成，此一事业乃属于一团体，而此一团体之历史则绵延久远，乃出人想象之外。

我们可再看西方大学之规模，各个学院、学系之分张与配合。自其建筑、设备、规模观之，皆极复杂，何以能合成一大学？则我们非进而研究其组织不可。若无一健全之组织，即不可能有此分张发展之成绩。

西方人喜讲法律、制度。我们应知制度是死的，要尊重、遵守此制度，此制度方可发生效力。故在制度之背后，我们必要讲及其精神。我对西方大学之看法，乃是从其建筑、设备、规模来研究其组织，又将其组织与其历史配合起来而寻求其精神。我认为如此乃了解西方大学代表西方文化之所在。

在西方人或自认为极平常，但自我们视之，则见为不平常。反过来说，亦有中国人自己认为是极平常者，而在西方人眼中则认为不平常。我们研究文化，该从此等处着眼。

我现在来讲他们的精神。前面已说过，今天西方大学从历史渊源言，是由一种"宗教精神"与"自由组合"与"职业训练"三者配合而来。最先是私人的，私人结合成为集团，集团更扩大成为事业。此事业乃由集团所推动而主持，而此一集团乃创始自几百年前，并可延续至几百年后。今日其集团中人，已非昔日之人，集团亦成为一抽象名词。私人在此一事业集团中，地位微乎其微，每一人乃是属于此一集团、事业者。此是私人参加了此一事业，而绝非此事业是我的或我们的。

我在耶鲁领受其名誉学位时，一美国友人某教授，大声对我说："你今天是耶鲁的人了。"此在美国乃极普通一句话。然此话涵义，正见"我是此事业的，而事业不是我的"。

许多人讲文化，都说中国文化向内，西方文化向外。此处所说彼等所看重者，乃在其事业，而绝不在某一私人。亦可说是向外的。

在美国，工人阶级每月可得工资四百至五百美金；大学教授可得八百至一千美金，仅多一倍。中国抗战前，在北平的一个大学教授，四百银元一个月；用一仆人月薪不过四元，相差几一百倍。这亦可解释为：中国社会有尊师重道的精神。美国大学中任何发展，尽先皆在建筑、设备上，而绝不用来增加教授们之薪金。此一精神，亦可说是他们看重事业不看重人。

我们又说西方人是个人主义者，但亦可说西方人主要是在其事业、集团中服从，而自尽其职责。此亦是一种个人主义。

西方人在学业中之地位，亦正如其在事业中。每一教授所治之学则只是学海中之一滴。各人只埋头在各人的一门专门知识上，故每一教授在其大学全体之事业与学业之分张展开之大组织中，真是微乎其微，各人只自尽各职。此亦可谓是一种个人主义。

西方大学对于整个政府或整个国家，有时似乎并不很关心。而学校对于每一教授之言行，亦多认为是私人行动，与学校无关。此仍然是一种西方精神。中国留学西方的虽多，然上面所指出的西方精神方面，似乎未能学到。

今日英美大学最大之变，乃在其自宗教变而向科学。理工科方面贡献日大，而宗教精神则日见淡薄。于此情形下，科学日益专门化。但对于人文学科方面言，我认为在西方大学中颇为吃亏。如文学、史学、哲学等，都是不能太严格区分的，愈分愈狭，则所得愈浅。昔梁任公尝提倡"窄而深"之研究。其实人文学科窄了绝不能深。自然科学，愈分而愈精。人文科学不同。自然科学是前人之成绩，可学而接受之，而更自此向前。文学、史学、哲学，以及绘画、音乐、雕刻诸艺术，都不能说通晓了前人的，接受了以前成绩再前进。人文学科只求能懂得，慢慢地吸收、消化、汇通，却并不能继涨增高。进入大学学人文学科的学生，最理想是懂得前人的，却并不能定要他再进一步，超过前人的。物质世界可以日新月异，精神世界则否。西方大学将人文学科与自然学科等量并视，是会出毛病的。

尤其是进入研究院读博士学位，必须写论文。而此项论文，必求其有新贡献。此一观念，实不妥当。自然科学可以常有新发现，人文学不然。既是分门别类太狭了，又要求新发现，在钻牛角尖之下所得的发现，弊病实大，对社会会毫无帮助。

最近美国有一团体曾广泛调查了五十个大学的学生，来做一关于他们所有世界地理常识之测验，答案用百分比来统计。结果发现了今天的美国大学生，连美国五十个州都弄不清，他们对世界地理简直可说毫无所知。非仅对东方，即对西方亦然。此见大学中各科系皆专门化了，便易造成普通常识之缺乏。在美国民主政治之下，而其最高知识分子，常识日见低落，可谓危险之至。

又有一关于美国学生英文程度之测验，结果亦发现有逐年低落之现象。此因美国大学中并无一普遍加深语文训练之课程，故其一般的英文水平亦日渐下降。此种不注重通才、只注重专家的大学教育，结果造成了许多没有一般性常识的青年，以及没有高瞻远瞩眼光的领袖人才。此乃西方大学之短处。

然此种短处何以不在西方社会中显现其严重性？此乃由于西方社会赖有四柱支持，即：宗教、法律、科学、民主政治。一个青年在学校中随便学一点专门知识，进入社会后，另有一轨道，让他们依从。在学校中尽可自由，一进入社会即有此四大柱子在范围着。至于所谓领导社会前进的领袖人才，美国大学似乎是漠不关心的。只待他们在进入社会后自己表现。

诸位应注意，在我们则并无如西方社会中之宗教、科学、法律与民主政治那四大柱。西方大学教育，乃由西方历史在西方社会中产出，来教育其本国青年者。今天中国青年至美国后，多能发现美国缺点而大肆批评。此种情形，与前不同了。不仅中国人如此，其他所谓落后国家之青年也如此，或许他们对美国之批评比中国青年更甚。此辈青年返国后，他们所学得的专门精细的科学，或许无施用之处。而在人文学科方面，也多不能适用于他本国的真实问题上。此乃大堪注意的事。

倘使诸位到外国读人文学科，最好先在国内多读几年书。先有了一个自己的根柢，到国外始知别择。今天在美国几间著名大学中，欲一去便得全部奖学金是不容易的。中国留学生去美国，每借暑期几个月假日来做工，以补助其日常生活费用之不足。我认为若将在美国暑期之辛劳工作精神与其所耗时间，能在国内发愤读书，所得成绩也绝不会定差于到美国去留学。另一方面，我希望准备出国之中国青年，应懂得到外国该学些什么？我在美国时，曾遇见许多新亚学生，他们多请我劝告在香港的同学们，切勿急于想出国。这意见是很对的。

由于西方大学教育本非为中国社会而设，故昔日中国留学生返国后，多肆意批评中国社会。但今天中国留学生在美国长期居留了，又多批评美国。且中国人在美国，还多聚居在一起，生活上虽然改头换面，实际上还是中国那一套。此乃由于中西双方文化不同，美国文化之长处未必都能配得上中国的情势。至于我们是否应有一理想的教育环境来培养自己的青年，这是一个我们值得研究的问题。

前几年我到日本去，日本友人曾告诉我：他们的贫穷子弟多喜研究科学，盖于离校后可谋一职业；至家庭富有者，便可多学文学、史学、哲学等。在中国适相反，一般的中国青年都对人文学科提不起兴趣。这事大可注意。我以为倘有兴趣学人文学科，与其赴美国，倒不如往西方人文科学肇始处之欧洲英、法、德诸国。不过亦有一位欧洲老留学生对我表示：中国学生素来自由散漫，应该令其赴美国学习他们的紧张生活，来西欧便连这一点希望也没有了。总之，只要自己能学，即到任何一国皆可，在本国亦何尝不可。若自己不能学，一味依赖他人教，则西方大学并非专为适合教导中国青年。固然西方文化长处甚多，但短处亦不少。

在日本，青年出国的较少，且在国外所得之学位，日本政府亦不予承认，非重行考试不可。此亦一可资模仿之点。

诸位若有欲出国留学而机会不许可者，应先学习在国外留学生之工作勇气与刻苦精神。有此一勇气与精神，何处不可找工作？何处不可求学问？至学人文学科者，则更不妨在国内好好地多读几年书，那一样可以充实自己的。

一所理想中的中文大学

　　一所理想的大学，同时该具备两项性质，一是其共通性，另一是其特殊性。所谓共通性者，亦可说是世界性；所谓特殊性者，亦可说是其地域性。

　　今天的世界，就物质生活、商业、经济、交通等方面言，可说世界已是一个，不容再分割。但就民族文化、历史传统、宗教信仰、语言文字、社会风俗习惯等而言，则此世界仍是四分五裂，暂时无法融成为一个。

　　一所理想的大学，应该面对着此项现实，来发挥完成大学教育所应具的理想与功能。

　　关于自然科学理、工、医、农种种方面，原理原则全是共通的，科学无国界，但一所理想的大学，应该就于此等共通的知识而应用到各别的地区上，发展出各别的、因地制宜的、各种不同的实际应用来。

　　若使一所大学，关于理、工、医、农种种自然科学方面，仅能追随着世界共同水平，而没有注意到各地的特殊需要与其特殊发展之可能性，则此一所大学，依然有其不够理想之所在。

　　关于人文科学——文学、艺术、历史、哲学、政治、社会、法律、经济等等科目，其内容远与自然科学方面者不同。各民族各地区，相互间各有相异之传统，甚至互不相晓，互不相习。因此，在今天的世界，关于此一方面之知识传授，与夫人文陶冶，很难有一种共通的尺度与共通的规范。而且也不应该有一种共通的尺度与共通的规范的。

每一个民族，各有他们特殊的语言文字，各有他们特殊的文学、艺术之爱好，各有他们的宗教信仰，与夫哲学观点，各有他们的思想方法，各有他们的历史传统、人生习惯，与夫政治社会种种不同的现实情况。一所理想的大学，正贵在此方面具备他的深厚的特殊性。

但世界已然是一个不可分割的同一的世界了，人类在其本源上，及其性质上，也本是同一的人类。人与人之间，有其共通性，将来的世界，正该在此共通性上努力发展。一所理想的大学，在此方面，正负有其更重大的意义与使命，正该在人文科学方面，大量发挥此项重大的教育功能，使全世界各民族，各文化传统，能日趋调和合一，民族与民族间不再有隔阂，文化与文化间不再有冲突。一所理想的大学，正贵由其特殊性的人文教育，而到达一种共通性的世界精神与世界理想。这毋宁是今天的大学教育所应负起的一个更伟大、更重要的责任。

在人文教育的立场上，我们再不应该只顾到各自的民族性和地域性，来加深各民族之隔阂和各地区之分离，而该朝向一个世界之共通性上去发展，此种需要与趋势，谁也不该否认。但就教育功能言，必然将注重其特殊性，才能到达一种共通性。换言之，只有在个别的教育上，才能到达一种共通的理想。若我们抹杀了此一特殊性之重要，单独举出某一种尺度和规范来施教，来求此项共通要求之到达，则在人文教育方面必然会失败。

举例言之，如把教育英国人的尺度和规范来教育中国人，定要中国人去专一学习英国的语言文字，去爱好英国的文学艺术，去依循英国的哲学观点和人生理想，去熟诵英国的历史传统，去模仿英国的政治制度，如是等等，当然是违背着教育方法的，因而也不能期望其有应有的教育功能之收获。

因而一所理想的大学，在自然科学方面，应该具备世界性的共同水平，而又该注意到个别的应用上。在人文科学方面，应该保持个别性的特殊内容，而又该注意到世界性的共同理想。

我们根据上述的这一个观点而来讨论到一所理想的中文大学，则下述诸点，自值得特别注重。

关于自然科学属共通性方面的，此处不拟详论，关于人文科学属特殊性方面的，在我认为，一所理想的中文大学，若真能完成其使命，实对于当前的大学教育所当担负的世界性的共通理想，可能有其更特殊的贡献之所在。

不仅中国文化有其悠久的传统，有其深厚的个性，在将来多彩多姿的世界人类一个共通的新理想、新文化之产生与完成上，一定有其伟大之贡献，尤要者，在于中国的文化传统及其教育理想，自始即深蕴有一种共通的世界性之存在。

中国古书中《大学》一篇，在修身、齐家、治国之目标之上，早已举出平天下一个更高的目标，可见中国人理想上的大学教育，自始即着眼到世界之共通性。

我们可以说：直到现在，世界各民族的教育目标，依然多注重在个人观点，乃及国家民族观点上，只有宗教教育，比较能有一种以全世界、全人类为其教育对象之抱负与精神。所不幸的，世界各大宗教，因其许多附加上的东西，如宗教仪式与教会组织之类，而使宗教与宗教间的隔阂，更胜过于国家民族间的隔阂。似乎国家与民族之间，有时尚可因于实际的利害关系而调和，而结合。而宗教与宗教之间，则一时更不见有融和与结合之功能。

只有中国的文化传统，其看重人文教育之功能，更胜于其看重宗教教育。而其人文教育之传统理想，一向希望能把个人与国家民族此两观点，调和、融化在天下观点之下，而期求以全世界全人类之共通理想为其教育理想之对象。因此，只有在中国社会，一向主张以人文教育来代替宗教教育之功能。而同时，也只有在中国社会，对于宗教信仰之容受量也是最宽大，可以有许多种不同信仰的宗教同时存在，而不见有冲突。远从一千四五百年以前，佛教传入中国，此后有回教、有耶教，相继传入到中国社会，直到最近，此诸宗教，并不曾与中国自己传统的人文教育精神有过严重而不能相处的冲突。而此诸宗教，在中国社会上，亦各有其信徒与地位，在其相互间，亦不曾有过不能相处的严重冲突，此乃是一种历史的现实。

中国这一个国家，其土地之广大，人口之众多，在几个世纪以前，现代科学尚未发展，因于地理交通之种种阻碍与不便，在中国人想来，中国一国，已经占有了这个世界上主要的绝大部分。因此，在中国人的观念中，国家和天下是两个相距不太远的观念，由国家观念稍稍向前展扩，便是天下观念。而且中国人还相信，天下不平，斯国亦不治不安。中国人之所以能长久维持此一广土众民之大国之存在，亦可谓即基于其传统的人文教育，其理想的对象自始即能注意到人类世界之共通性这一面。

因此，中国人的教育理想，由个人到家庭，到国家，到天下，由此以上，则是天与人的关系了。在这中间，中国人却恰恰不太看重到民族的一观念。似乎从中国人的理想看来，民族相异是可以把文化和教育的功能来使之融和合一的。在世界全人类之上，在中国人观念中，还保留着有一个天。中国人的终极理想，则是天下太平，世界大同，而达于天人合一。因此，在中国人的想象中，民族界线，不该是一条不可泯灭的界线，而信仰冲突，亦不是一种不可解消的冲突。

由于上述这一观点，在我认为，一所理想的中文大学，如能在人文学科一方面，尽量发展其固有的特殊性，却可同时到达现在世界的大学教育所应到达的，在此一方面的共同理想与共同责任之新需要。再换言之，中国以往传统的那一套人文教育的理想，在我认为，是有许多重要之点，可与此后世界新教育所应追求的共同理想，有其遥相符合之点的。

当然，如我上述之一观点，非从中国文化之全体系中来详细阐发，非从中国的哲学思想、人生观点、与夫教育理论之各方面来详细阐发，而单单如我上文之所述，或许不易得别人之信服与了解。而且近百年来的中国，因为西方新教育思潮之涌进，也从未曾对其自己传统的教育精神与教育理想有所注意。在中小学方面，一意灌输国家思想与民族观念，在大学方面，则个人主义的色彩极浓重，虽对自然科学方面，有意追随世界水平，但亦忽略了因地制宜的特殊应用。至于人文学科方面，则完全失去了应有的个别性与独立性。

但无论如何，将来真有一所理想的中文大学出现，应该能对符合世界理想的一种人文教育方面有特殊的贡献，则是必然的，而且也是相宜的。

文化复兴中之家庭问题

近年来蒋公提出"文化复兴"一大题目，这真是我们国家民族的百年大计。但要一不成为口号化，二不成为法令化，三不成为形式化，此须我们全国上下来分层共同负责。蒋公既已揭示了此一大方针，尤应是我们中层党政文教各界，对此方针该作深入的研究，才能领导全社会切实遵行，蔚成风气。

所谓研究，应分两方面。一是有关各项学术思想的，一是有关各项现实具体问题的。此两项，不可严格分开，但可分别注意。我今天，只就现实具体问题方面，选择一项与人人密切相关的家庭问题，来略述私见，请在座诸位先生之指教。

犹忆十六年前，我初次去美国。飞机第一站到夏威夷，耶鲁大学的雅礼协会请了当地一位教会中学的校长来飞机场迎接。他为我们夫妇安排了一所旅馆。我们每日，只在旅馆进晨餐，外出后必至夜始归。在晨餐时，隔座有一位美国老太太，对我们似很注意，因餐厅中只我们夫妇是中国人。但我们和那老太太，几个早晨没有交谈。有一晚，那中学校长夫妇请客，我们又遇见了那老太太，乃知她是这校长的母亲。席间和我们谈了许多话。她说，她和她儿子分别了已六七年，此次特地从纽约来看她儿子。我们夫妇席后先回旅馆，适有一友人在楼下客厅相候。坐谈少顷，门外车声，那校长扶着他老母进来，在客厅旁电梯口拥抱相吻，那老母即独自进入电梯上楼去。

我们看此情形，甚觉惊奇。一是那校长并不送他老母上楼，一是那媳妇独留在门外车中，并不陪送她婆婆进旅馆。翌晨，在早餐时，那老太太便来和我们长谈，知我们快离开夏威夷，她说，她儿子还要请她到家中吃顿饭，她须待此后始离去。我们又很奇怪，老母远道而来，她儿子为何不请她住家中。老母来已多日，为何她儿子还未请她到家吃饭。在我心中，深切感觉到中西家庭之相异。

耶鲁大学一毕业生，在新亚教英文课两年。在我去耶鲁时，他亦回了美国，任康桥一某教会牧师之职。我和他很熟，常问他有关他的家庭事。他说：他父亲是油漆商，他祖父系美国一大富翁，现在单独在南部一安老院中，请一护士陪伴。他亦能独立，祖孙三代，分居三处，经济上亦互不相关。我说：将来你祖父辞世，你们父子，应可分得一大笔遗产。他摇头说不然。大概祖父身后遗产，会全归其护士所有。我们父子，也从来不想到此事。我问他："此刻是复活节假期，你为何不回家看父母。"他说：他极少回家，偶一回去，也只宿一两宵即走。我又问："从前我们在中国大陆时，提倡迟婚，大家必举美国为例。现在你们美国青年男女，似乎都急着要成婚，和今天我们中国风气适相反。我知道你也急想成婚，究为何故？"他说："我们婚后回家，父母便当客人相待。若未婚回家，依然是一子女，怪不好意思。"

我因此想到，西方人重视人人能独立，即在家庭亦然。犹忆民国二十六年前在北京，一冬天的早晨，去至北海公园，见有三四位美国年轻太太结伴溜冰。她们各带有子女，都只三四岁，在冰上跌倒了爬起，爬起了又跌倒，但母亲们全不理会，只尽情自己在冰上溜，有时溜到很远处。待她们兴尽，才各自提挈小孩上岸。这亦是她们在培养小孩们的独立精神。

我在电影上知道，美国的婴儿，从其摇篮生活起，即和父母隔离，独住一室。父母子女，从不在同室中睡，更不论同床睡。我曾住华盛顿几天，租一私家寓所，每晨看到许多派报童子。据房东太太告诉我，那些派报的，全都是国会参众两院议员们的儿子。那时是暑假。房东太太说：即在开学后，他们也可在上学前一清晨跑街派报，赚一些私房外快。

美国的父母们，既如此般培养子女独立，子女长大了，也自会尊重其父母之独立。父母不曾怜悯其子女之幼小，而减低了他们培养子女独立精神之用心，子女也不会怜悯父母老病，而转变其尊重父母独立精神之维持。美国家庭，在其文化传统之整个体系中，自有其意义与作用存在，我们不能用东方人眼光来看西方人家庭。

但西方人似乎很有兴趣来求了解我们东方人家庭。有好几次在宴会席上，旁坐遇到年龄相仿佛的男女，虽属初次相识，他们每喜对中国家庭问长问短。我又听人说：梅兰芳去美国演戏，戏中情节和其道白唱辞，都先译成英文发给观众。梅兰芳在台上演《打渔杀家》中萧恩之女儿对萧恩说："爸爸如何吩咐，女儿自当遵从。"台下美国老太太们，点头称赞：我们有如此般的女儿，那是何等幸福呀！她们之欣赏梅兰芳，却更欣赏在此等处。

现在回到我们本国自己的家庭。似乎人人皆知，不烦多说。但我们必该说的，在此民国成立六十几年来，我们的家庭，正在逐渐变，而且愈变愈剧。我们来台后的二十几年间，似乎变得更快了。此刻只举一端言之。目前我们为父母的，似乎更不奢望子女要听从父母的意见。一片独立平等自由的呼声，子女在家中，似乎已跃居了宾位。童蒙初启，进入幼儿园，"小朋友，请，好不好"的声浪，灌耳已熟，回到家中，自叫父母难于侍奉。各家有女佣，彼亦人家之女，也叫主人难于使唤。我家有一肄业中学的工读生，有一次，内人说了她几句。她说："我错了。但你这些话，有损我的自尊心。"现在的年轻人，是都知自尊的了。

犹忆我幼时，不仅对父母，即对兄姐，必多陪敬意。在前清时，小学教科书中，有"孔融让梨"等的故事。那时我们也知和哥哥姐姐争多论少为可耻。现在似乎是相反了，只有兄姐让弟妹，很少弟妹让兄姐。于一律该平等的条件下遇有不平等，只该幼小占上风，长大占下风。

现在的父母们，似乎也不想望子女养老那件事。但在子女未成年前，为子女的求学上进，似乎总愿不遗余力，无止境地帮助，直到子女出国留学，获得最高学位为止。我初到香港，有一次和一澳洲人谈话，我说："你们地旷人稀，亟待开发，此刻中国大陆难民大批来港，你们为何多方限制入境？"他说："你们中国人，初来是一苦力劳工，但稍后他们儿子可成一大学博士，我们不得不防。"在西方，哪有贫苦人家那样培植子女上学的。

但父母之恩虽厚，子女之报却薄。在国外成学获职，也有不寄老父母赡养金的，也有父母丧亡竟不回国奔丧的。此亦是东西文化一大冲突。我在亲朋中所确切知道和辗转听到的就不少，惜乎没有人来作详细调查。但即使逐户登门调查，为父母的也还是隐讳不肯直说。但涉及父母遗产，为子女的丝毫也不肯放松，甚至兄弟姐妹间引起了甚大争执。

文化必得成为一整体。若要保留一部分自己的，取法一部分外来的，此非有大智慧人之深切研究不可。今再说到"复兴文化"，今天我们的家庭，单举父母子女关系一节言，此是现实具体问题，我们该得有研究。

今天要复兴文化，要尊孔，孔子是最重仁道的。《论语》首篇第二章，孔子弟子有子便说："孝弟也者，其为仁之本与？"但今天，我们该如何般来提倡孝弟和仁道？孔门儒家，又是否不讲独立自由和平等？若使也讲到，又是如何讲法？又和孝弟仁道，是否有冲突？此就牵涉到学术思想的问题上去。学术思想的研究，和具体现实问题分不开。今天要叫小学老师在学校中教孝教弟，他们应该如何般教法？只在文字言说上讲古人道理，此所谓老生常谈，恐终于事无补。

而且小学教师们，何尝不是为人父母，为人兄姐，何尝不想要他们的子女弟妹们孝弟，但现在都让步了，以为时代潮流如此，无可违逆。口是心非地教学生，哪会生作用。但若真要西化，也该对摇篮中婴儿即培植其独立精神，也要为自己衰老后独立预留余地。而且慈孝友恭，也是相对的。父母太过慈了，会相形见得子女之不孝。兄姐太过友了，会相形见得弟妹之不恭。在家不孝不弟，出门独立自由，此问题不仅在幼年子女与老年父母之相互关系上，而在一辈社会中坚分子成年人如何做人的问题上。家庭变，整个社会亦必随而变，此事关系不小。

以上所谈的家庭，只就父母子女一伦而言，更要的还有夫妇一伦。须待有了夫妇，才始有家庭。西方夫妇婚配，仍是男女双方各自站在独立平等自由的立场上，仍是站在男女恋爱的立场上。但中国的夫妇一伦，主要不在事先之恋爱，而在事后之和合。其实不仅夫妇一伦重和合，父母子女、兄姐弟妹整个家庭，都要和合。整个社会人群相处，依然仍要和合。西方文化尊尚独立自由平等，但应该要求能走向于和合。东方文化尊尚和合，但亦该能保持和合双方之独立平等与自由，此才合乎人生之大道。

目下的西方，男女关系，已臻总崩溃之阶段。由此向前，家庭社会种种关系都会随而变。变向何处，连他们自己也不知。我们岂能老跟在他们后面。盲人骑瞎马，夜半临深池，这不纯是一种杞人忧天。曲突徙薪总比焦头烂额好。我们今天要说复兴文化,总该有新研究,才能有新领导,而开出新风气。若尽在无研究无领导之下,而不断开出新风气,总会是危险胜过了想望,终是要不得。

母亲节说母爱母教

全世界各地的人类社会，没有不知道有母亲的，尤其是中国，因于其传统文化之熏陶，对于母亲更所重视。这究为什么道理呢？因若不知有母亲，人类便不成其为人类，和其他动物鸟兽相差无几了！人类之所以得成其为人类，人类之所以有社会之团结，有历史之绵延，有文化之创造与进步，其主要原因，则胥在其知有母亲。

母亲对于人类社会之大贡献，第一曰"母爱"，第二曰"母教"。若使人类没有爱，人类绝不能团结；若使人类没有教，人类绝不能进步。人类生存之意义与价值，主要便在知爱和有教。而爱与教之最伟大、最真切者，则为母爱与母教。

母爱是人类爱中之最自然者，又是人类爱中之最真挚、最伟大者。"母"便是代表着一个"爱"，凡为母亲的，没有不爱其子女。母与爱是一体不分的，只要是母亲，便有那一份爱；只要是子女，便会获得那一份爱。从他没有出生以前，他早已得那一份爱。人一出生，赤裸裸什么也没有，但他早有了那一份爱。那一份爱，无条件地给予了他，不论他将来或夭或寿、或贤或愚、或孝或不肖，总是尽先给予了他那一份爱。连他在睡梦中，那一份爱仍是紧绕着他，他是无时无刻不沉浸在那一份爱之中，而生长，而成熟。人由爱中生，由爱中长，由爱中成。唯其如此，所以只要他是人，他总应该懂有爱。唯其人都懂有爱，所以才会有人类。最先那一份爱，便是母爱了。

母爱是自然的，也可说是生命的，爱便是为母者的生命。人世间只有母爱，是把全生命来爱的，为母者把她的全生命来爱其子女。她的那一份爱，便成为了她的全生命，她把她全生命融化为那一份爱，无条件、无间断、无时无刻不来爱她的子女。更没有人能学得为母之爱来爱人。若你要学那为母之爱来爱人，无论如何，总是不真切，因此也总是不伟大。你若要找寻人世间最真切、最伟大的那一份爱，只有向自己母亲身边去找！

母亲的全人格，便是那一个爱。为母的把她全生命全人格来爱其子女，无形中，无意中，便已是把她的全生命人格来教其子女了。中国古训，有所谓"胎教"，一个人，在其未出生以前，早已在他的胎胞中，受了他母亲的教育了。在心理方面，在生理方面，由于母爱之真切与伟大，而母教亦就同样地真切而伟大了。人在婴孩期，在幼稚期，最需要母爱之护育，也便最受母教之影响。人到能离开家门，走进社会，母爱与母教，已经养育他成为一人了。人世间其他一切爱，一切教，都开始在他成了人之后而给予，在其未受到人世间任何爱与任何教之前，便只有母爱与母教，使人真成其为人。

因此人世间任何一个伟大的人，必有一位伟大的母亲。没有真伟大的母亲，不会有真伟大的子女。因此，真伟大的人，必会纪念他的母亲。其实只要他是个人，他便会纪念到他的母亲的。只是他愈伟大，便愈会纪念他母亲，便愈会自己知道他自己母亲之伟大。母亲之最伟大处，是要她子女纪念着而才见其为伟大的。若子女不知纪念他们的母亲，为母亲的也不再有什么其他的伟大表现了。这因母亲之伟大，只伟大在母爱与母教上。母教与母爱之伟大，主要便落在身受此爱与教之子女们身上。若子女不知纪念他们的母亲，那母亲便更无伟大表现暴露了。

但做母亲的，还是无条件地把那一份爱与教尽先给予她的子女了。母亲之真实伟大处便在这上面。

人生究竟有何意义呢？你若懂得纪念你的母亲，你便会懂得人生意义了。人生究竟有何价值呢？你若懂得纪念你母亲，你便会懂得人生价值了。若你还不懂得纪念你母亲，请问你和其他鸟兽动物有何分别呢？如此般的你，又哪配来追求和讨论人生的意义和价值呢？

今天又是一年一度的母亲节。让我们知有爱、受过教育的人，大家都来纪念我们的母亲。让我们宣扬母亲之伟大，提倡大家都来纪念大家的母亲。让我们在此纪念母亲节而来宣扬母爱与母教，那是人类之所以成为人类，人类社会、人类历史、人类文化，都因此而开始，也因此而上进，那是一个总源所在。母亲呀！母亲呀！我永远地在纪念你。

第四编

知识之两方面

专门知识

大学青年进入大学，求取知识，应该具有两项目标：一属专门部分，二属普通部分。专门知识，是个别的，此人所知，不必即为彼人所知，如医学、法律、工程、音乐等，每一项知识，供应社会每一项之需要，而形成为各项之职业。一个社会，当然希望人人有职业，人人能对社会有贡献。但当知：社会并非由各项职业所组成。职业总涵有功利实用性，如医师遇到律师，工程师遇到音乐家，彼此间的专门知识，无法互相了解，只有在需要时互相利用。如律师病了，须请医师；医师建屋，须请建筑师之类。当知社会绝不能由不相了解而仅相利用之人群来组成。

职业与人

社会并不由职业而组成,只是有社会,才始有各项职业之需要。社会乃由人群所组成,职业是各别的,而人则是共通的。每一职业,固须一个人来当。你做了医生,你同时还该做一个人。你做了律师,同时也还该做一个人。当职业有各项职业之专门知识与专门训练,也该有当做人的一项共通知识与共通训练。当职业愈专门愈好,做人则愈普通愈好。当职业,可以你不懂我,我不懂你。但做人则必做到互相了解,互相明白,互相承认。

普通知识

做人的普通知识,约略言之,可分为三方面:一是道德的,二是艺术的,三是文化的。如"言忠信,行笃敬",那是道德方面的。人人该如此,不能一人自外,不能由我独异。艺术可使人生美化,不可能人人做艺术家,但人人该懂得爱好艺术,欣赏艺术,对艺术有普遍了解,共同修养。人生各项娱乐,都包括在此内。道德与艺术,归纳入文化的大项之内。社会由人而组成,也可说社会由人类之文化而组成。因此文化了解与文化修养,乃做人的一项至要条件。每一个人在其社会之传统文化体系之中而生长,而完成,因此每一个人必该对其所生长之社会之所由组成之传统文化,有了解,有修养。

勿偏一面

上面所说道德、艺术与文化之三项，都该是属于普通知识方面的。从前人，似乎对普通知识方面更重视；但现世界，则似乎逐渐对专门知识方面更重视了。其实则偏轻偏重皆有弊。当知专门知识，愈专门愈有价值。而普通知识，则愈普通愈有价值。做人做到普通的，是最伟大的。那些知识，人人该知；那些道理，人人该学。若我们忽略普通知识那一面，总是做人有缺点，会影响其专门的职业，同样有缺点。

贡献社会

近代社会，由于科学之突飞猛进，而专门知识日有进展，因此而忽略了做人的普通知识方面，社会上会发生坏影响。尤其在中国社会上，此一毛病，近几十年来，最显著、最严重。我今天特地提出此意见，奉劝诸位，对于各自研修一项专门知识，将来尽力于一项专门的职业，而对社会有贡献外，更该注重我们在此社会中做一个人的普通知识方面，更该加意进修。否则流弊所及，此一社会中，只见有职业，不见有人，整个社会，将会垮了。试问我们这些各自专门的职业，又向哪里去作贡献呢？

物与心

　　世界是很大的，在此世界上，似乎有千品万倘，然而简单地说起来，实在只有两样东西，即"物"与"心"。当世界方始时，尚只有"物"，根据科学家研究，那时像是还没有"心"，虽然依照宗教家说是先有心，先有上帝来创造此世界，但此像不足征信。我们这个地球自太阳系分散出来以后，不知经历几何年代，才产生生命，但是生命的起源究竟何在？是从别的星球中飘落来的，抑或在此地球上所有物质中自己化生的？在今日还是一个未获解答的问题。但先有物而后有生命，则似已有证明，无须怀疑；而且生命必须寄托于物质，若离开物质，即无从表现其生命。到目前为止，我们还没有发现能离开物质而自行独存的生命。

　　至于生命是否就是心，这事亦还遽难论断，但就一般事实说，有生命不一定就有心，例如植物有生命，不好说它有心，但动物有生命，同时也有心。依据这种事实，我们至少可以明白，没有生命不可能有心，犹如没有物质不可能有生命一般。心必须寄托于生命，犹如生命必须寄托于物质，不可能先有心而后有生命。先有生命而后有物质，只在宗教上有此讲法，在科学上则并不能证实。最近二三十年来，西方科学界研究原子学，知道所谓物质，也并不是一种物质，而只是一些原子的活动；或许若干年后，可能创立一种新的宗教，像最近西方有一辈科学家所努力的，所谓科学的新唯心论，但在目前为止，我们殊不可能推翻先有物，后有生命，再有心的常识。

现在有一个问题，就是人的心和动物心是否有不同？若有不同，不同处又何在？我们绝无人承认人心与狗心、鸡心相同，就常识判断，则人心与一般动物心，实在确有其不同处。

刚才说到没有物质，生命即无从存在，没有生命，心即无从存在。我们的身躯只是一种物质，只是我们生命所凭以活动之工具，而生命本身应该并非即是身体，然则什么是生命呢？浅言之，我们的一切活动与行为，那才是生命。我们必然须运用我们的身躯以表现我们的一切活动与行为，所以说身体只是生命的工具，我们讲话做事，都是生命之一段。但讲话做事绝非听从身体驱使，乃是听从心灵指挥。依此说来，三者的动作程序又似心最先，次及生命，再次及身体。所以心灵价值实最高，生命次之，而物质价值却最低。换言之，最先有的，价值最低，最后生的价值最高。但心灵价值虽高，却无法离开较其价值为低的生命，生命又不得不依赖价值最低之身躯。如是则高价值的不得不依赖于低价值的而表现，而存在，因此高价值的遂不得不为低价值的所牵累而受限制，这是宇宙人生一件无可奈何之事实。

现在的问题是心灵能否不依赖生命，生命能否不依赖物质呢？譬如我们停留在这屋子里，我们不能离开这屋子，我们就受了这屋子的限制，屋子必然要塌，我们能否在此屋子将塌之前先离开此屋子呢？我们能不能让生命离开身体而仍有所表现呢？这是生命进化在理论上应该努力的一个绝大问题。

依我看来，人的心和动物之心之不同处，即在于人的心可以离开身体而求表现。那就是人的生命可以离开身体，即离开物质而表现之努力所达到的一种极端重要之成绩。例如这张桌子是物，而桌子的构造、形式、颜色种种就包括有心，因为这桌子是由木块做成，而经过匠人的心之设计与努力，才成为一张桌子。所以这张桌子里，有那匠人的心与匠人的生命。换言之，即是那匠人之心与匠人之生命已离开那匠人之身，而在此桌子上寄托与表现了。我们据此推想，便可见得我们今天之所见所遇，社会一切，便都是人类的心与生命之表现，都是人类的心与生命之逃避了小我一己之躯壳，即物质生命，而完成之表现。试问狗与猫之心与生命，除却寄附于狗与猫之躯壳以外，又能有何表现呢？

上面所举，都是就人造物而言，此刻试再就自然界言，当知五十万年前的洪荒时代，所谓自然界也并不如我们今天之所见。现在我们所见之自然，山峙水流、花香鸟语、鸡鸣狗吠、草木田野，都是经过五十万年来人心之浇灌，一切景象中皆有人的心在表现，换言之，即是人类生命之表现，即是皆受人类文化之影响而形成。

以上我们说的是人类的心与生命，确可跳出他的身躯而继续存在。现在我们要问，为何鸡狗禽兽的心跳不出身体（物），而人类能之呢？关于这一点，我们也仍将根据现在人所有之常识来加以答复。人有脑，狗也有脑；人有心，狗也有心，但人有两手和十指，狗却没有，一切禽兽都没有。因为人有两手，所以才能产生工业，才能从石器进化到铜器，又进化到铁器，再加上煤、电和原子能，而形成今日世界的文明。

依照马克思说法，从石器到原子能，这一切都是生产工具，生产工具变，社会一切也随之变，人类一切观念也随之变，他是说物决定了心。但我要再三说明，我们的身体也是物质，我们的生命借身体而表现，我们凭借于身体之一切活动，而使生命向上，前进，所以身体也只是一种工具，但试问这种工具是否即可名之为生产工具呢？耳用来听，鼻用来嗅，眼睛用来看，嘴巴用来饮食和说话，人身上每一种器官在生命意义上，都有他的一种用处，每一种器官，都代表人所具有的一种欲望。有欲望后便有所要求表现，因要看才产生眼睛，要饮食和说话才产生嘴巴等等器官，为求支配外物，又产生两手十指。依照这个道理说，身体实为表现生命之工具，绝不可称之为生产工具。

同样道理，从石器直到原子能，实在也都是我们的生命工具，也不可说它是生产工具呀。我们畏寒热要避风雨和阳光，所以住在房子里，借以维持我们适当的体温。皮肤的功用本来就是保持体温的，所以房屋就等于我们的皮肤；衣服的功用也相同，所以衣服、房屋也即等于我们的皮肤，此乃是我们的皮肤之变相扩大。我们在室内要呼吸新鲜空气，所以开窗户，窗户也就是我们的鼻子；我们在室内要看外景，窗户也就是我们的眼睛。这一切东西，都该称之为生命工具，难道你都能叫它做生产工具吗？

我们穿衣服，衣服即如我们的皮肤，我在用这杯子喝水，杯子就如我们的手。太古人没有杯子便只可手掬而饮；我们现在有此杯子，水可放杯子里，不再放手里，岂不是那杯子便代替了我的手吗？同样道理，我们坐汽车，这是我们在陆地上的脚；坐飞机，这是我们在天空中的脚；我们坐船，这是我们在水上面的脚。中国古人说"天地万物，与我一体"。人的心不专在身躯里，人的生命也不专在身躯里。人的身躯也扩大了，外面许多东西，其实都是我身躯之变相，我的心与生命都借仗那些而表现其存在。所以人手并不单是生产工具，更要的乃是生命工具。天地万物，皆可为吾生命之表现，皆可为吾生命所利用，皆可为吾生命之扩大。

由上所言，可知生命价值绝不低于物质价值，而实远超乎物质价值之上，物质虽时时变坏，而生命却能跳出此变坏之物质继续存在。所以生命是在一连串的物质与物质间跳过去而长存。再用杯子举例，杯子即为我们的手，我们随身的手不能假给别人使用，而此杯子则人人皆得使用。我们的皮肤无法剥下送人，但衣服则可借与任何人穿着，这就是人类生命之变进、人类生命的扩大、人类生命的沟通，人类生命经此变进、扩大和沟通后，更得发扬而长存。这便是所谓文化。

除了两手以外，人身还有一件东西异于其他动物的，那就是嘴巴。

我们刚才说心跳进瓷土就造成杯子，跳进棉麻就造成衣服，这一种跳，都是经过手的阶梯而实行。现在我们说到嘴巴，却使我们的心跳出身躯而跑入别人的心中去。猴子鸡狗都有心，也有喜怒哀乐，可惜的是它们没有嘴巴表现。因此它们的心，跳不出它们的躯体，跑不进别个躯体的心里去。我们知道，表现内心情感最好的途径就是声音，声音能表现我心，表现得纤细入微。人有了嘴巴，内心情感得以充分表现；理智也然，一切内心活动，均赖语言表达，所谓表达，便是跳出我的躯体，钻入别个的心里去。

人类又经嘴和手之配合并用，用手助嘴造成文字，作为各种声音之符号。有了文字后，人心扩大，情感、理智种种心能均无不跃进。从前有一个故事，说有一个仙人用小笼子装鹅，笼子虽小，只像能装一只鹅，但装千万只鹅也尽不妨。今天人的心正和此相同，别人心里之所有，尽可装入我心里，上下古今，愈装进，心量却愈扩大。

我们今天的种种衣物用具，表面看来好像都是我们这一代人自己做的，实际上却并不如此，这是几千年来千万人之心累积起来而成的。我们一人之心可变成千万人之心，而千万人之心也可变成我一人之心。我一人造一杯，万人皆可用。一人写一本书，万人皆可看，而一个人也可看一万本书。诸位当知，鸡、狗并非无智慧，无奈缺乏可用以表现之工具。它们最多只能表现在它们那个躯壳上。人类则不然。人类用数字计算，最艰难的数学题也可解决，若使没有数字，即最浅易的算题有时也算不清。我们可以说那些数字，便是我们的新脑子。别人发明的数目字即成为此刻计算人的脑子。爱因斯坦若无数目字供他利用，他亦无从算出他的相对论。所以实在是他几千年以来的人的脑子，统统装进他脑子，变成他的大脑子，这脑子自然要更灵敏，胜过天赋我们的自然脑。何以千万人的脑子能变成一个人的脑子的呢？这是语言文字之功，也即是嘴的功。

我要再进一步说明，我的身体与你的身体虽然不同，而我们的生命则一。如何说呢？我再举一说明。人与鸡、狗都有雌雄之分，但人却更有夫妻婚姻制度。这夫妻婚姻制度，是由人类生命中的艺术与欲望配合所产生，从单纯的雌雄之分进到一夫一妻制，这种要求实在是人同此心，心同此理，有了一夫一妻制后，就有了合理的家庭和人类一切文化。所以我们说，婚姻与家庭制度，实在不是一个人的生命表现，而是许多人生命之共同表现。诸位早迟都要结婚，那时我们所感到的新婚之情感与快乐，和对婚后之一切所想，大家却不要认为这只由你们自己夫妻两人之间所产生，当知这些实在是你们的父亲母亲、列祖列宗的生命的表现与扩张，也是整个人类大生命所表现的一部分。换言之，这是从前有不知数量人的心钻进了你的心里，而始有此种感情与想象的。否则，猫与狗为何没有你那样的感情与想象呢？五十万年以前的原心为何也没有你那样的感情与想象呢？所以整个人类就是一个大生命而不能有你我之分，也不能有时代地域之分。这就是我所说的生命之融合。

以上说人类生命是共同的，感情也是共同的，一切全都是共同的。至于各人间的感情虽然容有小异之处，但那却是生命之艺术采取了多方面的表现，而并非真有什么不同。人心能互通，生命能融合，这是一个大生命，这个大生命我们名之曰文化的生命，历史的生命。

我们要凭借此个人的生命来投入全人类的文化生命、历史生命中，我们应该善自利用我们的个人生命来完成此任务！

大约二十一年前，本人有一日和一位朋友登山，借住在山顶一所寺庙里，我借着一缕油灯的黯淡之光，和庙里的方丈促膝长谈。我问他这寺庙是否是他亲手创建，他说是的。我问他怎么能够建筑这么大的一所寺庙，他就告诉我一段故事的经过。他说他厌倦家庭尘俗后，就悄然出家，跑到这山顶上来夜深独坐，敲打木鱼，山下人半夜醒来，听到山上清晰木鱼声，觉得惊异，于是白天便上山来寻找，携带饮食来慰问，但是他仍然不言不睬，照旧夜夜敲木鱼。大家越觉得奇怪，于是一传十，十传百，山下所有的村民和远处的村民都携物来慰问，并且给他盖草棚避风雨。但是他仍然坐山头敲木鱼，村民益为敬崇，于是互相审议，筹款给他盖起这所大庙。所以这所大庙是这方丈费了几年心血敲木鱼而来的。

我从那次谈话以后，每看到一座巍峨的寺院，都会立刻想到其间必定有人费了几许心血气魄！后来再想想，觉得世界上每一件事每一件物，实在也都是经过人费了几许心血而成。我此后才懂得，人的心、人的生命可以跳离自己躯体而存在，而表现。

我们表明白了这一番生命的大道理，就会明白整个世界就是一个大我，也就更了解我们的生命之广大了。

读书与做人

今天在这讲堂里有年轻的同学，有中年人，更有老年人，真是一次很有价值、很有意义的盛会。如按年岁来排，便可分三班；所以讲话就比较难。因为所讲如是年轻人比较喜欢的，可能年长的不大爱听；反之亦然。现在我准备所讲将以年长人为主，因为年轻人将来还得做大人，但年老了，却不能复为青年人。并且年幼的都当敬重年老的，这将好让将来的青年人也敬重你们。至于年老的人，都抱着羡慕你们年轻人的心情，自然已值得年轻人骄傲了。

我今天的讲题是"读书与做人"，实在对年轻人也有关。婴孩一出世，就是一个人，但还不是我们理想中要做的一个人。我们也不能因为日渐长大成人了，就认为满足；人仍该要自己做。所谓做人，是要做一个理想标准高的人。这须自年幼时即学做；即使已届垂暮之年，仍当继续勉学、努力做。所谓"学到老，做到老"，做人功夫无止境。学生在学校读书，有毕业时期；但做人却永不毕业，临终一息尚存，他仍是一人，即仍该做。所以做人须至死才已。

现在讲到读书。因为只有在书上可以告诉我们，如何去做一个有理想、高标准的人。诸位在学校读书，主要就是要学做人。即如做教师的亦然。固然做教师可当是一职业,但我们千万不要以为职业仅是为谋生,当知职业也在做人道理中。做人理当有职业,以此贡献于社会。人生不能无职业,这是从古到今皆然的。但做一职业,并不即是做人之全体,而只是其一部分。学生在校求学,为的是为他将来职业作准备。然而除在课堂以外,如在宿舍中,或是在运动场上,也都是在做人,亦当学。在课堂读书求学,那只是学做人的一部分;将来出了学校,有了职业,还得要做人。做人圈子大,职业圈子小。做人当有理想,有志愿。这种理想与志愿,藏在各人内心,别人不能见,只有他自己才知道。因此,读书先要有志;其次,当能养成习惯,离开了学校还能自己不断读书。读书亦就是做人之一部分,因从读书可懂得做人的道理,可使自己人格上进。

唯在离开了学校以后的读书,实与在学校里读书有不同。在学校里读书,由学校课程硬性规定,要笔记、要考试,战战兢兢,担心不及格,不能升级、不能毕业,好像在为老师而读书,没有自己的自由。至于离了学校,有了职业,此时再也没有讲堂,也没有老师了,此时再读书,全是自由的,各人尽可读各人自己喜欢的书。当知:在学校中读书,只是为离学校求职业作准备,这种读书并不算真读书。如果想做一位专门学者,这是他想以读书为职业;当知此种读书,亦是做人中一小圈子。我们并不希望,而且亦不大可能要人人尽成为学者。我此所讲,乃指我们离开学校后,不论任何职业、任何环境而读书,这是一种业余读书,这种读书，始是属于人生的大圈子中尽人应有之一事；必需的，但又是自由的。今问此种读书应如何读法？下面我想提出两个最大的理想、最共同的目标来：

一是"培养情趣"。人生要过得愉快、有趣味，这需用功夫去培养。社会上甚至有很多人怕做人了，他觉得人生乏味，对人生发生厌倦，甚至于感到痛苦。譬如：我们当教师，有人觉得当教师是不得已，只是为谋生，只是枯燥沉闷，挨着过日子。但当知：这非教师做不得，只是他失了人生的情趣了。今试问：要如何才能扭转这心理，使他觉得人生还是有意义有价值？这便得先培养他对人生的情趣。而这一种培养人生情趣的功夫，莫如好读书。

二是"提高境界"。所谓境界者，例如这讲堂，在调景岭村中，所处地势，既高又宽敞，背山面海。如此刻晴空万里，海面归帆遥驶，或海鸥三五，飞翔碧波之上。如开窗远眺，便觉眼前呈露的，乃是一片优美境界，令人心旷神怡。即或朗日已匿，阴雨晦冥，大雾迷蒙，亦仍别有一番好景。若说是风景好，当知亦从境界中得来；若换一境界，此种风景也便不可得。居住有境界，人生亦有境界。此两种境界并不同。并非住高楼美屋的便一定有高的、好的人生境界，住陋室茅舍的便没有。也许住高楼华屋，居住境界好，但他的人生境界并不好。或许住陋室茅舍，他的居住环境不好，而他的人生境界却尽好。要知人生境界别有存在。

这一层，或许对青年人讲，一时不会领会，要待年纪大了、经验多、读书多才能体会到此。我们不是总喜欢过舒服快乐的日子吗？当知人生有了好的高的境界，他做人自会多情趣，觉得快活舒适。若我们希望能到此境界，便该好好学做人；要学做人，便得要读书。

为什么读书便能学得做一个高境界的人呢？因为在书中可碰到很多人，这些人的人生境界高、情味深，好做你的榜样。目前在香港固然有三百几十万人之多，然而我们大家的做人境界却不一定能高，人生情味也不一定能深。我们都是普通人，但在书中遇见的人可不同；他们是由千百万人中选出，又经得起长时间的考验而保留以至于今日。像孔子，距今已有二千六百年，试问中国能有几个孔子呢？又如耶稣，也快达二千年。他如释迦牟尼、穆罕默德等人。为什么我们敬仰崇拜他们呢？便是由于他们的做人。当然，历史上有不少人物，他们都因做人有独到处，所以为后世人所记忆，而流传下来了。世间绝没有中了一张马票，成为百万富翁而能流传后世的。即使做大总统或皇帝，亦没有很多人能流传，让人记忆，令人向往。中国历代不是有很多皇帝吗？但其中大多数，全不为人所记忆，只是历史上有他一名字而已。哪里有读书专来记人姓名的呢？做皇帝亦尚无价值，其余可知。中马票固是不足道，一心想去外国留学、得学位，那又价值何在、意义何在呀？

当知论做人，应别有其重要之所在。假如我们诚心想做一人，"培养情趣，提高境界"，只此八个字，便可一生受用不尽。只要我们肯读书，能遵循此八个字来读，便可获得一种新情趣，进入一个新境界。各位如能在各自业余每天不断读书,持之以恒,那么长则十年二十年,短或三年五年,便能培养出人生情趣,提高了人生境界。那即是人生之最大幸福与最高享受了。

说到此,我们当再进一层来谈一谈读书的选择。究竟当读哪些书好?我认为,业余读书,大致当分下列数类:

一是修养类的书。所谓修养,犹如我们栽种一盆花,需要时常修剪枝叶,又得施肥浇水。如果偶有三五天不当心照顾,便绝不会开出好花来,甚至根本不开花,或竟至枯死了。栽花尚然,何况做人!当然更须加倍修养。

中国有关人生修养的几部书是人人必读的。首先是《论语》。切不可以为我从前读过了,现在毋须再读。正如天天吃饭一样,不能说今天吃了,明天便不吃;好书也该时时读。再次是《孟子》。孔孟这两部书,最简单,但也最宝贵。如能把此两书经常放在身边,一天读一二条,不过化上三五分钟,但可得益无穷。此时的读书,是各人自愿的,不必硬求记得,也不为应考试,亦不是为着要做学问专家或是写博士论文,这是极轻松自由的,只如孔子所言"默而识之"便得。只这样一天天读下,不要以为没有什么用。如像诸位每天吃下许多食品,不必也不能时时去计算在里面含有多少维他命,多少卡路里,只吃了便有益;读书也是一样。这只是我们一种私生活,同时却是一种高尚享受。

孟子曾说过:"君子有三乐,而王天下不与存焉。"连做皇帝、王天下都不算乐事,那么,看电影、中马票,又算得什么?但究竟孟子所说的那三件乐事是什么?我们不妨翻读一下《孟子》，把他的话仔细想一想，那实在是有意义的。人生欲望是永远不会满足的，有人以为月入二百元能加至二百五十元就会有快乐，哪知等到你如愿以偿，你始觉得仍然不快乐。即使王天下，也一样会不快乐。我们试读历史，便知很多帝王比普通人活得更不快乐。做人确会有不快乐，但我们不能就此便罢，我们仍想寻求快乐。人生的真快乐，我劝诸位能从书本中去找。只化三两块钱到书店中去，便可买到《论语》《孟子》；即使一天读一条，久之也有无上享受。

还有一部《老子》，全书只五千字。一部《庄子》，篇幅较巨，文字较深，读来比较难。但我说的是业余读书，尽可不必求全懂。要知：即是一大学者，他读书也会有不懂的，何况我们是业余读书。等于放眼看窗外风景，或坐在巴士轮渡中欣赏四周景物，随你高兴看什么都好，不一定要全把外景看尽了，而且是谁也看不尽。还有一部佛教禅宗的《六祖坛经》，是用语体文写的，内中故事极生动，道理极深邃，化几小时就可一口气读完，但也可时常精读。其次，还有朱子的《近思录》与阳明先生的《传习录》。这两部书，篇幅均不多，而且均可一条条分开读，爱读几条便几条。

我常劝国人能常读上述七部书。中国传统所讲修养精义，已尽在其内。而且此七书不论你做何职业，生活如何忙，都可读。今天在座年幼的同学们，只盼你们记住这几部书名，亦可准备将来长大了读。如果大家都能每天抽出些时间来，有恒地去读这七部书，准可叫我们脱胎换骨，走上新人生的大道去。

其次便是欣赏类的书。风景可以欣赏，电影也可以欣赏，甚至品茶喝咖啡，都可有一种欣赏。我们对人生本身也需要欣赏，而且需要能从高处去欣赏。最有效的莫如读文学作品，尤要在读诗。这并非要求大家都做一个文学家，只要能欣赏。谚语有云："熟读唐诗三百首，不会做诗也会吟。"诗中境界，包罗万象，不论是自然部分，不论是人生部分，中国诗里可谓无所不包。一年四季，天时节令，一切气候景物，乃至飞潜动植，一枝柳，一瓣花，甚至一条村狗或一只令人讨厌的老鼠，都进入诗境，经过诗人笔下晕染，都显出一番甚深情意，趣味无穷；进入人生所遇喜怒哀乐，全在诗家作品中。当我们读诗时，便可培养我们欣赏自然，欣赏人生，把诗中境界成为我们心灵欣赏的境界。如能将我们的人生投放沉浸在诗中，那真趣味无穷。

如陶渊明诗："犬吠深巷中，鸡鸣桑树颠。"这十个字，岂非我们在穷乡僻壤随时随地可遇到！但我们却忽略了其中情趣。经陶诗一描写，却把一幅富有风味的乡村闲逸景象活在我们眼前了。我们能读陶诗，尽在农村中过活，却可把我们带进人生最高境界中去，使你如在诗境中过活，那不好吗？

又如王维诗："雨中山果落，灯下草虫鸣。"诸位此刻住山中，或许也会接触到这种光景：下雨了，宅旁果树上，一个个熟透了的果子掉下来，可以听到"扑""扑"的声音；草堆里小青虫经着雨潜进窗户来了，在灯下唧唧地鸣叫着。这是一个萧瑟幽静的山中雨夜，但这诗中有人。上面所引陶诗，背后也有人。只是一在山中，一在村中；一在白天，一在晚上。诸位多读诗，不论在任何境遇中，都可唤起一种文学境界，使你像生活在诗中，这不好吗？

纵使我们也有不能亲历其境的，但也可以移情神游，于诗中得到一番另外境界，如唐诗："松下问童子，言师采药去；只在此山中，云深不知处。"那不是一幅活的人生画像吗？那不是画的人，却是画的人生。那一幅人生画像，活映在我们眼前，让我们去欣赏。在我想，欣赏一首诗，应比欣赏一张电影片有味，因其更可使我们长日神游，无尽玩味。

不仅诗如此，即中国散文亦然。诸位纵使只读一本《唐诗三百首》、只读一本《古文观止》也好。当知我们学文学，并不为自己要做文学家。因此，不懂诗韵平仄，仍可读诗。读散文更自由。学文学乃为自己人生享受之用，在享受中仍有提高自己人生之收获，那真是人生一秘诀。

第三是博闻类。这类书也没有硬性规定，只求自己爱读，史传也好，游记也好，科学也好，哲学也好，性之所近，自会乐读不倦，增加学识，广博见闻。年代一久，自不寻常。

第四是新知类。我们生在这时代，应该随时在这时代中求新知。这类知识，可从现代出版的期刊杂志上，乃至报章上找到。这一类更不必详说了。

第五是消遣类。其实广义说来，上面所提，均可作为消遣；因为这根本就是业余读书，也可说即是业余消遣。但就狭义说之，如小说、剧本、传奇等，这些书便属这一类。如诸位读《水浒传》《三国演义》《红楼梦》，可作是消遣。

上面已大致分类说了业余所当读的书。但诸位或说生活忙迫，能在什么时候读呢？其实人生忙，也是应该的，只在能利用空闲，如欧阳修的"三上"，即：枕上、厕上和马上。上床了，可有十分一刻钟睡不着；上洗手间，也可顺便带本书看看；今人不骑骡马，但在舟车上读书，实比在马上更舒适。古人又说"三余"：冬者岁之余，夜者日之余，阴者晴之余。现在我们生活和古人不同，但每人必有很多零碎时间，如：清晨早餐前，傍晚天黑前，又如临睡前；一天便有三段零碎时间了。恰如一块布，裁一套衣服以后，余下的零头，大可派作别的用场。另外，还有周末礼拜天，乃及节日和假期，尤其是做教师的还有寒暑假。这些都可充分利用，作为业余读书时间的。假如每日能节约一小时，十年便可有三千六百个小时。又如一个人自三十岁就业算起，到七十岁，便可节余一万四千四百个小时，这不是一笔了不得的大数目吗？

现在并不是叫你去吃苦做学问，只是以读书为娱乐和消遣，亦像打麻雀、看电影，哪会说没有时间的！如果我们读书也如打麻雀、看电影般有兴趣、有习惯，在任何环境任何情况下都可读书。这样，便有高的享受，有好的娱乐，岂非人生一大佳事！读书只要有恒心，自能培养出兴趣，自能养成为习惯，从此可以提高人生境界。这是任何数量的金钱所买不到的。

今日香港社会读书空气实在太不够,中年以上的人,有了职业,便不再想到要进修,也不再想到业余还可再读书。我希望诸位能看重此事,也不妨大家合作,有书不妨交换读,有意见可以互相倾谈。如此,更易培养出兴趣。只消一年时间,习惯也可养成。我希望中年以上有职业的人能如此,在校的青年们他日离了学校亦当能如此,那真是无上大佳事。循此以往,自然人生境界都会高,人生情味都会厚。人人如此,社会也自成为一好社会。

我今天所讲,并不是一番空泛的理论,只是我个人的实际经验。今天贡献给各位,愿与大家都分享这一份人生的无上宝贵乐趣。

中国文化与人文修养

人文修养即是讲究做人的道理和方法。懂得如何做人才是最高的知识，学如何做人才是最大的学问。学做人是人最切身的问题。任何一个社会，一个民族，都有其教人做人的道理；生长在这社会里的人，都得接受这社会教我们做人的道理。

世界上最伟大的人如孔子、耶稣、释迦，他们都教人如何做人。尤其是中国文化的中心思想即为教人如何做人。但孔孟与耶稣、释迦不同，因耶稣、释迦乃教主，而孔孟则不然。

如我们要立志做一科学家、史学家、文学家或教育家，我们首先不能忘记我们是人，必须站在人的立场去获得知识来为人类服务。若脱离了人的立场，则所有一切均成泡影，全无意义。

要了解中国的文学，必须了解中国做人的道理，因中国文学的最高理想，要将自己最高的人格融化在自己的作品中，要使作家与其作品合而为一。故不了解作家，即不易了解其作品之最高最深之境界。若只求了解一篇篇的作品，而不去了解作家的人格，那么我们不能洞晓其作品所涵真实的意义。如或有某作家的作品，不需通过了解作家本身的人格，而便能予以全部把握，则那些作品在中国人眼里至多是第二流的。

如屈原与其作品是融合为一的，若不了解屈原其人，便不能了解其作品，这种作品才是第一流。至于如宋玉，其作品虽美，可是我们只了解其作品即可，并不必去了解宋玉之为人，故其作品最多只是第二流。又如陶潜、杜甫、欧阳修、苏轼，直至近代如曾国藩等人，其诗文都是基于其人格而成，其人格均能表现在其作品中，我们若不了解他们的人格，就无法了解他们的作品，这才是第一流作品。如《水浒传》《红楼梦》等书之作家究竟是谁，知与不知，并不影响到我们欣赏这些作品上，所以它们只算是第二流的。中国人常把小说、戏曲都列为第二流的文学，就为这个原因。

历史是人事的记载，史实以人物为中心，所以不了解人，即不易了解历史。尤其中国文化，特重人文精神，如二十四史等书皆以人物为中心，其体裁特别重在列传。因人可以支配历史，而历史并不能支配人。我们读历史，必须懂得历史里的人物，能品评其人格之忠佞贤奸，邪正诚伪。若不了解人物，则无法了解到历史。即如岳武穆、文天祥、史可法等，我们当知，并不是因他们为国而死，才成为这样的人；而是因为他们是这样的人，才会碰到这样一个死的机遇。

人之生死，只是一个机遇，机遇仍在人之选择。他们之死，才显示出他们的忠直诚正。这是一个主动的表现，他们可以不死，因为机遇可由人自己作选择。故中国人讲历史，主要在人物精神，所以学历史必须知道做人的道理。

中国人讲教育，常言"身教胜于言教"。所以我们与其说孔子是一位教育思想家，不如说他是一位教育家。从这里可以看出身教和言教的分别。身教是以身作则，用人格来教人格。教育家的一切思想言论，只是他人格之表现，他的主要价值不在其思想言论，而更要在其背后的人格。中国之品论文学，不重其文章，而重在作者与作品之合一。讲历史不重其事业，而重在其人格与事业之合一。我们不了解一人，亦不能了解其教育精神与目的。如孔子、孟子及宋明诸大儒，他们全是以自身人格来发扬他们的教育精神与目的的。

所以不了解中国的做人道理，就不能了解中国的史学、文学、教育、人生和全部文化精神。这是我们中华民族文化中特殊的地方。所以说教人做人的道理是我们文化的中心思想，这叫做人文修养。

在《易经》上说："观于人文以化成天下。"今天所用"文化""人文"两名词，虽从英文译来，然而这观念中国自古已有，不过与西方有些不同。何谓人文？曰："物相杂谓之文。"所以文就是一种花样，如黑白相杂便成了花样，若只是纯白或纯黑，则无所谓花样。中国人讲有天文、地文、人文，如男女相杂亦就是花样。因男女相杂才化合成夫妇，为父母，有子女，这就是物相杂，即是一种人文。老一辈人与晚一辈人相杂化合，即可产生新的，今之天下即是经化合而成的天下。

大而言之，时空相杂遂形成今日的社会。用中国话说，即一经一纬，而织成了人群相处的文采，即谓之人文。人文也可说即是世网。说到空间，人易懂，如这是台北，那是台南。但说到时间，便不易把握，如何时才有此日月潭、此小学和此文史年会。虽然今天是在这日月潭的国民小学来举行文史年会，可是这三个形成的时间是不同的。犹如同长在一个园林中的树，也是历史不同，年代不同。在这种各个不同的情形下织成了一个世网。人群社会中之形形色色，因于时间不同，空间不同，复杂多样，我们称之谓文化，这是包括着很多东西的。这即是人文，因复杂而化合。经于复杂之交织化合而又成了新物。

什么是修养？如修剪花朵枝叶、培养泥土等。一颗花种，生出花苗后，须要慢慢培养修剪，才能长出一朵合意的花来。做人亦如此。天地生人，单独的人没有意义，没有价值。于是男女老幼、民众政府交织形成了世网。若把今天这个年会扩大来讲，便可以把整个世界都牵上。换一面讲，若非整个世界的化合，亦无此年会。人一定要进入社会才成人，因此必要在人群中做人，若脱离了社会便不成为人了。故人定要二人以上相杂，才能做人。中国提出"仁"字即二人，所谓"相人偶"。

中国人讲做人道理，最基本的是要人参加进社会，在人文中修养他自己，成为一"人文化成"的人。西方讲人文乃是针对宗教而言，因宗教最大目标重在死后人可接近上帝因而得救，于是反过来主张人文主义，其所讲重要精神并不与中国相同。中国讲做人的道理，一定要把人与人配合起来才能做人。如果你死了，但在社会上还有因你之化合而所成的新的你保存。所以中国人注重的是后世，不是天国。要言之，脱离了社会的人，不算是一个人。

请问跑进社会以后如何做人呢？当然，如做老师、做公务员等，不能一些花样都不做，而单独说要做个人。所以要做人，便须做社会上的人，进而做历史上的人。天地所生之人只是一"自然人"，入了社会以后做的人，才是社会的人，历史的人，才是"文化人"，即是人文修养之人。

但是要怎样做社会的人、历史的人呢？我国文化主要精神就是要教人如何做人。我们今天讲讲做人的道理，并非说别人要做个什么样的人，我要做个什么样的人，这不能分开讲。现在所讲，只是全人类做人的道理，只是讲人如何做人，便该在人以外更没有条件，这一切是无条件的，与教育程度的高低、人的贫富贵贱等都无关，而只是就全人类中每一人如何来做一个人讲的。只要他是一个人，就应该在社会上做一个人，也就可在社会上做一个人，不需任何条件的。有知识的要做一个人，无知识的也要做一个人；富贵的要做一个人，贫穷的也要做一个人；不管男女老幼，富贵贫贱，只要是生而为人，就要做一个人。而且人格是要一贯下来的。从幼到老，从生到死，因此不能说待我到某阶段了，才来讲做人。我们要讲做人，是要每一个人都要做的，通贯古今，在每一个地区和环境下都要做，不受时空限制。而这一个理想又是人人须做而又永远做不到十全的。就因为永远做不到十全，所以要人不断地去做。这就是《中庸》所说：

"极高明而道中庸,致广大而尽精微。"

试问我们做人应从何处开始呢?孔子曰:"弟子入则孝,出则弟,谨而信,泛爱众而亲仁。行有余力,则以学文。"弟子就是青年人。孔子这番话就是要我们在一切条件下做人,从头一开始便讲究做人。人总有父母,总有社会,做人唯一的条件,便是要在你以外再有人,其他便无条件了。但是为何要这样去做呢?就借孔子那句话中"泛爱众而亲仁"的"亲爱"二字来看,你若有一个亲人、爱人,你心里一定喜悦。你能以亲爱之心待人,你自己一定很高兴;人家以亲爱待你,你也会很高兴。所以亲爱是人心之所欲。难道天下有不要人亲爱的人吗?孝弟只是亲爱的别名而已。这既然是人心之所欲,人为何不去做呢?苟非人人心之所欲,又如何能勉强人人去做呢?

故中国人教做人,开始只要能"从心所欲",做到家,仍还是"从心所欲",再没有更易的功夫,更高的境界了。故孔子曰:"七十而从心所欲。"孔子一生修养到最高境界,即为此从心所欲。然而从心所欲是一件最容易而又最困难、最浅近而又最高深的事,同时也是最普遍而又最个别的事。

但一个人每为要"从心所欲"而走上不能"从心所欲"的路,到处碰壁,不开心。这是因为不知从心所欲的方法所致。什么是从心所欲的方法呢?孔子曰:"吾道一以贯之。"曾子释之曰:"夫子之道,忠恕而已矣。"朱子注:"尽己之心之为忠,推己及人之为恕。"尽自己的心,如要睡则尽心地睡,要吃则尽心地吃,只有自己的心能替自己做主，自己才能把握住自己，自己的心才是自己的主人。我们进入社会，到了一个复杂的世网中，我们应该"不怨天，不尤人，下学而上达，知我者其天乎"。你不要在一切外在的条件上怨天尤人，你要从最根本处做起，从你初生做小孩时的那一颗心的根本处做起，才可上达到最高的境界，这时则只有天知了。

所以学做人，须从自己的心上做。孔子是"七十而从心所欲不逾矩"，要"从心所欲"而"不逾矩"才是，若"逾矩"则不能"从心所欲"了。这个"矩"还是在我们心里，做事违背自己的良心还是不能有矩。因规矩在人心中，故心之矩即天之则。照宋儒讲，这是天理的流行，用宗教语言来讲，这是上帝所给的心的法则，即是上帝的法则。这法则给了我们就是"心矩"，就是"天德"。下学而上达，是要从根本处学起而直上达天德。宋人称之为"天理"，与"天理"相反的是"人欲"。"天理"的内容只是人心所欲而不逾矩，"人欲"亦是人心所欲而逾矩了。人心之欲，想这又想那，但必须有一矩。所欲只在矩中，就是天理了。故人欲和天理并不是相违背的，而且是一体的，只要不逾矩就行。

人总有一死，若想长生不死，这固然是逾矩之欲；但若如读书过火，吃饭过火，休息过火，寻乐过火，亦都是逾矩，结果因过火而生了病，终生愁死，反而早死，都是违背天理所致。所以要从心所欲不逾矩。矩在心中，是"人同此心，心同此理"的。人皆可以为尧舜，满街都是圣人，能做到矩在心中时，也就是天人合一之时了。

今试问如何认识此心矩呢？这也很浅近，只自己心下觉得快乐即合心矩了，若心下不快乐则总有毛病。凡一切事皆不能过分，不用求快乐，只要求合理，合理则自然快乐，才能理得心安。这不是讲思想，也不是讲人生哲学，只是学做人的道理。这道理只在于躬践实行，只在学。

孟子曰："鱼我所欲也，熊掌亦我所欲也。二者不可得兼，舍鱼而取熊掌者也。生亦我所欲也，义亦我所欲也。二者不可得兼，舍生而取义者也。生亦我所欲，所欲有甚于生者，故不为苟得也。死亦我所恶，所恶有甚于死者，故患有所不辟也。"岳飞、文天祥都死了，其所欲之义则至今尚存。人的生命是总要丢掉的，但需要选择一丢不掉的东西。眼前有很多路，但得你自己挑一条去走。故人需要立志，用自己的心去选择一下。取舍之间尤见志。人之求学相同，但"志"不一定相同。在一取一舍之间，建立起自己的志，然后再从志去学。孔子曰："吾十有五而志于学。"这"志于学"就是孔子立志去学做人的道理，这是中国文化精神的中心。希望诸位能立志求学，做一个中国理想的标准人。

当仁不让

甘氏新任总统,出身膺受有关世界全人类当前祸福所系的艰巨重任,彼平素之抱负与学养,可在此书中略约窥见,甘氏已站立在历史时代之中心,正挺身接受时代之考验,故凡关心甘氏之为人及其事业前途者,披读此书,必感有一种异样兴趣,可以循诵终卷不疲……。有意要了解西方民主政治制度的人,此书不可不读……。青年人读此书,可得无上鼓舞、无上激励。

从前孟子说过:"徒善不足以为政,徒法不能以自行。"这是说我们有了一套好的理想,倘使不能展布出一套制度来,那项理想,便不能在政治上实现。但若我们仅有了那一套制度,而没有人来主宰、斡旋、运用、行使,制度是死的,也无法由制度本身来推进。在政治上,制度与人物互相为用的精义,远在两千几百年前,孟子早已如此般揭示过。

孟子这番话,乃从历史经验来。周公制礼作乐,开西周一代之治平,良法美意,维持着几百年。下逮孔子时代,却全不是么回事了。所以孔子说:"人而不仁如礼何,人而不仁如乐何。"孔子所特地提出的这一个"仁"字指人之德性言。此种德性,至少要有良心,有勇气,才当得孔子之所谓仁。人若昧了良心,缺了勇气,纵有好制度,也将无奈之何。上举孟子的话,即从孔子意见引申而来。后来中国儒家,遂有"有治人无治法"之说。这可谓是中国人之传统意见,一向重视人胜过其重视法,即是说:制度虽重要,而人物更重要。这一项传统意见,实有长时期的历史经验作它的根据。

直到最近一百年来,中国人看到近代西方的民主政治,认为他们的制度,远胜了我们的,认为我们只要学习到他们那一套制度,一切问题也都解决了。但流弊所及,过分重视了制度,而忽略了制度背后的人物,忽略了作为人物骨干的德性,忽略了作为一个人物所必须具备的良心与勇气。中国儒家一向重视对于人的德性方面之教育之传统意见被弃置,人的德性逐步堕落,尽在制度上求改变,甚至闹革命,似乎民主政治急切也不见有速效,人心思变,一转身遂到极权政治的路上去。从辛亥革命以来,这五十年,种种扰攘动乱,不能不说,太重视了制度,而忽略了人物与德性这一偏见,也是一项主要的因素。

这里牵涉到知识问题,牵涉到我们对西方政治的了解问题,牵涉到东西双方历史记载的异同问题上。西方历史记载,主要以事为主,以人为副,人物的活动,只附带于事变之演进中。此种历史体裁,略当于中国史书中之"纪事本末体"。至如西方之传记体,并非历史正宗,又多以一个特出人物做主体，做中心，而扩大及于一时代，及其牵连相关之一群人。因此中国人读西方史，容易注重在其事变上，而忽略了在此事变背后之人物；又容易注重某几个特殊人物，而忽略了其他一般人物之重要性。至于中国历史记载，传统上最主要的方式，总求将历史上每一事变，尽量分写在有关此一事变之一切人身上，不论此人物之是成是败，而人物在历史上之重要性，则跃然如见。此即中国史书中之"纪传体"，被认为中国之正史。此种史体，却是最富民主精神。历史由于人造，但历史乃由人之群体所造，特在此群体中，某些杰出人物，所占分量尤重大，然亦非少数杰出人物，能违离群众，而创出此一时代之历史。中国此种历史记载之内在精神，正合于上举孔孟儒家传统之精义，而惜乎为近代中国智识分子所忽略了。

我最近读到美国新总统肯尼迪所著、荣获普利策传记文学奖一本书的中译本《当仁不让》。我认为此书却极合我们中国人当前所需要，值得来推介给国人。肯氏此书，记载了美国历史上八个人物，都是参加美国参议院的，论其在历史上之表现，好像都仅是一枝一节，其姓名有些并不为我们中国人所知。即在美国，也并不即是第一流的大人物，说不上旋乾转坤，震烁寰宇，也不就是精金美玉，无瑕可摘。然而我们从肯氏此书之八位人物，他们的志节操守、意气事业，细细读来，却可了解美国的民主政治之透进一层的内涵与意义。使我们了解到我们要学步西方政治，不仅是一项理论上，一番制度上，一部宪法上，一套程序上，而在此理论、制度、法则、规程之外,更要者还在其人物上,还在其人物之德性上,还在运使此项制度与法规之人的良心与勇气上。孟子所谓"徒善不足以为政,徒法不足以自行",这是一项普遍公理,东方西方,都无可自外。

肯氏此书,固不重在讨论政治,但有意要了解西方民主政治制度的人,此书不可不读;固不是一部正式的史学书,但要了解东西历史文化异同的人,此书也不可不读。肯氏此书,只是一部人物传记,而且是偏在一个门类中的少数几位,并不是第一流杰出与成功的大人物。然而人物之德性与事业,则可以不限时地,不论大小与成败,而有其共通合一之意义与价值的。因此即在我们东方社会,纵使对政治无兴趣、对历史无研究的人,对此书仍当一读。尤其是青年人,读此书可得无上鼓舞,无上激励,得无上的启示与振作。

肯氏此书描写人物,有其极成功的两点。第一点,他能对每一人之某项活动之对于历史与时代之关系重大处扣紧落笔,使读者能了然明白到,此一人之所以成为时代人物与历史人物之所在。第二点,他能设身处地,把此一人在当时之某项活动中,在其内心深处所藏有之种种刺激与顾虑、压迫与愤懑,清晰剖示,曲折传达,使读者能明白到此一人之所以卓然成为一时代人物,而在历史上有其不朽价值者,在其人之内在的德性上,必具备有如是之基础,与如是之磨练。肯氏书之主要价值正在此,而其笔力生动亦足以达,使读者能在无意中受其激动与感召。

肯氏新任总统,尤其是美国史上最年轻的一位总统,而出身膺受有关世界全人类当前祸福所系的艰巨重任，彼平素之抱负与学养，亦可在此书中约略窥见。历史以人物为中心，而人物必受历史之考验。此刻之肯氏，正已站在历史时代中心，正在挺身接受此时代之考验，故凡关心肯氏之为人，及其事业前途者，披读此书，当必感有一种异样兴趣，可以循诵终卷不疲。这亦许是译此书者之一番用意吧！

在现时代怎样做一个大学生

《大学生活》的主编人，要我在《大学生活》创刊号上写一篇文章，而且希望我写的题目是"如何在现时代做一个大学生"。我自己想，我在大学教课，已整整二十有五年，目前仍然守我的旧岗位，我这下半世生命，可说永远与大学生们相亲处，我应该义不容辞，据我所知，来写这一篇文章。但我真要动手下笔，却不禁使我踌躇。我自己又想，若是我减轻了四十年，让我今天也来做一个大学生，我该如何做？我这样设身处地般一想，却使我不敢下笔了。

我自己是一个没有幸福做一个大学生的人，回忆我向前四十年以来的心境：我曾如何恳切地希望知道一些大学生的生活呀！起先是我的中学同学和与我年辈相若的相识人们，络续进入大学了。以后是我的一批批的小学生，他们也络续地进入大学了。以后是我自己，侥幸跑进大学教书，有一大批大学生来当我的学生了。从二十岁后起，我一直对大学生生活，抱着无限热情的注意。每逢一位大学生，有机会和他们谈话，我总会询问到他大学的教授们，以及关于课程，关于大学中的各项讲演、活动，以及大学生的理想、心情，和其他的一切。我虽没有真享受到大学生生活，但也算参预了大学生生活了。

我回想在我这四十年中，所知道的一般大学生的理想、抱负、心情、兴趣，以及大学生活之一切，实在是不断地有着巨大的变化。最先，每一青年，只要一脚踏进大学的门，那时，是何等地自负、自信，何等地高自位置，似乎认为救国救民，立功立业，全是他们的事。那时的大学，正好像一大龙潭，群龙无首，都潜伏在那里，一朝飞龙在天，霖雨苍生，非异人任。但似乎那一种想象，逐渐地受到挫折而黯淡了。逐渐地，一般大学生，都转移目光和心思，来打量他们大学毕业后的出路、职业，为私人谋生作准备。出路问题横梗心头，而平添了许多苦闷。那时的大学，又好像是一大工厂，工厂里生产过剩，出货不一定能推销，而每一件货品，不幸的是各带一心灵，它们能在自愁销场。

待我亲身跑进大学里教书，那时的大学生，心境更复杂，更苦闷了。九一八事变之后，尤其在北方，身当其冲。我当时正在北方大学教书，那时的大学生，不仅要愁自己出路，更会愁到国家民族整个的出路。不仅在愁货品推销不到市场去，而且会愁到整个市场之存在与不存在。而那时的大学生，好像自己总是一件货品般，他们前途的命运，都像不由自主，一切需看市场情势和推销员之宰制和摆布。

不久之后，大学变成了流亡集团，大学生变成了流浪者。那时的大学生，心情又剧变了，我们上火线呢？还是留在讲堂里？纵使留在讲堂里，也天天嗅到火药气，听到炮弹声，而且逐渐的饥饿逼来，前面纵使有远景，也无心情去注视，他们所急迫地要关心考虑的，是每天眼前的局面了。

那一些流亡集团，好容易回复安定下来，譬如千里行脚，一旦重见家园，但让不得你稍作休息。内面是家徒四壁，什么也没有；外面却人声喧嚷，好像有一大群暴客，随时在打进你屋来。那时的大学生心情，真是变得又厌倦、又空洞、又恶劣，似乎对自己命运，乃及前途出路问题等，已然一切顾不到。

其次是我们目前的第二度流亡时期了。目前的大学生，本已是在流亡中长大，在流亡中开始受教育，而仍在流亡中走进了大学。过惯了流亡生活，他们的心情，已不知道有所谓安定，正如生下便带着病的人，不知道健康是什么。而且饥饿的压迫更沉重了。有些还有一个家，有些则只身流亡，连家都没有。说到远景吧！似乎在我们此刻眼前的远景，较之十年前抗战时期更模糊、更黯淡。

不错，我们是希望有一批理想的大学生，来支撑、来挽救我们不远将来的局面。然而要求有理想的大学生，也该有些理想的条件供给他。他该有一个理想的家庭，他该有一个理想的社会，他该有一个理想的国家，乃至有一个理想的世界。他也该有一段理想的中小学教育过程，又该走进一个理想的大学。目前是一切都不理想，却单希望他们能做一个理想的大学生，那是何等的苛求呀！因此，真要我来为这一题目，教一辈青年们如何来做现时代的一个大学生，我只有踌躇掷笔，四顾而叹，叫我从何说起呢？

然而理想总得是理想。愈是在不合理想的现实状况下，愈该有理想。我总还是应该向我们现时代的大学生，说几句理想的话。我先希望读我文的大学生们，莫先怪我只在高论空谈，不顾现实！

首先我希望，当前的大学生们，应该懂得郑重宝贵他眼前所获得、所享受的那一份自由。孔子说："后生可畏，焉知来者之不如今也。"我常爱向接近我的青年们来述说孔子这一节话。马克思也算是一个了不起的人，然而若使在马克思的青年时期，也同样受着不许青年们有自由思想的教育，则在当时，断然不会产生出一个马克思。难道这世界，自有马克思降生，此后便不再会有另一像马克思的青年出现吗？因此，教育是必然应该自由的，因教育的对象是青年，我们若要尊重青年的前途，便该尊重自由主义的教育。而大学教育才是到达了真该尽量发挥自由主义的教育精神之阶段。我敢敬告我可敬爱的当前的大学生，你们既是在自由世界里走进了大学，你们哪能不郑重宝贵你们当前所获得、所享受的那一份自由？

如何珍重我们这一份自由？首先该珍重我们各自的前途。如何珍重我们各自的前途？至少不该专以谋求职业和解决私人衣食生活，来作为进入大学唯一的目标。若是专为谋求职业和解决私人衣食生活，那么，集权政治下的教育者，正在向你们招手，说：来吧！你该献身大众，为大众服务。我们必然替你安排一职业，谋求一出路，你将来私人的衣食生活，再不用发愁了。他们唯一条件，只要你肯出卖你自己的自由。换言之，则是出卖了你自己的前途。你今若自己限定了你自己的前途，说：我只要谋求一职业，仅图一身温饱便够了。你既早把你自己前途抹杀干净，试问你尚要此一份自由作何用？这是我们当前的大学生们，所最该郑重考虑、郑重思索的一问题。

"后生可畏，焉知来者之不如今。"世界人类一切前途，全依靠在后生的青年们。若后生的青年们，将来的成就，永远不得超过这一代，而且永远只能在目前这一代的已成局面下，挨进一身，插进一足，争取一职业，来满足他一身的温饱；试问：那样的社会，前途何在，希望何在呢？难道大学教育的意义与功能，是即此而止了吗？

我说到这里，或许大学青年们会问我：你既不主张大学生注意他们自己将来的职业和出路，那么，你所说的大学生前途，又是什么呢？我想这一问，才是我所要提醒我当前可敬爱的大学生们之唯一要点了。在我想，只有撇开一个人的必须遇到的职业和出路问题之外，才始有他真正远大的前途，才始会真感到他自己当前那一份自由之可珍重。否则，若专在职业问题上用心思，当知在这上，根本并无多大自由可言，也并无多大的自由须争取，也将不见得所谓后生之真可畏。社会上各项职业，都现成安排在那里，只待青年们各凭机会去投进。大学里各门课程，各项知识和技能，也都现成安排在那里，只待青年们各凭匆匆的大学四年光阴去修习。到那时，各自拿着一张大学文凭去社会求职业，难道便是大学教育之使命，便是大学青年的前途吗？

我所说的大学青年之前途，在我想，也不是凭空不顾现实的一番高论和空谈。我想最应顾到的现实，莫过于大学青年之本身,最应付以理想的,莫过于大学青年将来各自的前途。只要当前的大学青年们,在这大学四年光阴中,各自莫忘了他自己本身,各自能对他自己将来前途,有一番恳切的认识与努力;只要当前的大学生们,各就自己那一份耳聪目明、年富力强、后生可畏的本身去努力,应该有一番理想前途的。只要当前的大学生们,将来各有他们一番理想前途,则一切将会连带着有前途。

昔宋儒张横渠有言:"富贵福泽,将厚吾之生也。贫贱忧戚,庸玉汝于成也。"当前的大学生们,富贵福泽,似乎说不上。贫贱忧戚,正是当前大学生们一幅十分恰切的写照。这或者正是天降大任,要来玉成这一辈青年的理想前途的。我只有贡献横渠先生此语,来为当前大学生们祝福!

然而青年总还是青年,大学生也总还是大学生。我勉强来写这一篇文章,我只有为当前那一辈可敬爱的大学生们抱无限之同情,我仍只有掷笔踌躇。我更深切地希望负责当前大学教育,乃及关心当前大学教育的各方人士,来共同为这一题目,共同为当前的大学生们贡献他们的同情与解答吧!

关于提倡民族精神教育的一些感想

《教育与文化》周刊社拟出"民族精神教育"专号，来信要我也写一文章。兹事体大，未敢于冗忙中轻易下笔，又承函催，不得已姑就一己感想，作一番直率的拉杂谈。

窃谓提倡民族精神教育，绝不是要把自己民族孤立脱出于并世各民族之外，抱残守阙，关门自大，遗世独立。所以要提倡民族精神教育者，乃为求把自己民族投进于并世各民族之林，释回增美，革旧鼎新，争取自己民族在现代世界潮流下，并驾齐驱，得一平等自由之地位。

晚近数十年来之教育精神，因于急求后一希望，过分排斥前一趋向，乃至认为凡属提倡民族教育，便是抱残守阙，关门自大，遗世而独立。于是为要并辔前进，却先跳下了自己的马背。既觉步行赶不上，再自刖毁了双足。为惭动抬不得，更求自刎以泄恨。倘有另一骑，把此残废之躯，吊悬在他马屁股后，拖带颠簸而前，他却沾沾自喜，认为是"附骥尾而行益显"。其实则别人的马跑得愈快，那悬挂在马屁股后的人，他的生命危殆的程度，亦将以正比例而增。

在此种心理与风气下，来谈民族精神教育，实在难言。窃谓且莫论精神，一切教育，起码工具仰赖于文字。而我们这数十年来，对于本国文字教育，无可讳言，是每况愈下了。

从本源上下功夫，国家应积极提倡，使后起国民中才性相近的有志青年，肯埋头从事于本国语言文字之研究，由语言学，而文字学，而文章学，分途精研。而尤贵有一贯精神，且先专注重在教育意味上，使大学校有理想的国文系，然后中学校可得理想的国文教员。中学有了理想的国文教员，小学也可有合水平的文字训练。此是提倡民族精神教育一最先的要求。

为求应急起见，应从现在小学、中学中之国文、国语教员身上着眼，加意让他们有进修之机会。不在这上面注重，只想汉字简化，只求提倡白话文更能通俗，只想如何能把文字文体变了，好让通国人民，不费心，不化力，大家能一旦豁然贯通，窃恐古今中外，难期此神迹之出现。

国文教育之外，继之应注重国史教育。所谓国史教育者，绝不是要通国学生，都能烂熟"二十四史""九通"那一堆繁浩的史籍。但既做了这一国的国民，绝不会不关心到他本国以往的历史。我们尽忽略了自己的历史教育，但全国人民，却依旧整天满口在谈历史呀！譬如说：中国二千年来是一个封建社会。这不是已成为一句全国流行的普通话了吗？但我问：谁曾从"二十四史""九通"那一堆浩繁史籍中来归纳、来证实、来确定了这一句话的呢？

又如说：中国学术思想，二千年来定于一尊，我们要追上现时代，便该打倒孔家店。这不是在学术界，在言论界，在一辈较高级的智识阶层，还是不少人抱此观点，不惮烦地，一而再、再而三地在提到此项主张吗？但此仍是一历史问题。试问谁曾在浩繁的史籍中，真能指实此定于一尊的说法呢？谁能确实指明那所谓孔家店的后台老板，和那店里批发经售些什么货色呢？

学校教育不注重历史，但禁不住全国民众一开口便谈论到历史。难道只有中国历史可以不学而知的吗？

现代的中国人，好像都认为中国史可以不学而知，因此他们想进一步，希望中国文字也可以不学而通。再进一步，则是希望可以不受中国教育，而做一个合格理想的中国人。

我们既不能禁止中国人开口便讲到中国史，我们只有对中国史提倡研究，莫使谬种流传，来妨碍中国一切可有的进步。这一层，正本清源，依照目前情形论，也仍只有由国家来在最高的研究所里，培养对本国史有深造的后起青年，使大学校有理想的中国历史系，循次来改进中小学的历史教育。

历史知识之成为一空白，且不论。更可怕、更可惋惜的，目前的中国人，已不知道中国的疆土和地理。我两月前，曾在九龙公共汽车上，清晰听到我后面座位上，一位年近二十岁的姑娘和一位三十左右像太太模样的，因开一信封而争辩。那位姑娘说："写了苏州，不必再添写上海，因苏州是一省，上海是苏州省一市。"那太太模样的说："你错了，只有江苏省，没有苏州省，而苏州只是上海市之一城。因此大家写信，都写上海苏州的。"继此还有许多辩论更可笑。她们口齿清利，仪表文雅，应该是也受过教育的。那是两位中国人，竟可说是比较代表优秀的、中上阶级的中国人，而她们讲话，又是江浙口音呢！

中国历史，有人会嫌其太长了，史籍太浩繁。中国地理，我想或许会有人嫌其太广大，太费记忆了。不知有否办法，也像简化中国文字一样，把中国地理也简化了。有人主张索性废止中国字，改用罗马字拼音。不知也有人可能想出废止中国疆土、改用外国疆土的办法呀！

一家的子女，记不得自己家里死去的父和祖，那不说了，但不应该不知道他家庭现有的卧房在哪里，茅厕在哪里，厨房在哪里，大门在哪里呀！

本国的文字，本国的历史，本国的地理，那一些教育，说不上"民族精神教育"，但说到"国民教育"，总该注意到这些上。我们究竟要不要国民教育呢？

我们大家说，我们中国是一个落后的民族，一切应该向外国人去学。但至少，中国文字、中国历史、中国地理，这三项，目前尚不到定需向外国去学的阶段。纵已有此趋势，恐怕也得等一时。若使我们认为此三项科目教育之重要，至少国家应该积极提倡，在本国自设的研究所里，加意培养这三项之继起人才；在大学校，加意整顿这三项的课程标准，由大学影响到中学而小学，使各级学校，都有对此三项胜任愉快的教师。

目前的情形，一般中学校，都由国文教师来充教历史，又由历史先生来兼教地理。但大学国文系，选修人数，绝不能比外文系。外文系若有一百名，中文系最多得十名。而且优秀青年多喜欢进外文系，无系可进则派进国文系。因外文系毕业，可以出国留学，有前途；国文系毕业，任其自漂自沉，自生自灭，谁也不理会。试问聪明俊秀，稍有远志的青年，哪肯自陷此冷宫。一般情势已到如此，还有人一听到"民族精神教育"那题目，准会痛心疾首，声色俱厉，来冷嘲热讽的。其实又何必打死老虎？我们也不如卑之毋甚高论，且谈一些"国民教育"的好。

今天要谈国民教育，已不是一件轻易的事。主要在政府当局肯决心来提倡，来培养后起人才。我们且莫认为国民教育不重要，大学教育才重要。且莫认为大学教育不重要，留学教育才重要。本文作者，是不幸而没有受到大学教育的，当然更没有享受到留学教育。但幸而是在幼年时，还受到一段在我当时的国民教育，那尚在前清时代，国家尚未注意到大学教育和留学教育的时候，但那时国民教育的师资，实在比此后强了不知多少呀！那时是前清的旧社会，不知新教育，但为国民教育却不知不觉早安排有许多好师资。此后五十年，越讲教育，越懂得注重大学教育和留学教育了，但国民教育的师资却愈降愈低了。正因为国家的新政策和社会的新风气，似乎对这基础的国民教育太忽略、太轻视了。

目前再要来谈国民教育，那时旧社会替我们安排的那批人全老了，死了，没有了。我们得自己来再安排。这就非从大学校和研究所培植起。三年之病，求七年之艾，也只有耐心此七年。

师资是第一，除却师资，一切是空谈。现有的师资，如何设法让他们再有进修；继起的师资，如何加意从头来培植。尊师然后可以重道，师严而道尊，试问我们如何来尊严这些师资吧！

我们要讲究民族精神教育，前一步应注重国民教育。我们要注重国民教育，应该看重中小学里的担任本国文字、本国史地的先生们。如何扶植现有的，如何培养新进的，如何鼓励他们，如何诱导社会上一部分的聪明才智肯向此一途而努力，这已不是一件容易的事了。再拖一些时，在国内大学里，将选择不到能担任本国文学、本国历史和本国地理出色当行的教授。大学缺了此几门，中学小学再也无法在此上有希望。

就本文作者个人经验讲，在大学校担任中国史，也有二十年以上的时期了。在十年以前所编撰的讲义，此刻上讲堂，无法讲。甚至在二十年以前在中学任教时所编撰的讲义，此刻在大学讲堂里，有些仍感无法讲。犹忆在对日抗战时，有一位大学同事亲口对我说："像我们这四十五十的人，此后十年二十年，尽可不再读一本书，尽可不再求一些长进，那一碗大学教授的饭，还得让我吃。因现在的大学毕业生，在此后十年二十年间，再也赶不上我们。"

其实那位教授的话，只说准了一半。因到外国留学的，仍可把外国大学的新智识、新发现，带回中国来，胜过老教授。只有教中国自己东西的，即如上举本国文字、本国史地之类，还没有可到外国留学的，便真要像那位教授之所想了。而真可怕的，是待我们这一批打不破饭碗的人逐一老了死了，而这十年二十年内，再也没有来继续吃这一碗饭的人。这并不是我菲薄后生，实在是这学术界几十年来的大趋势如此，谁也无可否认呀！

如何扭转这趋势，改换这局面，此刻不再留心，此后会更难措手的。我自问我上面这些话，绝不是存心顽固守旧，或是抱残守阙，说是提倡中国旧文化，来反对新教育、新智识、新潮流。更不是因我读了几本中国书，希望全国聪明才智，都钻进那一堆所谓"早该扔进茅厕"的线装书里去，来乞媚于所谓"冢中之枯骨"。实因为中国人急切间仍将是中国人，中国教育也无法不仍将是中国教育，而中国文字和中国史地的人才，又急切间无法也向外国留学去造就，因此，心所谓危，不得不言。至于如何着手，则在我个人，已是感到兹事体大了。若忽视了这一现实情况，而骤然来高谈"民族精神教育"，就我私人言，更感其有无从说起之苦。因而拉杂陈其所感，以待教于关心教育之通人。

青年的责任

——与青年书之一

诸位可爱的青年们,从这一期起,我将借着《中央月刊》的篇幅,连续和诸位作长期的公开通信。首先我将介绍我自己,和述说一些我要和诸位通信的心情。

我自七岁在私塾读书,四年后,进入初等小学、高等小学,而中学。在十七岁那年,本该中学毕业;但那年秋天,辛亥革命起义,学校中途停辍。明年是中华民国的元年,我年十八岁,跑进乡间一所私立小学去教书。那时的小学生,有大过我四五岁的,不少和我同年龄的。我自己还是一青年,既脱离了做学生的时期,但我仍是在青年群中一起生活,如是者几近十年。

脱离了小学,去教中学,又九年。在那时,我自己已渐渐进入中年期。但当时,我教的是国文科,必须兼任一班导师,日常还要和一辈青年生活在一起。

直到民国十九年,我年三十五岁,开始进到大学去任教。在那时,我已是一中年人。但我的日常生活,仍是和青年接近。如是,直到我七十岁,才开始脱离了大学教书生活。回念我一生,从十八岁到七十岁,超过五十年的长时期，在我的整段生命中，可谓是永远和青年们相接触。

七十岁以后，我还时常在大学兼课，但所教全是大学毕业生，在研究所修读硕士学位的。他们大体亦已到了中年，有的已结婚，生下子女。我和青年们接触的机会，于是愈来愈少。

我自己在青年时，虽已腼颜为人师，但总抱着两种心情。第一，我不愿强不知以为知。如在课本上，教青年要孝父母，我自己问：为何为人子者必该孝，又该如何般孝？我自己不懂其中道理，如何随口教人。我自该先自明白。如此，却领导我走上了一条读书做学问的道路。

第二，我不愿做一口是心非或只说不做的人。如在课本上，教青年要立志好学，我常先问自己：我究竟立了什么志，我是否也好学？我不该只在口里说，不在身上行。如是我便常常奋励自己，把教导青年的话回头来教导我自己。

因此，我虽从十八岁起，便脱离了学生生活，不再有师长教导我，但一辈青年们，他们虽是我学生，同时也像我师长般。至少，我只当和他们是同学。古人说："教学相长。"我正是受此益处。逮我进到中年，总算自己也不断有些长进。不仅在学问方面，同时更是在做人方面。

我进到大学，大学青年虽和中学青年有不同，但其为青年之可爱则一。青年人最可爱处，在其心地纯洁，还未入社会，少习俗沾污。又未有其他牵挂，无家累、无职业，充满身心，只是一番活力。尤其是正值国家多难，只有青年们，感受最敏锐。他们能有一番真诚，肯向前，肯出力，肯以天下为己任，肯先天下之忧而忧，肯后天下之乐而乐。我常和他们接近，亦能时时激起我心热忱。使我亦追随着他们，把我个人心情，常更多寄放在国家民族当前大问题上。我虽已在中年，而且逐渐走向老年，但我自己感觉到，只要常能和青年们接近，常处在青年集团的氛围中，听其言论，感染其意气，也会时时启发我的豪情壮志，使我身上原所自有的一番青年气息，不至于遽尔消散。如入芝兰之室，久而不闻其香。我正为自己五十多年来常和青年接近，使我心上还时时保有一些青年气息。我虽无他长，只此尚堪自己幸慰。

然而话虽如此，又得说回来。我日斯迈而月斯征，年岁不饶人，在我究已老去，尤其在我脱离了青年群之后，我实在更感到我易老易衰。回念以往，我常和青年们在一起，我也自怀有一番志向，一番抱负。而今老了，什么成就也没有。当时是"高山仰止，景行行止"，虽是巍峰插云，我也常想尽力攀跻。然而此刻，则迤逦陂陀，此身实不啻仍在平地上。古人云："少壮不努力，老大徒伤悲。"只把我现身说法，正是一眼前好例。当时如何般指导青年，如何般自勉自励，此刻只落得一场空话，真是感慨万千，不堪回首。

适因《中央月刊》社编者出了一个题目，要我来连续写一些对青年们的公开信，在他们月刊上发表，引起了我五十多年来心中无限的蕴蓄和幻想。我虽年事已迈，归入了老年队伍，从此将和青年们日隔日远；但借此一题目，正可使我虽不能在躯体上有返老还童之望，但在心情上、精神上，仍得和我心上所真诚感到的当前可爱的青年们有一番无形的接近。这事在我未来生命中，正如打了强心针，补充新血液，不仅唤起我许多回忆,抑且将增进我无限生气。在我自然十分高兴来尝试接受此工作。

现在我将撇开自己个人,来回忆到我这五十多年来所亲身处在的这一个时代,正是我中华国家民族历史上前所未遇的一个大时代。我常想,我中华国家民族在此一时代,正如一叶扁舟漂荡在茫茫大海之上,四面是波涛汹涌,要求渡此险恶,到达目的地,正是一万分艰巨的时代。须得我国人全体,发挥无限智慧、无限精力,来同舟共济。此刻则仍在此大海上,波涛则依然险恶,更需要我们紧密团结,掌稳罗盘,努力登上彼岸。

诸位可爱的青年们,这是一个科学技术突飞猛进的时代,也是民族意识觉醒的时代。我个人以往的全部生命,虽在此一时代中过去,我自问对此时代,分毫无所贡献,但总是在此一时代中获得了我自己一些经验。我此一些经验,在今天来从头诉说,或许将会对我当前的一批可爱青年们,增加一些警惕,供作一些参考。让我们当前的一辈可爱的青年们,更知当所从事,来继续努力,向前猛进,为我们国家民族打开一条真出路,到达一番新境界。若我此下几许公开信,能在我此一想望之下获得千万分之一的效果,在我是何等地堪以自慰,堪以自足。

此一时代,让我坦白直说,乃是一艰危的时代。在此时代中诞生的青年们,也都遭受了可悲的命运。五十多年来,我眼见一批批青年,在他们的内心,无不抱有一颗爱国家、爱民族的至诚赤心。退百步千步讲,至少每一青年,无一不对自己有爱心，无一不为自己谋出路。而且每一青年，无不具有一番活泼的新生力，一番发掘难尽的新智慧和新能耐。大家都在说，时代的新使命，和时代的新希望，将担负在青年们身上。而青年们也都能勇敢地来接受此使命，努力此希望。我也可说，在中国历史上以往各时代中，我们此一时代，比较上可算是青年最活跃的时代。在今天，我们已被视为老年人的，或是已成了历史古人，离此世而去的，在当时，都曾以一青年而跃现到社会上层，有过不少惊人的作为和活动。我们只稍一研究民国现代史，我们说此时代乃是一青年时代，当不为过。

然而居今思昔，此一时代，固是一艰危的时代，也不能不说是一多变的时代。在此以前一批批的青年，他们在此时代中，固已各有表现，各有影响，然而总结一句，到头仍是一无所成，还要待我们继起努力。此一时代中前辈的青年们，只留下了一个未打开的局面，未解决的纠纷，没有给我们一个安定的基础，亦未给我们一条平坦的路向。古人云："前车之覆，后车之鉴。"此刻要待我们当前的一辈青年们，来重新踏上从前将近六十年来一批批青年们所走的艰危之路，而终于要开辟出一条康庄大道，渡过难关，重履平夷，此则成为当前一辈青年人的责任。"时代考验青年，青年创造时代。"证诸史实，丝毫不爽。今天我们若就人事论人事，一时代的艰危，而应该由此一时代人来负责渡过，所以我们绝不该舍却人事来责怪时代。然则我们当前一辈可爱的青年们，一面是责无旁贷，一面却该把此一时代中以往的

第四编　青年的责任

一批批青年们作借镜，庶可勿蹈覆辙，另创新趋。

由我个人说来，我也是此时代中以往的几批青年中之一员。居今思之，一无成就，一无建树，上无以报国家与民族，内无以自慰我自己在青年时期一番志向与愿望，下亦愧对后起青年。岂敢以前辈自居，自负要作青年导师，来说空话，发高论。但痛定思痛，在我此五十多年来汗颜为人师之一番生命过程中，终不能说自己更无一些经验，可为后起青年们，即当前的青年们坦率直告。我绝不敢说我自己乃是一匹识途之老马，告诉青年们说："来吾导夫先路。"但我纵在迷途中，亦得向后来者报一声"此路不通"，或说"前途艰危"，好为后来继起青年有所警惕。这是我此下要和当前青年们连续通信一番真实诚恳之心情所在，当先求我可爱的青年们了解，则我此下说话，比较容易获得青年之相说而解，至少希望能避免许多应可避免之误会与反感。

我虽虚度一生，但我也是在教育岗位上牢牢驻守履五十多年。我至少自己认为常与青年们接近，能了解得一些青年们的真情实况。更要是在我前半段的教师生活中，在小学、中学任教，对未成熟的前期青年们，了解得更多。

犹忆在那时，正是我们社会激起掀天揭地的大震荡之际，人人皆知的"五四运动""新文化运动"，接续而来，那时我正在小学教书。继之而起的，是国民革命军北伐，定都南京，完成统一，那时我是在中学教书。说来惭愧，那两时期，正是我们此一时代中青年跃起，在社会上发生大活动、呈现大作为之时期。但我只是在小学、中学教书，不曾参加进这些活跃。待我进到大学教书，那时正已是渝关事变，及八一三淞沪抗战，而下至于七七事变。在此以前，正为国家社会常在极度震撼中，一辈热心人士，似乎有感于社会上大多数的中年、老年人，不够力量来应付此局面，遂大声疾呼，要刺激青年人起来共同负荷此大任。

但我在小学、中学，深知在我四围的青年们，有此热忱，此是青年之可爱处，而实是无此能力，正该栽培。青年人有青年人的岗位，青年人有青年人的前途。青年们的责任，应在其将来，而不在其当前。不该舍弃目下求学好光阴，来从事种种与学校无关之活动，要他们负担起应由中年以上人该负担之巨大责任。在我亦只是爱护青年，希望他们来作后备队，莫要他们来作先锋队。国家民族前途遥远，青年们眼前的责任在研究学问，充实自己，以备将来蔚为国用。任重道远，应该在他们的将来，不该提前把大责任加在他们身上。在当时不知曾化了我多少唇舌，多少心血，来劝导青年们安心向学。然而外面的呼声，那么响亮，那么激动，青年们热血满腔，哪有不跃跃欲动之理！而且还有人看此形势，存心利用，不止一方面，乃有多方面，想望能拥有青年，利用青年。青年们涉世未深，又加上此种种复杂，误入歧途，从此失足。不仅于国家民族无补，抑且更加以大祸大害。

逮我进入大学，接触到的是已成熟的青年们。有些人的激情偏见，我虽知其是被利用，而非真实本心要如此。但欲加劝喻，较在中学更感困难。尤其在抗战时期为益甚。我的日常言说，纵或在大多数中立的游移不定的青年们心上，也曾发生些少影响，然而大势何补！我有心无力，只自苦痛。若说青年是时代的新血，时代的柱石，我辈服务教育界，正是肩此重任，应来领导青年走上正轨，使他们终成大器，将来为国家之栋梁，来善尽他们的责任。但我不敢不老实说，我们自民国以来此一时期四十年来的教育，实也未能尽责。而我始终在此岗位上，最轻的说，也是一员素餐者之自糊其口而止。良心谴责，焉得不自知愧负。到今天，却还要来对青年们说话，宁不觍颜。但有许多话，却终是如鲠在喉，不得不一吐为快。

至少，在我想来，时代牺牲了青年，那亦是现代之史实。在往时，凡我所接触到的那一批批的青年们，到底是热血满腔，勇往直前，不畏牺牲，本意是为着国家民族之前途，而存心要奋发有为者占其绝大多数。我直到今天，回念往昔，我仍对当时一辈青年们，抱同情，愿加体谅，不忍多有所责备。然而今天的青年们，所负责任，实较以往更重大，更艰巨。若说要来领导青年，我早已在上文坦白交代过，我自知非其选，不胜任。而《中央月刊》社编者，却出此题目来督责于我。我所以不曾一口拒绝，也已在前文有交代。我只愿趁此机会，说我心中所蕴蓄的一些老实话，来和我当前的可爱青年们，作几番家例程的闲谈，吐露我一番对自己、对青年、对国家社会之种种歉疚。在我将尽量力戒，不说门面话，不说空洞话，不发高论，不作过激之谈，不使偏锋，不尚意气。若使青年们对我此一番心情有谅解，或许我所欲言，对当前的青年们，终还有些少裨益。我将馨香祷祝，以期待我可爱的青年们之反应。

爱我中华

——与青年书之二

我对台湾青年们较为陌生，因我没有在台湾任何学校教过半年乃至几个月的书，没有和青年们有任何接触。犹忆在一九五〇年冬初来台湾，住在中正路励志社，每日清晨，去路旁小馆吃豆浆油条，遥见对面路上一群群青年，携着书包，结队上学。我便想：我们正为在大陆失败，播迁来此。若我们惩前毖后，在此生聚教训，则此辈青年，不远将来，皆将是社会柱石，国家栋梁，担负重建中国之大任。每一念此，不禁神往。

后承教育厅邀，赴中南部在各中学作巡回演讲。一次在火车上，黄昏时，凭窗外眺，见不少青年在轨道旁步行。伴者告我：台湾学生在家不见太阳，清晨日未出，即离家去学校；傍晚回家，则日已西落。此一情景，益增我之遐想。只要教育有办法，国家民族光明远景，岂不如在目前。

此等回忆，距今已逾二十年。台湾教育日益发达，学校数、学生数，不知较之往年增添了几许倍。当时道途所见，此刻都已脱离学校，在社会各方面服务，青年转成了中年。只要他们每一青年时期不曾浪费，社会应获几许进步。固然台湾此刻较之二十年前进步甚大，但理想亦岂仅止于此。我们总希望百尺竿头，更进一步，则今日的青年们，岂不应更自策励，更自奋进。

在今日的青年们，或许对当前社会，亦抱有许多不满。当知此等不满，正是今日青年们责任所在。正待他日投身社会，能再改进。孔子说："焉知来者之不如今。"正待一批批青年们不断有进步，社会亦将随之有进步。社会所望，正在青年。苟使青年无望，则此社会更复何望？

今当设问，台湾此二十年来，青年进步，究在何处？又当问，此刻台湾青年，较之以往大陆青年，进步究在何处？此一问题，恐难具体作答。但关心社会，关心国家民族前途者，此一问题，不能不常置心头。即青年本身，亦当存此问题在心。"见贤思齐，见不贤而内自省"，我们不该不时有一个比较。

我愿将我直觉上所感到者，提出一些比较来，和当前我所心爱的青年们作一番闲谈。

以前青年种种心情，我已在上一书中约略道过。其时社会流传有一句话，值得我此刻提起。谓："读书不忘救国，救国不忘读书。"此似在五四运动时期由北京大学蔡孑民校长所提出。但此话由当时说来，实有许多为难处。缘当时，青年们救国心切，蔡先生意，只盼当时热心救国的青年们，不要忘了读书。读书求学，使他日各得成材，则救国自有途径，故勉青年们在救国运动中莫忘了读书。至于说"读书莫忘救国"，则勉青年应以读书为救国准备功夫，以救国为读书终极目标。此两语,可谓是双方兼顾,斟酌尽善。

但我说有为难处。因救国是一件急迫事,又是一件艰巨事。不是说大家一跃而起,国便得救,待救得国了,再回头来读书。而且真个跃起救国,心情必然紧张,精力又要集中,尚患力不从心,哪能在救国中还分心不忘读书。而且既是一件急迫而又艰巨之事,大家又得群策群力,急起直追。待成了群众心理,各人心情不免变质。在成年、老年人,修养有素,亦难把握心情使恰到好处。以此来责望青年"救国不忘读书",实已落为一句空话。至于读书不忘救国,却易使青年们在读书时期舍弃读书,奋发救国。两句话终成为一句。由我私人想来,这两句话,现在不如改为"爱国不忘读书,读书不忘爱国",则青年们在一念之顷便可做到。在学校读书,自可心存爱国。只要心存爱国,便知我此刻读书,意义深长,责任重大,自会更黾勉以赴。

犹忆我在北京大学教书,有一清华大学学生常来我家。我虽在清华兼课,此一学生并不上我课,只为其亲长介绍,时时前来。每来必在星期六彼离校回城之晚,一来必谈国家大事。其人诚恳敦笃,我劝其何不多谈学问,却专谈国事。彼云:"校中同学竞以国事相谈,我听先生一夕话,回校乃可安心读书。若一次不来,便感此心摇摇无主,读书不安。"我因随其所问,为之分析解答。久之,实不耐烦,嘱其以后切勿再谈此事,彼此浪费时间,又永无止境。我当时声色并厉,他亦悔悟,谓后当力戒,非关学问,将不来我处作无益闲话。时值隆冬严寒,彼深夜披一羊毛巾,辞我出门，我不禁深为感动。

翌晨清早，我盥漱未毕，彼忽又来，神色仓皇。我疑动问。彼谓："本约再不谈国事，但今晨忽又有大事，我心惊扰，不得不急来告知。"我谓："一夜间何遽有此。"彼告我："晨起见报，蒋委员长在西安蒙难。知先生只有天津《大公报》，此时未至，故急前来。"于是整一上午，彼又在我家纵谈此事。此后我亦不忍再对彼坚持拒谈国事之戒。

此一故事，正可说明当时国事及大学青年心情之一斑。此一青年后幸未入歧途，今仍在大陆，存亡不知。

另有一故事。在抗战中，北大、清华、南开三校文学院联合在湖南衡山开课。时有数学生决意赴延安，诸生集草地上欢送，慷慨陈辞，有声泪俱下者。我与清华冯芝生教授，同被邀往讲话。我最后发言，力劝诸生应安心读书，国家在此办流亡大学，正要培植诸君为将来国家大用。南京沦陷，非即是战事结束。武汉继陷，亦非即是战事结束。国家调用诸君，尚非其时。诸君在此，唯有安心读书，始为报国唯一正途。会散，冯芝生在房中与我力争，谓我劝诸生安心力学是正理，但不该申斥赴延安诸人。当时曾有某教授在座。顷某教授亦在，当亦可追忆及此。

此数人决意前往延安者，在当时是否已加入共产党，我不知。然彼辈去延安后，结果则为当时向往延安者所未能逆料。在我此时，回念当时青年，终不能不抱一番同情之心。因是亲身接触，故觉青年终是可爱。时代牺牲了青年，青年亦耽误了时代，言之痛心。

但回头来看我们当前可爱的青年们，单就上述一点言，似与往时青年不一样。救国狂热不可有，爱国真心则不可无。"生为中国人，死为中国鬼"，不仅我们每人如此；上有祖宗，下有子孙，从头到底，莫非是"生为中国人，死为中国鬼"。如此而不爱国家，不爱民族，至少是一不仁之人。人而不仁，其他更复何论！中国文化在此方面，最所注意。幼稚在家庭，则教以孝道。知孝父母，自知爱其家。少长进学校，则教以敬业乐群，敬学校所授之业，乐学校所处之群，则自知爱学校。培养其爱，即所以培养其仁。中国国家民族，绵延之久，扩展之大，以有今日，唯此是赖。岂是中国为父母者，仅能多育子女，子女生齿日繁，而不知爱国家，爱民族，则益将促使其国家民族沦于万劫不复之地。然幼稚知爱家庭，却不可使之群掌家务。少长知爱学校，亦不可使之群持校务。如此则爱家适以乱其家，爱校适以乱其校。往日大陆青年，其先莫不由一颗爱国真心出发，但其后则激而为一番救国狂热，乃使狂热漫失了真心。前车之覆，近在目睫，岂不当悬为炯戒。

就目前而论，台湾青年，此二十年来，往日大陆青年一番狂热，似已逐渐衰退，此是可喜之象。但为青年所不可一日或无之一颗爱国家爱民族之真心，则似亦不如往日大陆青年之显著。此实是一项大堪警惕之现象。若我此所分析，诚属事实，则不得不郑重提出，使我当前可爱之青年们，各自反省，各自检讨，以求纠正。

大陆青年因于救国狂热之激动，有一显著风气，即好为高论，批评国事。此风似乎初来台湾，亦尚有之。我在十年前曾一度在美国某地，与一辈自台出国者聚谈。坐上有多人肆意批评国事。余谓："诸君来此，固是留学生资格，但同时不啻乃是代表着国家与民族。如此言论，其所影响，将远胜过政府所派外交人员之努力。在国家民族所受打击，恐非十万大军压境可比。"实时坐上有人明斥我言，谓我身份不同，故尔不得不如此为说。我谓："诸君与我，同是国家民族一分子，身份不同何在？"此一番争论，乃在此刻仍旅居美国某一教授之家中。目下此风，似已渐归衰退。但狂热退而真心亦失。此层则不得不细为寻究。

如何能戒此狂热而保此真心，其间大需修养功夫。学识上、心情上，均需有修养。修养之目标，固须教者善为提撕。然修养之功夫，则贵学者各自潜修默养，非教者所能为力。此"修养"二字，乃是中国文化中一项可珍贵之传统。可爱的青年们！当知在学校求学，不仅是求知识。求知识，亦不专在口头上、纸片上，主要能贵有知识修养。而在知识修养之上，尤贵有人格修养、心地修养。同一日光、水分、肥料，加在不同之根本上，会发出异样的枝干，异样的叶，异样的花，与结出异样的果。学问知识，亦如日光、水分、肥料，心地与人格，则是根本。同样的学问知识，施诸异心地、异人格，亦会开出不同的花，结出不同的果来。

若使一不仁之人，没有爱国家爱民族一颗真心，纵使获得甚高学问，甚深知识，亦将对国家民族无所补益，抑且有所伤害。而人格修养、心地修养，又贵在青年时培植根本，奠定基础。正为在青年时，各人心地纯洁，外面又少各种牵缠。若在此时，即知有心地修养、人格修养，则可事半功倍。待到中年以后，心地上横添许多污染，事业上横出许多牵缠。到那时，始知有心地修养、人格修养，终不免会事倍而功半。中国《易经》上说："蒙以养正，圣功也。"一人在童蒙时，却反易走上一条正路。天地生人，可贵在此。青年时期可贵，亦在此。当在青年时即可有作圣功夫，即知以正养，从此一条直路，即可作圣贤，参天地。此非随便空说，乃是千真万确的一项大真理。

如说爱国家，爱民族，即在童蒙时，一切不知，此事却易知。如在幼稚时期，便可知爱父母。当如何爱，容所不知，但此一颗爱心，则明明白白，自觉自知。千真万确，丝毫不假。爱民族，爱国家，亦如此。如何般去爱，当然须许多学问知识，从外求取。但此一颗真爱之心，则由内发出，不烦向学问知识外面去求。此一颗爱心，即孔子所说之仁。孔子曰："求仁得仁，仁远乎哉。"仁即在我自己心上。求取学问知识，有许多条件。如诸位不进学校，即在条件上有缺。但求此一颗真心之仁，则并无条件。可以反身自得，可以当下即是。诸位如纵观不入学校、无学问、无知识的人，在他们中间，却尽有许多真心爱国家爱民族，胜过我们的。此理即见，不烦多论。

据目下统计，在台湾，近有四千所学校、四百万学生。若能在此四千所学校、四百万学生人人心中，各具一颗爱国家爱民族之真心，试问此项力量，此项影响，将如何般来计算？岂不是国家民族光明前途，即可在望？道在迩而求之远，事在易而求之难。我此所提出，人人各该有一颗爱国家爱民族之真心，此事可谓甚近甚易。舍此不求，尽从远处难处求，此是一种颠倒。亦如缘木求鱼，鱼非难得，缘木求之则难。攀缘愈高，得鱼愈不易。此层最须细辨。

此项真理，固亦赖有先知先觉者提倡，但亦不定要有先知先觉者提倡。孟子说："待文王而后兴者，凡民也。豪杰之士，虽无文王犹兴。"今天在台湾，投考学校，是青年们一件甚大甚难之事。从国民中学考入高级中学，已是一大难事。今天的高中学生们，已尽可称得上一豪杰。从高中考大学，其事更大更难。今天的大学生，真堪称是一豪杰而无愧。难道今天一高中学生、大学生，在他耳中，从来没有听过爱国家爱民族的呼声？在他眼中，又从没有见过爱国家爱民族的字样？莫要是听惯了，见惯了，亦如一日三餐、家常便饭般漠不关心。但家常便饭，一日三餐，缺了一日便会饿，缺了十日便会死。

诸位可爱的青年呀！你若从不知在你该具有一颗爱国家爱民族之真心，而把国家民族，放弃在你求学问求知识之外，则你至少早已犯上了精神饥饿、精神空虚之重病。成为一行尸走肉之假人，则犹可；若你把不爱国家、不爱民族之心情，来从事知识学问之追求，果使你他日学问有成，知识具备，诸位试思，此等人物，将使国家民族对之作何处理，作何安插？岂不将成为国家民族一绝大的难题。

我要请诸位原谅，或许我所言太过严重，在诸位则早已具此一颗爱国家、爱民族之真心,在我因与当前台湾可爱的青年们太过陌生,不甚深知。但我此一番话,亦是发于爱国家、爱民族、爱青年之一颗真心。我自问无他,或可用"言者无罪,闻者足戒"之成语,来请诸位原谅。或我实是说差了,但此是我知识有病,不是我心情有过。所说知识有病,因我实不知今天台湾青年们之真实情况。所以不认为我心情有过者,因我此一番话,实是为爱国家、爱民族、爱青年而发。此层若蒙原谅,我请继此为诸位作第三书。

自觉自强

——与青年书之三

可爱的青年们！我在第二书中曾劝诸位，当善自保持各人真诚地爱国家爱民族的一颗心。这话似属多余，实非多余。人谁不知爱国家爱民族，所谓"人同此心，心同此理"，古今中外，无不皆然。所以说，把此等话来劝人，似乎是多余。但因种种关系，不免每一人对国家民族的爱心，或浓或淡，或深或浅，或存或亡，或隐或显。而且更有对自己国家民族意存轻蔑憎厌，迹近叛离违逆的。那亦是事实，可不举例作证。所以说，劝人善自保持各自对国家民族的那一颗诚爱的心，话似多余，而实非多余。

人当孩提之时，便知爱父母，爱家庭，中国古人称此为人之"良知良能"。但年事渐长，智识渐开，此种良知良能，却会渐淡渐忘，有而若无。孟子说："大孝终身慕父母，五十而慕者，予于大舜见之。"孩童自知慕父母。待到五十还能慕父母，而且大舜那时，正是受了帝尧付托，代尧摄政，掌理着天下大权，而他还能像孩提时那般，保有一片童心，一派天真，真是了不得。所以孟子又说："大人者，不失其赤子之心者也。"试问，人是大了，年岁是长了，智识是开广了，不啻才能是增进了，但把原先自己那颗真诚的心却遗失了，又换来了另一个自己。那样的人生，从某一面讲，岂不会使我们感到太变幻、太空虚。至少那样的人生，也会使人感到太脆弱、太无把握。连自己的真我，也成为渺茫不可知。

诸位！莫轻忽了上引孟子的那番话。当知，我们青年时，还能保持童心，不失本真，那事乃是莫大的可贵。若我们由此以往，年事更大，智识才能更增更长，事业功名日成月就，而依然还能保持我此原始一番本来面目，一片童心，活活泼泼，像孟子所谓"不失其赤子之心"那样的人，才算得是一真人，也算得是一强人，孟子则称之曰"大人"。诸位当知，此乃是一种真大与强大，却不是假大与虚大。

人心所同有，自然而生的，那才是人之真心。此真心也即是真我。饥渴便知要饮食，少壮便知慕异性，此亦都是本我之真。诸位当知，爱父母，爱家庭，爱国家，爱民族，亦复如是，但在父母、家庭、国家、民族的关系上，事态复杂了，牵涉既广，变化又多，不如饮食男女般，易知易晓，易守易执。

饮食男女，乃是情感为主，不烦插进许多理论。饥便要食，渴便想饮，男大则须婚，女大则须嫁，这些事，何须再用理论作支撑。人生忠孝大节，亦是以情感为主，但有时却会横添进许多理论来干扰。中国古人说："天下无不是的父母。"此乃情感话，不关理智事。人谁没有过错？但过错犯在父母身上，就孝子的内心真情感来说，究与犯在别人身上有不同。中国历史上，犯最多大过错的应莫如舜之父母。但父母总是父母，纵说舜母非亲生之母，但推父及母，也总是父母。人非父母何由生？舜虽是大圣，亦不例外。从别人看来，舜父顽而母嚚。从舜看来，则顽者是我父，嚚者是我母。舜是一大圣人，聪明正直，宁不知自己父之顽与母之嚚？但因亲昵而忘了父母之顽嚚，究还是小糊涂，情有可原。若为了父母顽嚚，而竟忘了他们是我之父母，则是大糊涂，罪不可恕。所以为罪不可恕者，因其人之无情。忘了父母，则是无情之极。没有情来专谈理，那是要不得。

有一学生问孟子，若使舜父瞽瞍杀了人，皋陶为法官，执法不阿，请问当如何办？孟子说："把瞽瞍拿下，判以应得之罪。"又问："当时舜为天子，又将如何办？"舜是一圣天子，宁有强迫其臣皋陶枉法不尽职之理。但瞽瞍是舜父，又岂有坐视其父之死而不营救之理？于是孟子代舜设想，说他将会私窃其父，远从中原逃向海滨偏僻无人处偷偷过活。天子之位，是坐不得了。若又问：那时舜的心境如何？孟子又设想说：若把天子之位来比他自己父亲一条命，正如一双破鞋来比一件宝。舜在当时，却如丢了脚下一双破鞋，换得了他心上一件宝，应是只有快乐，更无别情。其实当时舜的心情，也还是只如四五岁作小孩时般的一片天真纯爱。他只着急他父亲，但究是智识长进了，不像小孩般只懂嚷嚷哭哭，他会想出花样，窃负其父而逃去。

上述只是一假托。孟子前有孔子，教人应行直道。有人问：在楚国，有人出面来作证他父亲偷了人家一头羊，那不是直道吗？孔子说：我说的直道不这样。"父为子隐，子为父隐"，那才是直道。杀人攘羊，事有大小，其为非则一。但孔子不主张为人子者来公开揭发其父之隐私，孟子则主张为子者应私下营救其父母。如此，岂不是为了父母而自身也犯了法？但法在外而情在内，正如中国人大家读孔孟书，便说"天下无不是的父母"。但今天的中国人，读孔孟书的太少了，听人说"天下无不是的父母"，有些会怫然于心，有些会勃然于色，说那是封建思想，要不得。这是中国现社会思想上一大问题。我在此特地提出，要求当前我可爱的青年们，把此一问题认真平心来再作一检讨。

中国古人又说："移孝作忠。"孝是爱父母，爱家庭；忠是爱国家，爱民族；同是一爱，同是此心之仁。只因对象不同，或说忠，或说孝，其心则一。当我幼年，到前清时代，就听有人说："中国不亡，是无天理。"在我幼小的心灵里，不禁起了一番反抗之心。我年事日长，仍想我们中国人纵不兴，绝非全不兴。外国人兵强马壮，足财多金，纵算是兴，也不是一切都兴。若有天理，中国人贫了弱了，却不该不许他和其他民族并存于此天地间。我因此常想从中国社会、中国历史上，多寻求些中国人的长处好处，好凭来向天理作抗议，要为我国家民族仍该存在于此天地间发出些正义的呼声。我虽自认我知识贫薄，学问简陋，呼声微弱，但我幼小时便已坦白地直从内心认我便是一中国人，要为中国人抱不平，争生存。纵或于理有亏，究是于情无违。我此六七十年来，常珍贵我此一番幼小心灵，认为无愧无怍。仰天之高，俯地之厚，茫茫人海，我以一中国人身份，总该有以自豪。

其实上述"中国不亡，是无天理"这八个字，也出在中国人口里，也仍是一番感情话，其意本亦是深爱中国，只说得带一些愤激。正如一位慈爱的老婆婆，偶见其家孩子犯了些小差误，却大声呼斥，说你这样如何成得人？将来沿街乞讨，也会活不下。甚至说他该天诛地灭。那位慈爱的老婆婆，本心也只为是爱，骂得过分些，还是不打紧。我们此一代的智识分子，并不在当面骂孩子，却翻过脸来骂祖宗，说是祖宗造孽，才生下了你。这样一来，涵义大别，影响也就不同。此层不得不严加分辨。

《战国策》上也有一故事说：一人出外游学，离家三年，回来直呼父母姓名。父母问他，他说：尧舜大圣，也只呼名，为何父母要特称爸妈？他父母说：你游学三年，广见多闻，回来了，尽可逐事改变，能不能把称呼父母姓名一项，暂时移缓呢？这一时代的中国智识分子，足迹遍全球，游学历诸邦，新思想、新潮流、新智识、新技能，学得也真不少。但回国来，首先第一件事，便是不该骂中国。若是单骂当前中国种种不如人，还可以。却偏要连古带今，把中国人一口气骂尽。我在少年时，即常听人说："中国人从来没有时间观念。"又说："中国人从来不懂卫生习惯。"诸如此类，不胜枚举。

其实在中国人中，也曾有过大圣大贤，有过正人君子，有过大思想家、大学问家、大文学家、大艺术家，也曾有过各项专门科学杰出人才。天文学、数学、历学、农田水利学、医学、药学、营造建筑学等等学问，各有发明。又曾有过大政治家、大军事家、大财政家、大法律家、大外交家；又曾有过大教育家、大宗教家、大航海家、大游历家；也曾有过大侠客、大商人、大慈善家。形形色色，如上所举，只有漏了，没有虚说。全部中国史，记载何限？我且不把此各项人物一一来和外国人比高下，但由我老实说，总该比现代留学回来专意骂古的一批新智识分子强了些。试问中国人为何不该存在于天地间？

《中庸》上说："道之不行也，知者过之，愚者不及。道之不明也，贤者过之，不肖者不及。"我们现一代的贤知们，要以骂古来兴今，此路则不通。固可说骂由爱起，但骂多则爱减，爱减则成轻蔑，或转憎厌。至今风气已成。纵观全世界知识分子，对其国家民族抱憎厌感、轻蔑感，不能说没有。但论其程度之深且广，则恐当以中国为首选。我可爱的青年们，我今若出一题，令诸君作答。我如要诸君列举古今中外名人名著、嘉言懿行，可资仰慕，可资敬奉，不论门类，各以十条为限；我恐诸君所举，外国的必然会超过了中国的。而且其间比数，还可相距甚远。外国的最少当占七八分，中国的最多也只占三两分。以我厕身学术界三四十年来所目睹耳闻，大率早已如此。而且此一趋势，似乎愈演愈烈。所以我敢推想，今天当前我可爱的青年们，恐亦只是如此。

循此而下，将来诸位知识愈广，学问愈博，我会怕诸位对自己国家民族那一颗真诚的爱心,更会日削日薄。到那时,自不免有人对自己国家民族感到轻蔑憎厌。此等心情,将会不招而自至,不约而自来。到那时,亦恐将认为理自应该,也就不须否认。我可爱的青年们,诸位在不远将来,正即是中国社会之贤知;贤知如此,愚不肖者更复何论?诸位试设想,到那时,中国国家民族前途将伊于何底?那岂不将使我们不寒而栗?我此刻将此一分心情直率相告,恐亦不当认我在作杞人之忧天,或说我只是无知而妄说。

在我断不自认我是在凭空武断,说我可爱的青年们,不爱国家,不爱民族。但只要诸位善保此一颗爱心,并求其益自发扬光大。诸位亦当自知警惕,至少要知爱国家、爱民族,开始第一步,便该懂得自爱。人不自爱,哪能爱父母、爱家庭?更哪能爱国家、爱民族?今问当如何般自爱?诸位当知,我们自顶至踵,生来便是一中国人。我们自生到死,毕世仍是一中国人。若果真心自爱,便该首先立志要像像样样地做一中国人。我们本是一中国人,要像样做一中国人,事并不难,若使每一中国人,都能像样做一中国人,则中国国家民族也自会像样。爱国家、爱民族,与我们各人之自爱,道本一贯,并不是两条路。

我在抗战前,尝听一朋友说:海上大船翻了,得尽先救起你自己。此乃一譬喻,我今试为此譬喻作正解。中国今天,若真如一大船翻了,你得尽先做一中国人,才是真救了你自己。在抗战时,我又和另一朋友在某一集会中辩论,我说:"各人该努力做一中国人。"他说:"时代变了,我们该做世界人。"我辩道:"此刻世界,尚无一无国籍的世界人;要做世界人,仍该先做中国人。"诸位可爱的青年们,是否你认为脱离中国籍,不做中国人,才是自救呢?还是认为做一像样的中国人,才是爱己、爱国、爱民族之正道呢?若我们真要做一像样的中国人,则唯有在中国传统、中国理论上做。如改从外国传统、外国理论,最多也只能做一像样的外国人,还恐不易做得像样。

诸位当知,要做一孝子,只有在家做,不能离家做。纵使此身离家,此心还该有家,如是始是其家一孝子。若待要转到其他家中始能作孝子,此是"谓他人父"。子既非子,更不论孝。中国人说,"在家作孝子,在国作忠臣",今当换"忠臣"作"忠民",字义可换,道理则一。《孝经》上说:"孝,始于事亲,中于事君,终于立身。"今亦当把事君改称爱国,但仍是一理。孩提便知爱父母,青年便知爱国家民族,待成年学成进入社会做事,便该知立身。所谓立身,便如我上文所说做一像样的中国人。字句换了,义理仍一。生为中国人,自该像样做一中国人。中国人人人像样,便是中国国家民族像样。立身立国,事无二致。要作孝子忠民,莫如自己像样。也没有一个像样人,在家不孝,在国不忠。甘让自己不像样,便是不自爱。在家作孝子,在国作忠民,也不过是自爱之一道。但自私自利则绝不是自爱,或许是自作孽。此项道理,中国古人,我们的祖宗,讲究了几千年,我敢请我可爱的青年们,珍重记取。

话虽如此,但实际立身处世,便不免有许多事变。但事变尽复杂，总是小。道理虽简单，却是大。我们该执大以驭小，坚守此一番简单的道理，来应付遭遇到的种种复杂的事变，此处却要知识与学问，才气与聪明。可爱的青年们，我们不该只守得一番小忠小孝，更不该只成得一番愚忠愚孝。但我们总不该不忠不孝，却要完成我们的大忠大孝。一切学问，一切事业，一切智慧，一切奋斗，万变不离其宗。凭我此一颗真诚之爱心，来达成我此一番爱己爱国的愿望，此之谓立身，如此乃是一像样的中国人。到此境界，将见无所往而不像样。做一中国人，同时也便是做了一世界人。堂堂正正，像像样样，其实则只是还我做一人而已。其间自有许多曲折细微处，则待我们自奋自发，自觉自强。我将本此大纲大节，继续来和诸位再作研寻。

人生出路

——与青年书之四

自我和青年们接触,从民初以来,至今六十年。我常觉得,在我可爱的青年们心上,似有一共同问题,永远存在,始终不能有好解决。

此问题系何?我姑称之曰"人生出路"问题。我所接触之青年,自以中学生、大学生为主。其实在此六十年内的中国社会,中学、大学毕业,还是稀有可贵,不会没有职业。然而一般青年们,跑出学校,得一职业,极少满意,不能安心。于是此一出路问题,乃永远追随,抑且重重压迫在各人之心上。直至中年晚年,此一问题依然存在,成为一社会普遍的心理问题,影响到社会之各方面。此实值得我们来从头作一番深切之注意与研讨。

犹忆在民国六七年间,我从一高等小学教员,转入初等小学去当校长。其时有一高小旧学生,从上海某中学毕业,也回到他乡里当一初小校长。我很喜欢他,写信要他转来我校。信上说:"你能来,不仅有益我校,并亦于君有益,盼早作决定。"信去后久不得复。又续去一信,但仍无复到。时已近年假,我决意在假中亲去和他面谈。翌年元旦,清晨起身，盥洗用膳粗毕，即到他家去。从我镇到他镇，有五里左右的乡村路，历一小时始到。他尚未起床。稍待，乃神色仓皇出见。我问他见我信否？他答："两信都已到。"我问：是否愿意去我校？他却直率答以不能去。我问：为何作此决定。他道："先生此来，当已了然。先生在元旦亲来我家，路途不近，我尚卧床未起。我今生活如此，试问如何能和先生同事。不仅先生会对我不悦，我心也将极度不安，因此万不敢去。"

当时听他说，不禁深为感动。因说：此事且不论，你最近生活心情为何如此般剧变？催问再三，他说："先生爱我如旧，我应直说。我自当小学校长后，初亦欣然。但不久却想，年年在一小学当校长，实感无味，我心情便开始转变。"我说："你试想，数年前，你是一小学生，我是你先生。你今已中学毕业，和我地位平等，我还是安心满意当此一职业，你为何如此不安不满？"他久久无言。

我再问：此下你作何打算？他说："我正想转业。两月前，从上海买了两架缝洋袜机，雇人缝洋袜出售，经济上小有补助。将来陆续添购，待有基础，我便辞去学校，专营此业。"我说："如此便成年年卖洋袜，岂不仍是无味？你能决心转去我处，我会教你心意转变。否则你再自考虑，我仍盼你来我处。"我们便如此分别了。

几年后，我转去一师范学校教书。每年毕业学生，因我从小学转入中学，必来问我出路问题。我总说：你们早有了出路，师范毕业，便是去小学教书。他们总不满意我如此作答。我又说：你们的出路，该问自己，不该来问我。须先认识你自己，便有你的出路。若你是一鹰，我必劝你飞上高空。若你是一狮，我必劝你跑入深山。诸位当知，各人才性不同，完成你自己，便是你最理想最圆满的出路，谁也不用羡慕谁。

待我进入大学教书，许多大学生，仍还一样喜欢和我讨论出路问题。我每举一例告之：我有一中学同学，文学成绩很好，但为考虑出路，进大学，选读了理科，成绩也不差。后在中学作一理化教师，极受学生爱戴。但他说：我性所近，还是在文科。他课余每以吟诗填词作消遣。深悔自己若当年修读文科，一样可得如今般职业，心情当更愉快、生活当更美满。但当时只在职业上打算，此刻始知，为了职业而迷失了自己，或说是毁损了自己，那是一大错。

在对日抗战时，后方生活艰苦，一般大学生，更多关心到职业出路。我也曾对他们百方解说，但总感打不开他们心上那一结。有一次我愤慨地说：若专打算生活，不如离开大学，去学汽车驾驶，数月即可得一职业。那时公路汽车之司机，真是生活痛快，气势嚣张，为何定要在大学中叫苦闷？

如此般的经过，直到此刻，常在心头。实在此一时代之青年，所谓出路问题，只是一职业问题。换言之，乃是一生活问题。亦可说，乃是一经济生活、物质生活的问题。人人尽在此上打算，乃造成了时代之苦闷与无出路。

而且各人谋得了职业，经济物质生活所需可算解决了，但依然会不满意，不安心。因尚有一进步问题，或说是"上进"问题，在各人心上作祟。所谓进步与上进，仍指在各人之职业地位与其物质生活。人人在此求进步、求上进，却使整个社会无进步、不上进。此绝非我过甚其辞、唱高调。事实如此，稍一观察思量，便可了解。

我们当知，一切职业与经济物质生活，都只在人生之外部。人生尚有内部生活，此指人之心情言，指各人自有的一份天赋才性之获得其各自应有可能之发展言。每一人之天赋才性，能获得其应有可能之发展，此乃人生之真进步、真上进。在此进程中，心情自会感到愉快，感到满足。物质生活上进，只是一次要问题。至少在当前的中国社会，受过中上教育，应不至于无职业，乃至无生活。只要大家对其本身生活，也感到满意安心，社会自会进步。而各人之真人生，也更会前进无疆。唯此乃是人生一条共同大出路。所以要解决人生出路问题，主要应该懂得反身向内寻求。

如此说来，似乎近玄而又近迂，但实则不然。中国古人有一则以己养养鸟的寓言故事。说有一海鸟飞莅鲁国，鲁国人奉以为神，寝之以深宫广殿，饲之以三牲太牢，娱之以钟鼓管弦，以人主之尊之奉养来养此鸟。此鸟非仅不满、不安而感到苦闷，乃至于活不下去。此虽浅譬，可资深喻。人之生活，各有其所习所好，岂能一律？尤其是民族与民族间，各有历史文化传统，既难强人如己，亦难强己如人。即在同一文化传统下，复有地域不同。强美国人过英国人生活，或强英国人过法国人生活，同样是苦痛，更何况强中国人来过英美人生活。

每一中国人，久居英美，早餐总是面包、黄油、牛奶、橘子水，但会时时想到油条、烧饼与豆浆。听说最近旅美家庭，已能学得自炸油条，相告色喜，认为是日常生活上一大进步。从小见大，以美国人之奉养来奉养中国人，究竟亦不是一理想。

在台湾，外国电影看腻了，忽有凌波、乐蒂唱黄梅调演出《梁山伯与祝英台》，一时如疯如迷，此一影片卖座之盛，空前无匹。梁兄哥凌波来台，飞机场欢迎，成为最近若干年以来国人返国唯一最轰动之人物。此事岂不尽人皆知？

早餐吃到豆浆油条是一事，电影看到凌波、乐蒂的《梁祝》又是一事。弱丧忘归，自古所悲。久离家园，一旦重返，那将是何等的快乐？这不仅是口腹之欲、耳目之娱。在其背后，有一项极深心理，虽难描述，但亦是人所共晓。但更深一层的又苦不易晓。晓与不晓是一事，而其在各人内心深处，同有一番不对劲、不满、不安、苦闷、无出路之无可言喻之情味，则又是另一事。

我敢大胆说一句：中国人此六十年来同所感到的"人生无出路"这一种苦闷心理，其最后症结所在，正为此六十年来之中国人，作意背弃自己文化传统而谋求各自生活之改进。当知异民族、异文化中之一切生活方式，未必是我们的出路。向此迈进，到头会扑了一个空。到如今，我们一切生活，虽在尽量求新求进，尽力向西化路上跑，但不满、不安、苦闷、无出路的时代病，却更深更重，恐会到达一无可救药之阶段。此非危言耸听，其中真理，却可拿种种实事来作证。

今天的中国社会，有少数人为苦闷寻求出路，而去玩麻雀牌，作方城之战。但此并不是海外奇方，却是土药土制。固然，麻雀牌不能为近代中国社会人生苦闷觅得一出路，但玩麻雀牌，究竟比玩扑克、搞桥牌，更能适合中国人心情，更能供中国人生活作消遣。由我粗浅之见，其中亦复寓有一项文化传统潜在力量之影响存在。玩麻雀牌，老法新法不断在变，但万变不离其宗，自己手里的十三张牌和了便是胜，那即是求之在己。求之在己，正是中国文化传统中一最高精义。桥牌可以偷鸡，自己手里牌不好也可获胜。胜在向外取巧，不胜在向内求和。若就中国文化传统言，桥牌权谲，不如麻雀牌平正。固然内向亦当注意到外面，外向亦当注意到内部，内向外向，只在偏轻偏重之间，都不是可以专向一面而更不问另一面。但只此偏轻偏重，其间便见文化相异。从中国文化中演出有麻雀牌，从西方文化中演出有桥牌。文化积累影响人心，中国人普遍喜欢玩麻雀牌更胜过玩桥牌，其中正有甚深心理作用在主使。此项心理作用，固非人人共晓，但其事则真实有据。我举此例，不是说玩麻雀牌真好，而是为了说明一种事实。

又如中国之平剧，乃至各处地方戏，如粤剧、豫剧之类，较之西方之话剧与歌剧，虽同是一种娱乐，而双方自有深微之相异。求其背里，也自有文化传统之重要因素。此待深于此道者来作深入之比较，此处不拟深论。但中国人自会喜欢中国戏，更胜过喜欢西方之话剧与歌剧，事亦易见。上述凌波演梁兄哥，便可为例作证。

然则在日常生活中之消遣，乃至娱乐，中国人自爱中国的一套。若论生活享受，即浅至于口腹之欲，如油条豆浆之为中国人所爱好，亦是其一例。若更由此推进，在心灵深处之享受上，亦更有异于西方人处。试举文学艺术之其他方面为例。

上自《诗经》三百首、屈原《楚辞》以下，传统相承，源远流长，中国人之心灵深处，人生享受，其极大部分，多寄托在文学上。文学自贵推陈出新，与时俱变。一部中国文学史，自《诗》《骚》下迄清末，变化何限？但仍自有其心灵深处之一脉相承。此刻提倡新文学，亦不当割绝了旧传统。外貌上尽可新，但在心灵传统上仍有旧。正如上举平剧、粤剧、豫剧等，亦是从明代昆剧乃及更上元代戏曲等递变而来。我们此刻，只读白话文，不识文言文，遂使《诗》《骚》以下，中国古人心灵相传一套精微深密之处，我们全不能接受。中国现代之新文学，绝大部分，乃由模仿西方而来，亦正如中国之电影。若使没有配合中国人胃口的中国味电影，如凌波梁兄哥之类，又如何测验出中国人内心所喜好？若永远如此，则在我们中国人的内心情味上，终是一缺憾，而苦于不自知。正如一人自少离家，作一浪子在外，在彼并不自知有一家，并不自知其生命之来历，亦可谓并不自知在其生命中内心所蕴之一种期望与归宿；此必终成为其在生命上之一大损害。

中国文学，自《诗》《骚》以下，如陶潜、杜甫、苏轼，其为中国历代人所欣赏、所崇拜之大诗人，乃至其他大文学家，在辞赋、散文、词、曲、小说，各类中之上乘作品，都代表着中国人共同心灵之所祈向，由此透露出中国人生中之大兴趣与大理想。稍知欣赏，亦是一安慰。能起共鸣，亦是一满足。今皆认为是死文学，被冷藏，被搁置。在电影上来一部模古翻新之剧本，其事易。在其他文学上，能从传统中翻新，来配合时代要求，其事难。今天的中国人，正如《庄子》书中所说："居空谷者，闻人足音，跫然而喜。"而无奈此跫然之足音，乃久盼不至，并亦不知其有所盼。于是只感到一片虚寂，一片苦闷。内心不得所养，不得享受，实为一最可悲之事。

今再论艺术。姑举书法言之。书法在中国，乃是一项最高艺术，为中国所独有。但迄今，青年们已绝少用毛笔，更不知书法之为可贵与可爱。然我东邻日本，在中国学习去的书道，仍极盛行。小学、中学，莫不有书道一课。使用毛笔，乃为社会一普通事。书法可以怡情悦性，可以养心养德，实亦代表着心灵深处一要求。若谓今日已是工商社会，不能仍迷恋古代农业社会此等旧玩艺，则日本当前工业之突飞猛进，已与美德相鼎峙，而中国旧艺术，如书道、围棋、茶道等，仍在日本社会盛行，不闻于其工商业发展有所妨碍。

人生固应有工作，但亦应有消遣，有娱乐，有享受。而此诸项，乃亦都有其文化传统之背景。今天中国社会苦闷，普遍感到人生无出路，职业亦成为一种不得已。意不满，心不安。见异则思迁,得陇则望蜀。常此忙劳,不得所宁息,而莫知其病所在,乃误认为物质不够条件,感官不够刺激。内心愈空乏,愈益向外寻求,此乃是一种文化病。乃益求破弃旧文化,创造新文化。但新文化仍需由内心创出。无内心,焉能有创造?而人之内心,亦有其传统,非可各凭己心自创自造。此一大病,今乃充分暴露在我们此一时代青年们之身上。

我敢竭诚奉告我当前可爱的青年们,人生出路,甚宽甚大。除却职业外,尚有许多消遣、娱乐与享受,此皆同等重要。而人生之种种消遣、娱乐与享受,主要则在自己内在之性情上,不在外面经济物质上。舍近求远,寻虚忘实,人生将永无一出路。

以上所述,牵涉太广,涵义未尽。倘吾可爱之青年们,于我此书所指陈,不认为其如河汉之无当,则将继此更有所阐说。

从认识自己到回归自己

——与青年书之五

我在第三书中曾说，我们要爱国家、爱民族，主要该懂得自爱。人孰不自爱，但要真懂得自爱，事却不易。首先是我们每一人，并不易真认识自己。连自己都不认识，又如何能懂得自爱。

何以说我们不易认识我们自己？此事一经点穿，即易明白。如我们易见他人的面貌，却不易见自己的面貌。只有揽镜自照，始见自己面貌如何。但镜中所照，总不亲切，实不如我们看他人面貌，较易得其真相。人之面貌，又是时时在变。当我小孩时，尚在前清末年，乡间不大流行照相。十岁初进小学，在开学典礼中摄了一团体相。后来我进中学，又回到此小学当教师，重睹此一团体相片，我只知我应在前排最小的一群中，但我再三辨认，终找不出究竟谁是我自己。待别人指出，始依稀认识。此只短短十年内事，故我、今我，已有面目全非之感。

面貌不易认，体段更不易认。犹忆我四十岁那年有一早晨，跑进一小学，在其长廊尽头，装一大长方镜，我从廊上远远走去，望见镜中体影，大自惊诧，原来我已肥胖了，远不如我自己所想象。

单据此等小节，便知认识自己之不易。连自己的面貌身段，尚属不易自知，更何论深入向里。自己的心，自己的性情，自己的好恶，这些，对我自己，可算是最亲切没有，但亦苦于不自知。诸位莫疑我话过了分，让我再举例说明。

我幼年时，能读罗贯中《三国演义》。有一晚，随先父到一处，宾客群集，他们问我：听说你能看《三国志》，能讲些给我们听吗？我即讲了"诸葛亮舌战群儒"一段，博得宾客们人人道好称赞。第二天傍晚，先父又带着我出外，街道上过一桥，先父问我：知得"桥"字吗？我答知。又问：木旁换了马旁，是何字？我答是"骄"字。先父问：你知得"骄"字意义吗？我答知。先父拉着我手，说：你昨夜讲话，正像是那字，你知道吗？我听先父言，噤不作声，心中大惭怍。"他人有心，予忖度之。"我那时又怎懂得我自己的心。我先父对我此一番教训，直到如今，已过了六十年，快近七十年，而当时情景，牢记在我心头，常忆不忘，恍如目前。

所以说，人苦不自知，可把别人当作一面镜来照见自己。诸位不妨旁观他人，苟非父母训斥，或亲尊劝导，谁能知自己有不孝。苟非师长督促，或同学戒勉，又谁能知自己有不勤。这些只是外面行为，与人共见，是非得失，有一共同尺度。但虽经别人指点批评，我们有时仍不肯自认。每说他人只见了我外面的事，不曾知道我内面的心。其实每一人之内心，不仅他人不易知，连自己也不易知。所谓"知人知面不知心",那是从他人说。若从自己说,则不仅不自知心,就连面也不自知呀!

我试举一简单之例。诸位初进大学,遇到选科,便是一大不易事。究竟我之性情、心智、才能,更近哪一科,将来可在哪一科上更易发展,更可获得理想成绩,更可使我性情与学问、生活与事业,打成一片,使我更能得一理想美满之人生。此事所关不细,但各人的父母师长,每不易代为选择。连各人自己,实在也只是一迷惘不知。因此,大部分大学青年选修学科,只有多从外面条件上衡量,选此科或是易有出路,或是易于通过,诸如此类,只在外面,不去从内面自己性情、心智、才能上着想,正为此等连我们自己也实不自知!

也有人仅凭一时决断,认为我心兴趣在此,爱好在此,不顾一切,选了此门。但稍久又复自悔,认为此门学科和我心性实不相近。此等也常易见。我此所言,只是说每一人之内心蕴藏,其性情、兴趣、智能、才能,各有一条不全相同的发展路向。循此路向,始可到达一条对自己最高可能的最圆满的前途。而在起步上路之前,我们却不易于认识此一路。

我在此方面,自以为尝得其中甘苦较亲切。因我没有机会进大学,从十八岁起,即已抗颜为人师,更无人来作我师,在我旁指点领导。正如驾一叶舟,浮沉茫茫学海中,四无边际,亦无方针。何处可以进港,何处可以到岸,何处是我归宿,我实茫然不知。但既无人为我作指导,亦无人对我有拘束。我只是一路摸黑,在摸黑中渐逢光明。所谓光明,只是我心自感到一点喜悦处。因有喜悦,自易迈进。因有迈进,更感喜悦。如此循循不已,我不敢认为我自己对学问上有成就,我只感得在此茫茫学海中,觅得了我自己,回归到我自己,而使我有一安身立命之处。

诸位又当知,人生大过于学业。我们只能说,在此人生中包括了学业,却不能说,在此学业中包括了人生。人生是一大圈,学业是一小圈。大圈可包小圈,小圈不能包大圈。我们只能说,我们的学业,乃为着我们的人生。却不可说,我们的人生,乃为着我们的学业。但说到人生,更是茫茫。我们如何能在此茫茫人生大海中来觅得我自己,那事更不易。

诸位将会说:我此时此处的此身此心,岂不便是我自己?我自己已明白现在,何须更觅。但诸位若真细读我上面所言,则知此时此处之此身此心,实在是不易认知。而且更要者,并不在此时此处,乃应在此时此处之外。我之此身此心,究由何而来,又当从何而往,那会感到更不易捉摸。我们此刻之所讨论,并不重在此人生之现实,乃重在此人生之前途,乃是要讨论每一人生前途所可能获有之发展。若要连带着此前途发展来认识现实,诸位便自知此事认识不易。

我们此刻,考虑到前途发展,因于自己当前现实之不易知,乃亦把一切衡量估计,全放到外在的条件上去。但人生前途,主要还在各人自己,尤其在各人自己之内面,即性情、心智、才能之种种蕲向与种种可能上。若抹杀于此,而专向外面条件寻讨，必将有种种病痛。此在我第四书中已曾提到。

如一人在深夜，彳亍街头，若尽向灯火辉煌处去，说不定是一大赌窟，一大游乐场，要之多是些恣情纵欲之所在。虽为人群所麇集，转瞬仍必乐散灯尽，各自回家去。人的家则都在灯火暗淡处。凡属灯火辉煌处，则必吸着灯火暗淡处之精血来培养。若没有许多暗淡处，何来此一处辉煌。学业如是，人生亦如是。必从暗淡处出发，必向暗淡处归宿。辉煌处只是一公共集合场所，暗淡处始是各人安身立命、养精蓄锐之地。

人生所不易知者，正在此暗淡处。正为其不易知，故貌若暗淡，但却是人生根脚，人生主宰。人生出发在此，归宿在此，哪能不珍重、爱惜此一暗淡。人生所不易知，而最所必欲求有知者正在此。不仅个人为然，即大群人生亦复如此。大群人生之背后，各有一民族人生作为其深厚渊源，日积月化以至于今，断非一朝一夕之事。即如吾中华民族肤色黄，欧西民族肤色白，非洲民族肤色黑，皆系造化长久功深。急切间，谁也创不出，谁也换不掉。肤色如此，面貌体段，浑身样子，莫不皆然。进而论其内里，即上文所谓性情、心智、才能，亦复各有歧异。即如兴趣、嗜欲、爱好，依然一民族有一民族之特征，亦即是一民族有一民族之出路。此之谓民族生命。我们只是隶属于各民族中之一分子，每一人之短暂生命，则各有其所隶属之民族长久生命为渊源，作种子。

因此，我们每一人之生命，实只是代表着其所隶属之民族生命之一貌相。任何一植物、动物，知得它种类，便可知得对它栽培饲育的方法，而亦约略可以预见其发展之前途。动植物如此，人类何独不然。只是动植物生命较易了解，人类生命，难于骤晓。但其间则实有一共通之理。

上面我说过，要爱国家民族，该先懂得自爱。此刻我将反过来说，要懂自爱，先该懂得爱自己的国家民族。正因我们各自短暂的小生命，都自这个悠长的大生命中来。我之在民族生命中，正如山中千年老松干上茁了一嫩芽，萌了一新叶。它是一大我，我只是此大我生命中一小我。如彼始是独立成一我，我则只依附在它身上而像似有了一个我。若我一旦离去此大我，则会微小到不成一个我。

诸位莫嫌我语涉玄虚，我试再举些浅显实例。如言绘画，不论人物、山水、草木、花鸟、虫鱼，中国画自有中国画那一套，中国画也自有中国画之传统。在这里面，便表现出中国民族之艺术生命，或说是爱美生命之一面。在其背后，则有中国民族之性情、心智、才能、兴趣、嗜欲、爱好，种种特出点作根柢，由此而创造出此一套画风与画统。诸位或想，见了山水，自会画山水；见了人物，自会画人物；见了草木、花鸟、虫鱼，自会画草木、花鸟、虫鱼。这话也不错。但为何中国人画出的中国画，偏不像西洋画？此中却寓有更高更深的一番真理存在。

固然，中国人也可学会西洋画，西洋人也可学画中国画。但讲究文化，则皆知有中西之别。讲究艺术，也自有中西之别。此层同样无可否认。零碎例子，破坏不了大整体的大分别。

所谓艺术，也不专是绘画一项。其他如书法，如陶瓷，如各种器用玩具之制造，如雕塑，如建筑，如园亭布置，如音乐，如舞蹈，如戏剧，推而言之，色色样样，却莫非一民族有一民族之特征。由此而形成、而发现一民族之生命精神。即我所谓此民族之内在深处性情、心智、才能、兴趣、嗜欲、爱好，不期然而然地创造出各民族艺术之特有风格与特有气味。在内则相互间有其相通，在外则相互间有其相异。岂不可以证实了如我上述，我们每一人之艺术生命，其实只是代表着各自民族的大群生命中之一番艺术生命而演出。

艺术有创造，同时有欣赏。创造是此民族中少数特出人之事，而欣赏则虽亦有深有浅，要之是大众共有可能之事。以一中国人来欣赏中国艺术，较之以一西方人来欣赏中国艺术，特殊的例不论，论其普通的，则在此方面，一般中国人的欣赏能力，必然会超过西方人。但若以中国人来欣赏西方艺术，一般而论，其欣赏能力也必远逊于西方人。如中国人观平剧，必然会喜爱过看西方歌剧，而西方人则反是。何以故？因在其各自之背后，各有一番共同生命之来源，即是说，每一人之内在深处，其性情、心智、才能，其兴趣、嗜欲、爱好，必然会沉浸在其所隶属之各自民族之大生命中而无可勉强。

今从艺术人生转而讨论文学人生，亦复如此。更由此推衍到人生之各方面,即如说政治人生,各民族自有各民族之一套。虽说应该有其大同,但亦不能抹杀应该有其小异。在其小异处,或许更重要过大同处。此处乃有一民族生命作背景。如国父孙中山先生断不会一一依仿华盛顿,若一一依仿华盛顿,则绝不能成为一孙中山,而且亦绝不能成为一华盛顿。邯郸学步,东施效颦,非驴非马,此非民族生命之更新,乃是民族生命之转衰。其势将会使隶属于此大生命中之各个小生命,各丧失其内在活力、内在精神,而人生乃日陷于苦闷堕退中。

试再进而论及信仰人生。人生应有所娱乐,于是乎有艺术人生;人生亦必有所干济,于是乎有政治人生;人生又必有所安顿与寄放,于是乎有信仰人生。世界各民族间种种宗教信仰,亦可谓是大同小异。其大同处,则必把人生安顿寄放在他世灵界,绝不安顿放在现世俗界。但其中小节相异,却甚难融和,甚难混一。中国人自有中国人的一套信仰。异民族宗教传入,最著者如佛教,中国古人却把它来和自己的一套融和混一了,所以仍能不损害到中国民族生命之大传统。

上述艺术、政治、宗教等,只是此一大生命中之一枝节。我们则各自从此大生命中孕育而来。我们若能回头认识此一大生命,自能认识到自己,回归到自己,而使自己生命有不断向前之一条大出路。若把此生命大源壅塞了,迷惘了,会使我们各自生命,前不知其所由来,后不知其所将往,那实是生命上一大苦事。

上面说过，人苦不自知，贵能以人作镜。别人知道我，有时或许会比我自己知道得更清楚，更准确。但以人作镜之外，更须能以史作镜，以古作镜。中国历史上许多古人，他们之间，都已融成了一条大生命，这是我们此刻各自小生命之一个真泉源。此一泉源，极深邃，但亦极真确。只要真能了解到中国古人，自能了解中国今人之内在深处，使人认识自己，而能回归自己，使自己这一小生命，亦能汇入此大生命中而得到其满足。

　　每一民族，文化愈深厚，认识愈不易。但我们且莫急剧要求了解，我们该先懂得珍重宝惜此一大生命。在我之珍重宝惜中，自易有认识。所以我上面说，我们若要自爱，便须懂得爱国家、爱民族。我此一番见解，却并不从功利观点上出发，亦不是从道德立场上出发，我乃是从人类生命之内在真实处出发。此一分辨，切盼我可敬爱的青年们深切参究，深切体会。

图书在版编目（CIP）数据

历史与文化论丛 / 钱穆著 . -- 长沙：岳麓书社，2024.10. -- ISBN 978-7-5538-2157-3

Ⅰ . C52

中国国家版本馆 CIP 数据核字第 2024AK3479 号

LISHI YU WENHUA LUNCONG
历史与文化论丛

著　　者：钱　穆
责任编辑：丁　利
监　　制：秦　青
策划编辑：康晓硕
版权支持：辛　艳　张雪珂
营销编辑：柯慧萍
封面设计：利　锐
版式设计：李　洁
内文排版：谢　彬
岳麓书社出版
地　址：湖南省长沙市爱民路 47 号
直销电话：0731-88804152　88885616
邮编：410006
2024 年 10 月第 1 版　2024 年 10 月第 1 次印刷
开　本：875 mm × 1230 mm　1/32
印　张：12.5
字　数：270 千字
书　号：ISBN 978-7-5538-2157-3
定　价：58.00 元
承　印：三河市百盛印装有限公司

若有质量问题，请致电质量监督电话：010-59096394
团购电话：010-59320018